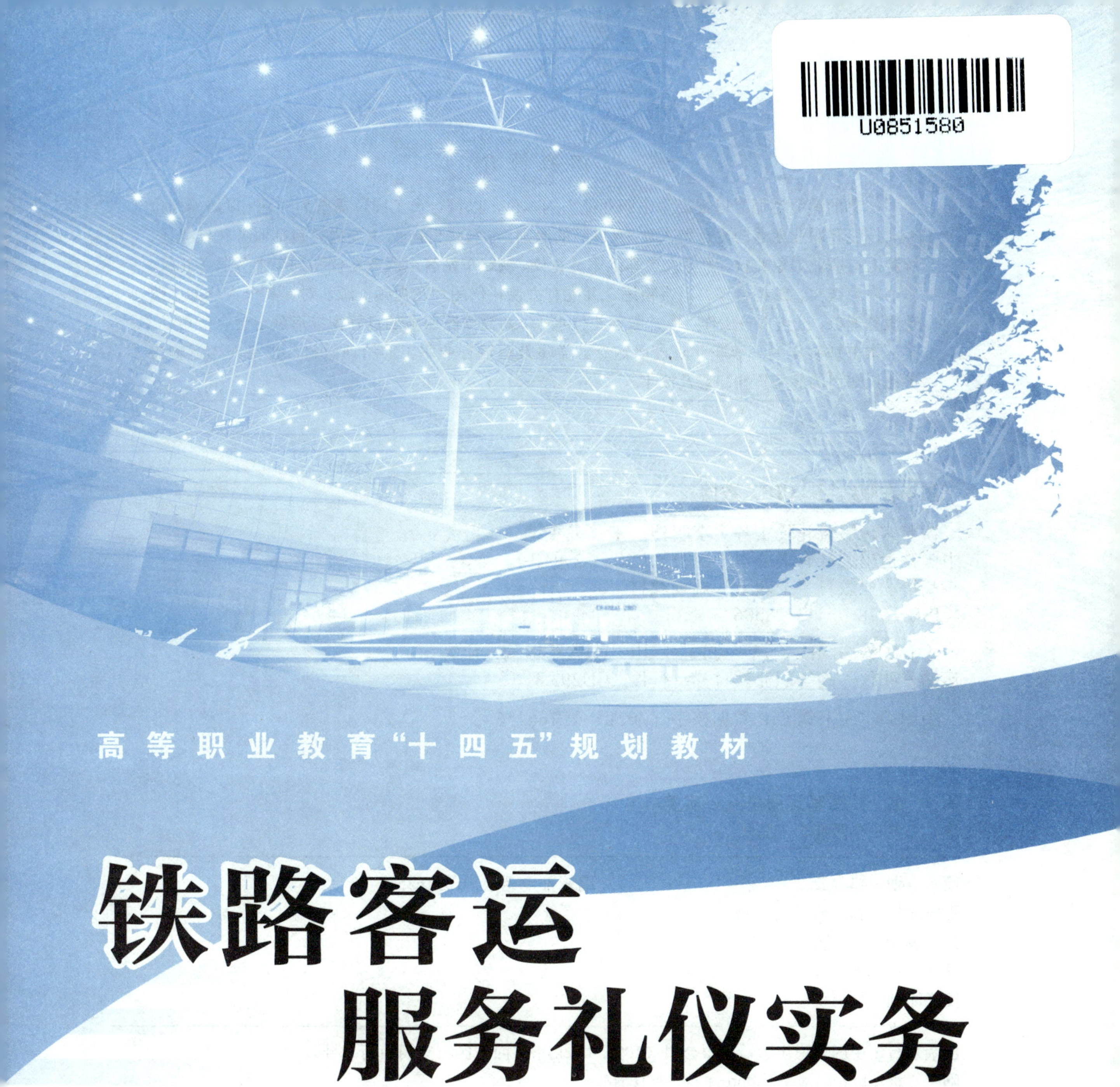

高等职业教育“十四五”规划教材

铁路客运服务礼仪实务

TIELU KEYUN FUWU LIYI SHIWU

主编◎李明佳　王晶晶
参编◎陈玉红
主审◎杨　涛

中国铁道出版社有限公司
CHINA RAILWAY PUBLISHING HOUSE CO., LTD.

内容简介

本书的编写遵循“以提高学生职业能力为本位，以符合员工岗位需求为导向，以培养岗位专业技能和职业素养的复合型人才为目标”的原则。本书共5单元，主要内容包括服务礼仪概述、服务人员职业形象礼仪、服务人员基础服务礼仪、铁路车站客运服务礼仪和列车乘务服务礼仪。本书内容翔实、结构合理、语言精练，并配有大量礼仪图片及视频资源，对提高个人修养、改善服务形象、改进服务工作、提升服务礼仪水平、树立铁路服务的良好窗口形象定会有所帮助。

本书适合作为高等职业院校运输专业学生及运输行业职工的培训教材，也可作为运输服务礼仪知识的参考资料和普及读本。

图书在版编目（CIP）数据

铁路客运服务礼仪实务／李明佳，王晶晶主编．—北京：中国铁道出版社有限公司，2021.8（2023.2重印）
高等职业教育“十四五”规划教材
ISBN 978-7-113-28306-3

Ⅰ．①铁… Ⅱ．①李…②王… Ⅲ．①铁路运输－旅客运输－礼仪－高等职业教育－教材 Ⅳ．①U293.3

中国版本图书馆CIP数据核字（2021）第166256号

书　　名：铁路客运服务礼仪实务
作　　者：李明佳　王晶晶

策　　划：祁　云　　**编辑部电话：**（010）63549458
责任编辑：祁　云　包　宁
封面设计：刘　颖
责任校对：苗　丹
责任印制：樊启鹏

出版发行：中国铁道出版社有限公司（100054，北京市西城区右安门西街8号）
网　　址：http://www.tdpress.com/51eds/
印　　刷：三河市航远印刷有限公司
版　　次：2021年8月第1版　2023年2月第2次印刷
开　　本：850 mm×1 168 mm　1/16　**印张：**14.75　**字数：**365千
书　　号：ISBN 978-7-113-28306-3
定　　价：48.00元

前言

《铁路客运服务礼仪实务》遵循“以提高学生职业能力为本位，以符合员工岗位需求为导向，以培养岗位专业技能和职业素养的复合型人才为目标”的原则而编写。教材内容紧密结合企业岗位需求，按照实际岗位工作程序与标准设计，把教、学、做紧密结合，重视对铁路客运服务人员实际工作能力的培养，聚焦提高学生在顶岗实习和就业后工作岗位所需的专业技能和职业素养，适应近年来铁路人才培养的需求。

本书的编写特色有如下几个方面：

一是体现职业性。本书遵循“循岗导教”的人才培养理念，根据我国铁路运输服务的特点、程序与标准，结合具体岗位职责与服务要求编写而成。内容包含铁路现场模拟情景演练，具有职业针对性，丰富了服务岗位标准和礼仪实训指导，大力培养学生处理铁路客运服务岗位实际问题的能力。

二是注重实践性。结合高职高专学生特点，重点强调工学结合、理论与实践一体化的关系。本书以情景为切入点，以技能为载体，体现完整的服务工作过程，加大技能技巧、实际操作、模拟训练等内容比例，注重对操作技能的培养，提升学生分析问题、解决问题的能力。

三是讲练系统性。本书教学内容基于服务过程中具体的工作要求，每一个能力模块为一个单元，每一个技能要领为一个情境。每个情境由情境导入、学习目标、相关知识、实训等环节组成。

四是内容多样性。本书的编写始终贯彻“以学生为本”的理念，在内容编排和选取方面丰富多样。内容结合最新服务案例、礼仪图例、视频讲解，遵循“实用、好用”的原则，使得教材图文并茂、形式活泼、难易适中、易于理解，并着力突出教材的新颖性、趣味性、可读性。

本书涵盖了铁路客运服务人员职业形象塑造，铁路服务岗位礼仪规范标准，铁路现场模拟情景演练、案例分析，铁路客运服务人员的仪容、仪表、仪态的岗位标准及实训技巧，铁路岗位服务礼貌用语以及职业道德规范等内容。依据铁路现场服务岗位的特点，系统化、详细化解析了铁路客运服务礼仪标准，强调铁路客运服务礼仪的标准性、规范性及实操性。

本书建议学时为 40 ~ 60 学时。

本书由辽宁铁道职业技术学院铁道运输学院李明佳任第一主编，并提出总体框架，形成编写大纲；辽宁铁道职业技术学院铁道运输学院王晶晶任第二主编；锦州车务段陈玉红参与编写；中国铁路沈阳局集团有限公司客运部杨涛主审。具体编写分工为：单元一、单元二、单元五中的情境一至情境三由李明佳编写；单元三、单元四中的情境一至情境四由王晶晶编写；单元四中的情境五和情境六、单元五中的情境四、附录由陈玉红编写。

在本书的编写过程中，编者参阅了大量文献和资料，并与专业一线教师和铁路行业专家进行了充分交流，吸收了近年来铁路专业教学研究的新成果以及企业实践中有启发性的新观点，均以参考文献的形式列出。在此，谨向这些专家、学者表示由衷的感谢！

此外，还要特别感谢辽宁铁道职业技术学院铁道运输学院行车 19-3 班刘浩然、铁运 20-2 班石雯畅、吴硕晗，以及 18 级毕业生韩柠泽（现就职于沈阳局赤峰车务段）对本书中图片、视频制作所做的工作。

尽管编者为本书的编写付出了诸多努力，但限于时间和水平，书中难免存在不足之处，恳请同仁、专家及广大读者批评指正，提出宝贵意见，以便本书进一步修订、完善。

编　者

2021 年 5 月

目 录

单元一 服务礼仪概述

随着服务业市场竞争日益激烈，任何一个服务企业，在这样的环境中求生存、谋发展，最根本的条件是要有良好的服务水平和服务质量来保证，这也将直接影响服务企业的整体形象以及所产生的经济效益和社会效益。随着社会的进步和发展，服务的理念越来越深入人心。因此，对服务礼仪的学习和掌握已受到各界的广泛关注。

提高从业人员的服务能力和职业素养是非常重要的，这就必须依靠规范化的服务礼仪来实现。服务人员只有明确和掌握了服务过程中正确的行为规范，才能为顾客提供热情、周到的高质量服务。掌握并运用好服务礼仪规范，树立良好职业道德，增强员工服务意识，既是满足消费者的需求，也是服务行业自身发展的需要。目前，在服务行业以及其他相关行业内，普及、推广服务礼仪，具有多方面的重要意义。

情境一 服务礼仪的含义、特征、原则和作用

情境导入

在北京开往杭州的高铁列车上，列车长在巡视车厢的过程中，遇到了一位独自抱着婴儿的女士。这位女士很淳朴，怀里的婴儿也格外的乖巧，就坐于 1 排 A 座。

列车员早在出乘前就确认了该车段有一名抱婴旅客，并在前方座椅口袋中准备好了垃圾袋、纸巾和毛毯。登车后列车员上前协助她妥善安放了行李，并向女士介绍了列车婴儿护理板的具体位置和使用方法，协助她安置好婴儿车。列车员为该旅客调节好空调通风口，帮助她盖好毛毯后，询问该旅客是否还需要其他帮助。这位女士笑着摇摇头，很欣慰地表示感激。

过了一会儿，只见她摇摇晃晃地抱着婴儿站了起来，向乘务员表示行李架太高了，拿不到孩子的尿不湿。这时，列车长正好也在，见该女士身体有些不舒服，便将孩子接了过去，安排列车员协助该女士拿行李。同样是作为一名母亲的乘务员，便主动提出帮忙为孩子换尿不湿，并帮助旅客将婴儿抱回 1 排 A 座，协助其安顿好婴儿。旅客表示这次乘车体验特别令人难忘和感动。

【思考】

上述案例中，高铁乘务人员如何体现出服务礼仪的内涵？

学习目标

- 把握服务礼仪的内涵、内容和特征。
- 遵循服务礼仪的基本原则。
- 明确服务礼仪的功能。

相关知识

一、服务礼仪的含义

礼仪是人们在长期社会交往活动中，为了相互尊重，在仪容、仪表、仪态、仪式、言谈举止等方面约定俗成的协调社会成员相互交往关系的行为规范，对礼节和仪式的总称。从个人修养的角度来看，礼仪可以说是一个人内在修养和素质的外在表现。从人际交往的角度来看，礼仪可以说是一种交际艺术，是人际交往中约定俗成的示人以尊重、友好的习惯做法。

服务礼仪是礼仪在服务行业内的具体运用，是各服务行业人员必备的素质和基本条件，是礼仪的一种特殊表现形式。服务礼仪主要指服务行业的从业人员在工作岗位上，通过言谈、举止、行为等，对服务对象表示尊重和友好的行为规范和工作艺术，表现出服务人员的良好风度和职业素养。

服务礼仪主要内容包括服务人员的仪容规范、仪表规范、仪态规范、语言规范和岗位规范。服务礼仪是体现服务的具体过程和有效手段，使无形的服务有形化、规范化、系统化。有形、规范、系统的服务规范和服务技巧，不仅可以树立服务人员和企业的良好形象，更可以让服务人员在和客户交往的过程中赢得理解、好感和信任。

客运服务是铁路面向社会的窗口，是直接与乘客交互的过程，每个客运人员的礼仪表现和个人形象都代表铁路企业在公众中的形象，对提高服务质量、增强企业竞争力具有重要作用。因此，对铁路客运服务人员来说，学习和运用服务礼仪规范，不仅仅是提升个人形象、展现广大铁路职工敬岗爱业的良好精神风貌的需要，更是提高铁路企业经济效益、提升市场竞争力的需要。

铁路客运服务礼仪是客运从业人员与旅客交往过程中应具有的体现相互尊重、善意和友好的一种行为规范和艺术，它是“以客为本、以人为本”理念的具体体现，是优质铁路服务的重要组成部分，概括起来就是铁路车站、列车从业人员在工作中必须遵守的行为规范，是体现行业工作特点、展示自身精神风貌的外在表现，也是向旅客表达尊重、体现以旅客为中心的具体方式。

二、服务礼仪的特征

服务礼仪是一门实用性很强的礼仪学科。作为礼仪的一种特殊形式，它同礼仪的其他门类相比，具有以下特征。

（一）规范性

所谓规范，是指明文规定或约定俗成的标准的、正确的做法。服务礼仪规范性的基本内涵，是指服务人员在工作岗位上向服务对象提供服务时标准的、正确的行为准则。因此，服务礼仪的规范性主要体现为岗位规范。具体来讲，岗位规范主要以服务人员的仪容规范、仪态规范、服饰规范、语言规范为其基本内容。也就是说，服务人员的仪容、仪表、仪态和言谈举止，都应与具体服务岗位的工作特点紧密结合、融为一体。

有些车站根据售票窗口操作流程，可以形成“三语两声”的语言规范，即“讲好开头语，坚持标准语，用好结束语，做到服务开头有问候声，服务结束有道别声”，这是售票窗口客运人员在其工作岗位上必须做到的基本要求。只有做到这些，才能使旅客高兴而来，满意而归，为铁路企业树立良好的形象。

（二）操作性

服务礼仪的可操作性在服务人员的工作岗位上表现得非常具体,它不是“旅客至上”“以人为本”的口号，而是一条条具体的、可操作的细则。因此，服务人员应该学习并掌握服务礼仪的基本理论规范，才能够更好地领会和运用，并且在实践中将其融会贯通。

例如，铁路企业规定：贵宾室服务人员接待贵宾时，保持精神饱满，面带微笑，思想集中，注意讲究自己的形象，坐姿、站姿和行姿都要自然得体。见到贵宾要热情地招呼：“您好！”或“您好，欢迎光临指导。”为贵宾端送茶水要及时，并注意将茶杯轻轻放在宾客座位旁的茶几上。我们可以看出，铁路企业对贵宾室服务人员的语言、表情、举止等方面的岗位规范，都进行了极其详尽的描述，且在服务过程中，服务人员必须按照此要求进行操作。

（三）单向性

服务礼仪的单向性，是由于服务关系的特殊性所决定的。服务也可以说是服务生产者满足服务消费者需求的过程。在服务关系中，服务人员依据消费者的需求提供服务。服务人员作为需求的满足方，有义务最大限度地满足顾客的各种需求，但这种满足需求的行为是单向性的，服务人员不能同时要求顾客来满足自己的某些需求。

例如，客运值班室服务礼仪规范要求：“客运人员在接待旅客投诉时，首先要做到热情接待、耐心听取、冷静分析，即使对方怒气冲冲、情绪激动，甚至蛮不讲理，也不能受其影响而冲动。相反，要心平气和、善解人意、逐步引导，充分尊重投诉者的心情，尽力帮助旅客处理好事务。”也就是说，作为服务人员，要耐心聆听不满旅客大声斥责，甚至辱骂，即使有理，也不能同样大声、坏脾气地回敬旅客。这是服务礼仪单向性决定的，也是作为服务行业从业人员的基本职业素养。

三、服务礼仪的原则

（一）尊重的原则

尊重是礼仪的实质，礼仪从内容到形式都是尊重他人的具体体现。《礼记》的开篇说“勿不敬”，所以“礼者，敬人也”，礼就是要求人以尊重为本。尊重的原则，就是要求在服务过程中，不论服务对象的职业、身份、性别、年龄、学识如何，服务人员都要礼貌服务，热情对待，尊重每一位顾客的意见。要将对客人的重视、恭敬、友好放在第一位。要做到始终保持一颗敬人之心，掌握了这一点，就等于掌握了服务礼仪的核心。

因此，在服务过程中，只有尊重顾客，才能得到顾客的尊重和理解。只要不失敬人之意，哪怕具体做法一时失当，也容易获得服务对象的谅解。

【实例一】

一趟北京至珠海的列车上，一位旅客上车后感到车厢温度有些低，就向列车员索要毛毯。这时恰巧列车员正在疏导旅客，由于毛毯放在后服务车厢，因此不能及时满足旅客的需求，于是请旅客稍等片刻。列车员引导旅客完毕后，到后服务车厢拿毛毯，但因毛毯数量有限，列车员返回到旅客面前时，毛毯被发放得仅剩一条。此时，又有一位小朋友需要毛毯，列车员权衡再三还是将最后一条毛毯发给了小旅客，年长的旅客非常不满。

【分析】

在服务旅客的过程中，列车员在语言、语气上，没能让旅客感受到足够的重视。服务人员在忙乱之间的一句不经意的回答，多数都会给服务对象以敷衍、不耐烦感。在旅客提出需要毛毯时，无论此时多忙，也应用心记住是哪一排哪一位旅客，并加以解释："非常抱歉，先生 / 女士，现在正是旅客上车拥挤期间，请您在座位上稍事休息，我会尽快把毛毯给您送来。"

在服务用品较少而旅客需求量大的情况下，应事先稍作说明。例如可以这样说："抱歉，女士 / 先生，您看这已经是我们列车开行的第某某段了。干净、没用过的毛毯就剩下一条了，现在有一位小朋友也需要毛毯，不如我先帮您把空调通风口关掉，再为您倒杯热水。稍后，我立即向列车长汇报请车组将温度调高。好吗？"

尊重是打开服务大门的钥匙，人的内心里都渴望得到他人的尊重。尊重他人是一种高尚的美德，是内在修养的外在表现。

（二）真诚的原则

诚实可信和言行一致，是服务人员与服务对象建立长期稳定关系的基础。真诚是一个人外在行为与内在道德的有机统一。服务人员在提供服务过程中，应向顾客以诚信为本，提供满足服务对象所需要的服务，必须做到待人以诚、心口如一，而不是虚情假意、口是心非。只有如此，才能表达对客人的尊敬与友好，才会更好地被对方所理解、所接受，以赢得服务对象的信赖，提高企业的声誉和社会效益。

【实例二】

一趟北京至哈尔滨的高铁上，头等车厢是满客，还有三名 VIP 旅客。1F 号座位是一位外籍旅客，列车行驶后一直在睡觉。这时，列车员在为旅客提供餐饮服务忙碌着。

两小时后，这名外籍旅客怒气冲冲地走到列车长办公席，大发雷霆，用英语对列车长投诉："两小时的时间里，你们竟然不为我提供任何服务，甚至连一杯水都没有！"说完就返回座位了。旅客突如其来的愤怒使列车员们很吃惊。头等车厢列车员很委屈地说："列车长，他一直在睡觉，我不便打扰他呀！"说完立即端了杯水送过去，却被这位旅客拒绝了。接着她又送去一盘点心，旅客仍然不予理睬。

眼看着将进入停车靠站阶段，为了不让旅客带着怒气下列车，列车员灵机一动，用水果制作了一个委屈脸型的水果盘，端到客人的面前，慢慢蹲下来轻声说道："先生，我非常难过！"旅客看到水果拼盘制成的脸谱很吃惊。"真的？为什么难过呀？""其实在行车过程中我们一直都有关注您，列车开行后，您就睡觉了，我们为您盖上了毛毯，关闭了通风孔，后来我发现您把毛毯拿开了，继续在闭目休息。"旅客情绪开始缓和，并微笑着说道："是的！你们如此真诚，我误解你们了，或许你们也很难意识到我到底是睡着了还是闭目休息，我为我的粗鲁向你们道歉，请原谅！”说完他把那片表示难过的西红柿片180° 旋转，立即展现了一个开心的笑容果盘。

【分析】

俗话说：“真诚是水，因为它会洗去一切误解。”在服务关系中，也难免会存在对服务人员的服务不满、误解的现象，这就要求服务人员要学会用真诚打动顾客，用真诚化解误会，得到服务对象的理解与原谅。

（三）宽容的原则

宽容，是一种美丽的情感，是一种崇高的精神，是人性的高贵品格。以宽容之心待他人，给自己营造的是一种和谐的氛围。

宽容的原则，是要求我们在服务过程中，既要严于律己，更要宽以待人。要多体谅他人，多理解他人，学会与服务对象进行心理换位，而千万不要求全责备、咄咄逼人。

【实例三】

陈先生是某银行的客户，某日中午12点左右急需使用现金一万元，于是去了离家最近的银行，想在自动提款机上取款应急使用。到达银行后，在取钱的过程中发现该银行唯一的自动提款机由于故障无法使用，而银行并没有贴出告示。于是，陈先生来到大堂值班经理处，说明来意，希望能够寻找解决办法。大堂经理回复：“可以取号排队取钱。”陈先生于是到取号机取号，这时发现在他之前有39位在排队办理业务的顾客，而此时该银行有4个窗口，其中有只有1个窗口办理业务，按平均办理速度2 ~ 3分钟一人来计算，陈先生至少要排队90分钟左右。陈先生无法等待，于是又到大堂经理处寻找快速取款的方法。

大堂经理此时不耐烦地说：“不是和你讲过了吗？没有别的办法，只能排队。”

陈先生问：“那需要排多长时间？”

大堂经理答：“那不知道，每个人办理业务的时间都不一样。”

“那为什么4个窗口只有1个窗口办理业务？”

“他们去吃饭了。”

“我现在想取钱，可是你们的柜员机出现了问题，我着急用钱，你们能不能帮助我想一个办法。”

大堂经理不耐烦地回答：“每个人都说自己着急，如果每个人都像你这样，那还不乱了？”

陈先生这时候已经生气地指出：“我是你们的客户，我之所以在柜员机上取钱是因为这样可以节省时间。可是你们的柜员机坏了，这是你们的责任，为什么不抓紧时间修好？另外，既然知道柜员机出了问题，为什么没有一套应急的流程？而且中午排队的人很多，为什么只开一个窗口？即使是吃饭也应该轮流去吃，为什么同时有3个人一起去吃饭？还有，作为值班经理，你应该有耐心地去解释、安抚顾客，而不应该给顾客脸色看！”于是，陈先生投诉了该银行及银行的大堂经理。

【分析】

自动取款机出现故障，加之取钱要排长队，严重影响了对客户需求的满足。值班经理的不耐烦，让客户感觉自己没有受到应受的重视，该银行及银行大堂经理的做法，没有做到与服务对象换位思考，导致客户对该银行严重丧失信心，从而导致客户的投诉。

（四）从俗的原则

由于受历史传统、民族文化、宗教信仰、风俗习惯等因素的影响，在人际交往中，实际上存在着“十里不同风，百里不同俗”的局面。

在服务工作中，服务人员应对本国或各国的礼仪文化、风俗习惯、宗教禁忌等有全面、准确的了解，这样不仅能够在服务过程中得心应手，避免出现差错，也能让服务对象在细微服务中感受到足够重视与尊重。既能在优质的服务过程中展示服务人员良好的职业素养，也能提升企业的整体形象。

【实例四】

某国际旅行社，有一次准备在接待来华的外国游客时赠送每人一件小礼品。由于中国丝织品闻名于世，预计会受到客人的喜欢，因此，该旅行社定制了一批杭州真丝手帕用印有旅行社社徽的特制礼盒包装，十分美观大方。

幸好一位了解当地习惯的人士向他们指出，送手帕是非常不合适的。旅行社才及时更换了见面礼，避免了一场误会。

【分析】

在一些国家有这样的禁忌，认为送手帕取意为“擦掉离别的眼泪”。赠送象征离别的手帕是非常不合适的。

在涉外服务过程中，首先要了解外宾所属国家和地区的风俗习惯、宗教信仰等信息，这样才能正确地表示尊重，也不会有失礼节。

（五）适度的原则

适度的原则的含义，是要求应用礼仪时，为了保证取得成效，必须注意技巧，合乎规范，特别要注意做到把握分寸，认真得体。这是因为凡事过犹不及。假如做得过了头，或者做得不到位，都不能正确地表达自己的自律、敬人之意。

【实例五】

一天中午，董先生陪同一位外宾来到某高级酒店中餐厅就餐。因为他们有公务要商谈，所以找了餐厅里比较僻静的位置坐了下来。

刚入座，一位女服务员便热情地为他们服务起来。她先铺好餐巾，摆上碗碟、酒杯，然后给他们斟满茶水，递上热毛巾。在客人就餐期间，她满脸微笑，手疾眼快，一刻也不闲着。上菜后即刻报菜名，为他们盛汤，盛了一碗又一碗。见客人杯子空了马上添茶斟酒，见骨碟里的骨刺皮壳多了随即就更换，见手巾用过后即刻换新的，见碗里米饭没了赶紧添上，并时不时用英语礼貌地询问他们还有何需要。

席间，外宾放下刀叉，从衣服口袋里拿出一盒香烟，抽出一支拿在手上，略显无奈地对李先生说：“这里的服务真是太‘热情’了！”这位女服务员似乎并没有察觉到外宾脸上的不悦。她见外宾手里拿着香烟，忙跑到服务台拿了个打火机，走到外宾跟前说：“先生，请您抽烟。”说着，熟练地打着火，送到外宾面前，为他点烟。“好！好！好！”外宾忙把烟叼在嘴里迎上去点烟，样子颇显无奈。烟点燃后，他忙点着头对这位服务员说：“谢谢！谢谢！”

女服务员给外宾点了烟后，又用公筷给董先生和外宾碗里夹菜。外宾见状，忙熄灭香烟，用手止住她说：“谢谢，还是让我自己来吧。”听到此话，她却说：“不用客气，这是我们应该做的。”说着就往他碗里夹菜。李先生和外宾只好连声说："谢谢！谢谢！"

见女服务员的服务实在太热情，外宾都有点透不过气来了，董先生只得对外宾说："我们还是赶快吃吧，这里的服务热情得有点过度，让人受不了。"听到此话，外宾很高兴地说："好吧！"于是，他们匆匆吃了几口，便结账离开了这家酒店。

【分析】

在服务工作中，常常发生这种情况，尽管服务员满腔热情地为客人提供服务，但客人反而感到不自在、很压抑，感受不到良好的服务体验。导致这一现象的原因是什么呢？这里有一个很重要的原因，那就是服务员未能充分了解客人的需求，进行了过度服务。

所谓过度服务，是指由于服务人员未能充分了解客人的需求和心理，提供了不为客人接受、干扰客人正常消费的各种服务项目、内容和方式。在服务过程中，存在着"100-1=0"的定理，同样也存在着"100+1=0"的法则，任何画蛇添足的服务也一样会使客人不满，造成服务失误。服务中增一分或减一分，都会与服务初衷差之千里，这就要求员工掌握"适度"原则，努力避免服务不足与过度服务。

在服务行业中，不断在提倡一种"无干扰服务"，要求服务人员在客人不需要服务的时候让客人充分享受自由的权利，充分地让客人自主选择，不主观地诱导，并随时准备给客人提供其他所需的服务。这是因为服务需求的随意性很大，尽管服务人员已尽心尽责，但服务对象会因其自尊、情绪、个人喜好、意外情况、即时需求等原因，提出服务规范以外的各种要求。

四、服务礼仪的作用

（一）有助于提升服务人员的个人素质

服务礼仪通过深入剖析服务关系的实质，来正确定位服务人员的角色，让服务人员真正明白服务的内涵和意义，使其具备可依据的服务原则，形成自如应对各种复杂的服务情景的能力，从而形成较高的服务人员应具备的个人素质。

服务礼仪在行为美学方面，指导着服务人员不断地充实和完善自我，并潜移默化地熏陶着他们的心灵。服务礼仪是服务人员塑造个人良好形象的重要的手段。在服务工作中，礼仪使言谈变得文明；礼仪使举止变得高雅；礼仪使穿着变得大方；礼仪使行为变得得体。在服务过程中，服务礼仪为服务人员的行为符合服务对象的要求提供了保障，也可以帮助服务人员提升素质素养和树立良好的形象，其中包括言谈举止、行为规范、仪容仪表、姿势姿态。优雅的气质，文明的谈吐，大方的体态，这些无一不会给顾客带来良好的感受。

比尔·盖茨曾说过："企业竞争，是员工素质的竞争。"他认为员工素质的高低反映了一个公司的整体水平和可信程度。教养体现于细节，细节展示了素质。因此加强服务礼仪培养，有助于提高服务行业从业人员的个人素养和自身的职业竞争力。

（二）有助于塑造企业良好的服务形象

当今社会，形象就是对外交往的门面和窗口。良好的企业形象是吸引消费者、扩大企业市场份额的有效保证，可以给企业带来良好的经济效益和社会效益。塑造并维护企业良好的服务形象是为了得到服务对象的信任。对一个企业的认识，首先是从该企业为服务对象提供的服务开始的，因此，良好的服务礼仪是一个企业树立良好企业形象的有效手段。服务礼仪展示了企业的文明程度、管理风格和道德水准，从而塑造了良好的服务型企业的服务形象。

从一定意义上说，服务礼仪是服务关系和谐发展的调节器、润滑剂。服务礼仪为服务人员在每一个服务场合，每一个服务细节作出了具体的行为要求，让服务人员能顺利地选择合适的行为与服务对象进行自觉的交往。

在服务交往中，服务人员按礼仪规范去做，有助于加强与服务对象之间的互相尊重，使从业人员与客人之间能够更好地进行服务交流与沟通，有助于妥善处理服务纠纷问题；能够缓和和避免不必要的服务矛盾冲突和情感对立，有助于建立起和谐的服务关系。服务礼仪通常简单、易行，它不仅能使服务人员和服务对象交往顺利，而且也使服务工作变得相对轻松和简单，使服务对象更容易产生被尊重和优越的心理感受，使服务对象在心理需要上感到满足、愉悦，对服务人员的服务产生好感和信任，从而使人们之间的服务交往获得成功。

（三）有助于增强企业的经济效益和社会效益

对于服务性行业而言，高质量的服务有助于企业创造更多的经济效益和社会效益，同时有利于提升企业的文化内涵和品牌效应。许多企业家认为：企业活力 = 商品力 + 服务力。服务的特色已越来越成为许多企业的核心竞争力之一。服务礼仪不仅能够给服务人员在服务过程中以行为指导，从而使服务交往变动容易进行，而且还能帮助服务人员养成良好的服务意识。具有良好服务意识的服务人员，能够长期赢得服务对象的认可，从而有效地扩大企业的竞争力，提高企业产品竞争的附加值。

就铁路客运服务工作而言，其特点是直接为广大旅客提供服务，客运工作的具体内涵必须通过客运从业人员的服务礼仪来展示和体现。对于广大铁路客运服务人员来说，规范优雅的服务礼仪可以展现客运服务人员的外在美和内在素养，可以更轻松地拉近与乘客的距离，提高乘客的满意度和忠诚度，提升铁路企业形象，实现铁路优质服务品牌的增值。

实训

一、小组讨论

1. 学生以 5 ~ 8 人为一个单位，进行分组，每组选出组长。

2. 在组长的带领下，对以下问题进行组内讨论。

（1）什么是服务礼仪？它有哪些基本内涵？

（2）服务礼仪有哪些基本特征？

（3）服务礼仪的原则有哪些？

（4）服务礼仪的作用有几个方面？

（5）简述对服务礼仪在铁路客运服务工作中的重要性的理解。

3. 每组选出一名学生进行发言，其他组学生进行评价。

二、训练总结

1. 以小组为单位，进行评选活动。由教师进行综合评价，撰写实训报告。

2. 对照学习评价表，对自己的训练成果打分数。

学习评价表

被考评人					
考评地点					
考评内容	对服务礼仪的理解				
考评标准	考评内容	分值 / 分	自我评价 / 分	小组评议 / 分	实际得分 / 分
	服务礼仪的含义	20			
	服务礼仪的特征	20			
	服务礼仪的原则	20			
	服务礼仪的作用	20			
	对铁路客运服务礼仪的理解	20			
合计		100			

注：考评满分为 100 分，85 分以上（包含 85 分）为优秀；75 ~ 84 分为良好；60 ~ 74 分为及格。

情境二　服务意识的培养方法

情境导入

高铁已经成为中国制造的一张“名片”，不仅速度更快，而且服务质量更好。2020 年 1 月 6 日，兰州西站开往上海虹桥的 G3182 次列车整装待发，乘务员的服装成为一大亮点，从选料颜色、款式样式到色彩搭配，结合了西部地区文化特色，在视觉上给人以大气、舒适的感觉。

此外，服务这趟列车的高铁乘务人员还接受了专门的军事化训练，由退伍老兵组织乘务组进行走姿、坐姿、军姿等训练。为了更加准确地掌握旅客的需求，车队组织乘务员先后到杭州线、北京线和广州线等 20 多个班组、往返乘车 500 多千米进行“换位”服务体验，认真倾听每一句服务用语是否规范，仔细留意每一个眼神细微变化，甚至一个微笑问候、一次鞠躬迎送都要揣摩体会，想方设法补足自身服务“短板”，目的就是让旅客感受到最专业、最优质、最贴心的乘务服务。

【思考】

1. 上述案例中，高铁乘务人员的服务意识是如何培养的？
2. 服务人员应如何提高自身服务意识？

学习目标

- 树立服务人员的良好职业道德风尚。
- 增强服务人员的从业规范与服务意识。
- 提高铁路客运服务人员服务技能。

相关知识

服务企业要走向市场，并在市场竞争中吸引客户、赢得客户。作为一名服务人员，应表现出热情周到、亲切真诚、积极主动为旅客提供良好服务的意识。服务意识应该牢牢扎根于自己的内心深处，体现到工作中去。

一、服务意识的含义

所谓服务意识，是服务行业从业人员在对客户服务的过程中所表现出来的态度取向和精神状态，是服务行业从业人员基于对服务工作的认识形成的一种职业素养和职业意识。服务意识是服务能力的重要组成部分，是为宾客提供优质服务的灵魂和保障，是服务人员发自内心的一种本能和习惯。服务意识应体现在为其利益相关的人或在工作交往中为他人所提供的热情、周到、主动的服务欲望和意识方面，即自觉主动做好服务工作的一种观念和愿望。

沃尔玛，是以服务为主的公司，它能成为世界性大公司，是怎样实现的？真实的原因是："在沃尔玛，你能真正地感受到自己受到欢迎。"这是一种超强的服务意识，沃尔玛意识到了真正受到欢迎的顾客，才是忠实顾客。

良好的服务意识包含了高尚的职业道德、端正的服务态度和积极的精神状态。服务行业的职业道德，是指服务人员在服务过程中，接待自己的服务对象，处理自己与服务对象、与所在单位和国家、地区之间的相互关系时所应当遵守的职业行为的准则。服务行业的职业道德的核心思想，是要为人民服务，对服务对象负责，让对方对服务质量感到满意，并且通过全体服务人员的一言一行，传达出本单位对于服务对象的体贴、关心与敬意，反映出本单位全心全意为人民服务、积极进取、报效国家与社会的精神风貌。服务行业职业道德的具体内容主要包括对于服务人员在思想品质、服务态度、经营风格、工作作风、职业修养五个方面的规范化的要求。它们都是用以调节服务人员在其工作中的各种人际关系的行为准则。

服务意识对于客运服务来说是极其重要的理念。服务意识关系企业的服务水准、服务质量。只有在良好的服务观念、服务意识的指导下，才能端正客运服务人员的工作态度，激发员工的工作热情，时时刻刻为旅客着想，从而为旅客提供更优质、热情、周到的服务。

二、服务意识的要求

（一）明确角色定位

客运服务人员与旅客之间是服务与被服务的关系，是服务产品的提供者与消费者的关系。尽管双方在人格上是完全平等的，但所承担的社会角色不同，所以在服务过程中，自然要遵循"旅客至上"的服务理念。例如，如果某名员工因故抱怨说："那位旅客太过分了，在家里我父母也没这么说过我！"这样的话语表明，客运服务人员把旅客对自己的态度与父母对自己的态度相比较，不能接受二者之间的差异，这是典型的对角色定位不准的表现。

同时，客运服务人员在服务旅客时，也不要自轻自贱、唯唯诺诺。有文化教养的客人也不希望被不懂得自尊的人服务。相反，服务人员要正确认识自身的价值，做到自尊自重，更能得到客人的尊重。

（二）关注服务细节

俗话说："细节决定成败。"个性化服务更加要求服务人员关注服务细节。常常有看起来微不足道的小事，给服务对象留下或好或坏的印象，影响着他们的客户体验。例如，旅客上车时，面带微笑热情地引导;旅客提重物时，伸手主动去帮扶;车厢巡视时，发现有一位旅客双手抱着肩膀睡着了，便主动拿来一张毛毯轻轻盖上。这些本来是看似起不了大作用的细微服务，却能让旅客感受到自己被关注，进而对列车员的服务产生认同感，最终使列车员赢得旅客的称赞。这样的服务方式才能够让旅客感到亲近、踏实，使旅客无时无刻不感到这种接待服务是一种美好的经历和享受。

近几年，我国铁路事业快速发展，但发展的不仅仅是铁路科技，还有铁路的服务态度和服务理念。为了更好地为旅客提供优质服务，实现"三个出行"的服务承诺，铁路部门不断推出方便出行的新举措。服务细节上的一个细微的优化，却能够体现铁路始终把旅客放在第一位的不变宗旨。

（三）做到换位思考

在服务过程中，客运服务人员应学会换位思考，即要站在旅客的角度去考虑问题，主动进入对方的角色，来思考旅客的服务需求。此外，服务人员也要关注旅客的不同服务需求，要学会揣摩旅客心理。向旅客提供服务时，要综合考虑对方的身份地位、消费能力、修养和心情，甚至是对方与同来的其他旅客之间的关系，据此来揣摩旅客的心理，然后依照各自不同的情况，提供有针对性的差异化服务。

（四）服务一视同仁

客运服务人员应该对所有的旅客一视同仁，不分性别、民族、国籍、衣着、宗教信仰、文化高低、社会地位、经济状况，提供相同质量的热情服务，不能厚此薄彼、区别对待。应遵循价值规律，旅客进行了消费，服务人员就应提供热情、细致、周到的服务作为交换。此外，客运服务人员也不应把个人情绪带到服务过程中，这也是和旅客互为平等的必要条件。

三、提高服务意识的方法

客运服务心理是客运职工服务活动的产物，是构成铁路运输行业这一特大群体的特征之一，是铁路运输业风貌的表现。职工的生活条件、工作实践以及与旅客的交往活动是形成客运服务心理的基础。所以，要提高客运服务质量，就不仅要研究旅客心理，也要研究客运人员活动的特殊性，使客运人员自觉发扬心理品质的积极方面，抑制、克服其消极方面，进而形成客运服务所要求的优良品质，做一个优秀的客运职工。那么，服务人员如何提高服务意识呢？主要有以下几个方面内容：

（一）服务礼仪的三 A 法则

三 A 法则是美国学者布吉林教授等人提出来的，它的基本含义是在人际交往中要成为受欢迎的人，就必须善于向交往对象表达我们的善良、尊重、友善之意。服务人员的服务技巧主要有三点：Accept（接受对方）、Appreciate（欣赏对方）、Admire（赞美对方）。

1. 接受服务对象

接受服务对象实际上就是客运服务人员服务态度是否端正的问题。能做到诚心诚意地意识到"旅客至上"，自然而然就应当认可对方、容纳对方、接近对方。只有做到了这一点，才能真正地提高自己的服务质量。如多使用礼貌用语，善用尊称、肢体语言和表情等，传导出亲切、温暖和友善的信息，为旅客所接纳、欢迎，从而留下良好的印象。

2. 欣赏服务对象

欣赏服务对象是客运服务人员发自内心地表达对旅客的一种重视，这是对旅客表达敬重之意的具体化表现。主要表现为认真对待旅客，并且主动关心旅客，使旅客真切地体验到自己倍受客运服务人员的关注。例如，在服务的过程中，牢记旅客的姓名，善用尊称、谦词和耐心倾听旅客的要求等。

3. 赞美服务对象

赞美服务对象实质上是客运服务人员对旅客的接受与重视的表现。从心理上讲，所有的人都希望自己能够得到别人的欣赏与肯定。一个人在获得他人真诚的赞美时内心的愉悦程度常常是任何物质享受都难以比拟的。具体来说，这就要求客运服务人员在服务过程中要善于发现旅客之所长，并且做到及时地、恰到好处地对服务对象表示欣赏、肯定、称赞。这种做法可以有效地争取旅客对服务工作的合作，使在整个服务过程中客运服务人员与旅客双方和睦而友善地相处，并且提高服务效率。

（二）树立良好的职业道德风尚

在服务工作中，全体从业人员需要树立良好的职业道德风尚。职业道德是指从事某一具体职业的人，在其工作岗位所须遵循的与其职业活动紧密联系的行为准则。其本身受到个人素质与自我良心的制约。服务行业的职业道德，是指服务人员在服务过程中，接待自己的服务对象，处理自己与服务对象、所在单位及国家之间的相互关系时，所应当遵守的职业行为准则。

服务行业职业道德的核心是要为人民服务，对服务对象负责，为服务对象提供称心满意的服务。服务人员职业道德的具体内容，主要包括对其思想品质、服务态度、经营风格、工作作风、职业修养五个方面的规范化要求。作为“窗口行业”，服务行业与社会接触面最广，与人民生活最息息相关。得体的言谈举止、良好的职业道德风尚，都是服务人员服务意识的具体体现。对于铁路企业来说，帮助客运员工从职业道德方面来提高自我服务意识的能力，可以采取以下三种方法：

（1）加强客运服务人员教育培训。要深入开展职业道德和“两纪”教育，提高客运职工思想政治素质。强化服务观念，牢固树立质量意识，使提高客运服务质量成为全员的自觉行动，从而切实提高客运队伍的整体素质。

（2）建立正确的社会评价和集体舆论机制与导向。通过社会评价与集体舆论的指导性影响，提高客运员工对职业道德的认识，促进是非观念和名誉心理的健康发展。

（3）通过宣扬先进人物，扩大榜样的影响力。通过这种方式，来激励员工向先进工作者主动学习的意识，不断提高业务能力与职业素养。

（4）通过多种途径，宣传铁路的发展机遇和挑战。全面了解铁路发展现状与未来的机遇挑战，从而明确自己的工作职责与使命，进而增强热爱本职工作的情感、主动提高服务质量的意识。

（三）提高员工自身主动服务

主动服务是工作人员发自内心的，它是工作人员的一种良好习惯，可以通过培养、训练而形成。主动服务意识必须深刻植根于企业员工的思想认识中，只有大家提高了对主动服务、主动工作的认识，增强了主动服务的意识，才能有较高的主动服务意愿，进而激发起人在服务过程中的主观能动性。

【实例】

在一家五星级酒店的西餐厅里，大家都在享用着美味的早餐。这时，有一位来自欧洲旅行团、年岁较大的客人在用餐时，先用餐巾纸将煎鸡蛋上的油小心擦掉，又把蛋黄和蛋白用餐刀切开，再就着白面包把蛋清吃掉，而且在吃鸡蛋时没有像其他客人那样在鸡蛋上撒盐。餐厅的服务员注意到了这位顾客有这样比较特殊的饮食习惯，把这一特殊注意事项记录在了餐厅工作备忘簿上。

第二天早晨，这位年长的客人又来到了餐厅吃早餐，到餐桌旁落座后，服务员便主动上前询问是否还是需要和昨天一样的早餐。待客人应允后，服务员便将早餐摆放在餐桌上。但是，与昨天不同的是，煎鸡蛋只有蛋白而没有蛋黄。客人见状非常高兴，于是边用餐边与服务员聊了起来。他告诉服务员他之所以有这样的饮食习惯，是因为他患有顽固的高血压症。以前在别的餐厅用餐，他的这一用餐习惯往往被服务员忽视，而这次在这家酒店住宿用餐，服务员的细心服务让他感到非常暖心与满意，他为服务员的细致观察、主动服务精神所叹服。

【分析】

主动服务在很多场合下，常常以一种超前性的服务行为表现出来，这种服务的超前性是指服务人员善于急顾客之所急，想顾客之所想，往往在宾客尚未提出要求之前，就以主动的服务行为满足了宾客的需要，正因其具有超前性，才能给宾客带来良好的用户体验和更强烈的满足感，甚至让宾客终身难忘，从而大大提高服务质量，提升企业形象。

（四）培养服务团队协作能力

具有服务意识的人，能够把自己利益的实现建立在服务别人的基础之上，能够把利己和利他行为有机协调起来。处理好员工之间的利益关系和心理关系，造成和谐而欢乐的劳动气氛，使所有员工都能感到劳动的喜悦和集体的温暖，这正是员工热爱集体、无私奉献的风格和精神的具体体现。

团队强调的是协同工作，所以团队的工作气氛很重要，它直接影响团队的合作能力。作为团队的一员，应该主动去寻找其他团队成员的优点和长处，如果团队的每位成员都能够主动向其他成员学习，那么团队的协作就会变得更加顺畅，工作效率就会大幅度提高。

服务人员对自己的本职工作，如任务、目标、地位、范围、岗位职责等，要有全面正确的认识，要有高度的责任心。要自觉维护本团队的形象和利益。在服从团队的前提下，服务人员也要有一定的灵活性和创造性，对顾客的服务要求要主动、热情、准确、迅速地做出服务回应。如遇到突发事件，要保持冷静和理智，及时上报或向同事准确传达的信息，使事件得以妥善解决。

（五）加强员工服务礼仪培训

在市场经济条件下，为适应日益激烈的市场竞争和满足旅客的出行要求，铁路企业应不断提高铁路旅客运输服务质量，而铁路客运服务质量的改善离不开一个有效的、符合铁路客运工作实际情况的服务礼仪。铁路客运服务礼仪是铁路运输行业的从业人员应具备的基本素质和应遵守的行为规范。提高客运服务人员的礼仪素养可以在服务对象的印象中树立良好的员工个人形象与企业整体形象，激发服务潜能、维持服务热忱，为旅客、货主提供高雅、细致而周到的服务。

服务礼仪对树立服务人员强烈的服务意识起到非常重要的作用。要加强服务人员的服务技能与职业素养，企业应该建立素质提高机制，技能与素养的培训方式应由“适应性培训”向“优化人力资源培育”转变。除了让员工参加岗位应知必会、服务技能的培训外，也应该加大服务人员礼仪方面的培训、思想道德与职业道德的培养，提高政治素质，在树立新的服务理念上实现新突破。在培训内容上要从实际出发，以岗位应知应会、基本作业技能和突发事件的处理能力为基础，加强礼仪知识、服务技巧、服务心理学、公共关系学等方面的知识培训，从而切实提高客运队伍的整体素质。

实训

一、小组讨论

1. 学生以 5 ~ 8 人为一个单位，进行分组，每组选出组长。

2. 在组长的带领下，对以下问题进行组内讨论。

（1）什么是服务意识？它包括哪些方面的内涵？

（2）服务意识的具体要求有哪些？

（3）服务礼仪中三 A 法则具体包括哪些内容？

（4）简述培养铁路客运服务人员服务意识的方法。

（5）简述如何提高铁路客运服务人员的职业道德和从业规范。

3. 每组选出一名学生进行发言，其他组学生进行评价。

二、训练总结

1. 以小组为单位，进行评选活动。由教师进行综合评价，撰写实训报告。

2. 对照学习评价表，为自己的训练成果打分。

学习评价表

被考评人					
考评地点					
考评内容	服务意识与职业道德培养				
考评标准	考评内容	分值 / 分	自我评价 / 分	小组评议 / 分	实际得分 / 分
	服务意识	30			
	职业道德	30			
	培养方法	40			
合计		100			

注：考评满分为 100 分，85 分以上（包含 85 分）为优秀；75 ~ 84 分为良好；60 ~ 74 分为及格。

单元二 服务人员职业形象礼仪

企业的服务形象是企业文明的第一标志，它主要取决于提供的产品与服务的质量水平，以及企业员工的职业形象。服务人员的职业形象主形象包括仪容（外貌）、仪表（服饰、个人气质）以及仪态（言谈举止）三方面。服务人员的职业形象不仅体现着个人的职业素质，而且展示着服务企业的整体形象，同时也是对服务对象的尊重。仪表整洁、仪容端庄、仪态大方的职业形象，会让服务对象感到自身的身份、地位得到应有的承认，自尊的心理也会获得满足。

仪容是指人的容貌，主要是指人的面部和头部，是个人形象的重要组成部分之一。仪容通过对面部与头发的修饰，展现每个人的个性、喜好、修养等。仪容不仅是打扮和美容，而且实际上是人的精神面貌的体现，能使人在工作中保持良好的精神风貌。

仪表是指人的外表。人的外表主要靠着装来体现。着装是人们基于自身的社会地位、文化修养、审美情趣、身材特点，根据时间、地点、目的，对所穿的服装进行精心的选择、组合和搭配的体现。服装是一种无声的语言，在人与人的交流中，服饰给人留下的第一印象是深刻、鲜明的。

仪态是指人在行为中表现出来的姿势，主要包括站姿、坐姿、蹲姿、行姿、神态表情等。人们体态的变化都可以表达思想感情。仪态是表现个人涵养的一面镜子，也是构成一个人外在美的主要因素。不同的仪态显示人们不同的精神状态和文化教养，传递不同的信息，因此仪态又被称为体态语。

注重个人形象是服务人员的基本素质。铁路客运服务工作的特点是直接面向旅客为其提供服务，来自四面八方的旅客对为其服务的工作人员会留下直接而深刻的“第一印象”，而“第一印象”的产生首先来自于服务人员的个人形象。良好的职业形象，会令人产生美好的第一印象，从而对铁路企业产生积极的宣传作用。

随着市场经济的不断深化，面对运输市场的激烈竞争，铁路要在运输行业保持竞争优势，不仅要遵循“旅客至上、用心服务、持之以恒”的客运服务原则，全心全意为广大旅客提供高质量的服务，还要塑造良好的职业形象，才能更好地体现新时期铁路客运从业人员崭新的精神风貌，也是落实“全心全意为旅客服务”的具体体现。

情境一 面部修饰

情境导入

小张是一家化妆品公司的销售部业务员，他在众多业务人员中学历较高，人既朴实又勤快。他的语言表达能力很强，对公司产品的介绍也非常专业、得体，部门经理对他抱有很大的期望。

可是，小张在做销售业务的半年时间里，业绩总上不去。部门经理发现小张的问题出在他是个不修边幅的人：脸上总是泛着油光，胡子也不及时修剪；喜欢留长指甲，指甲缝里面经常藏着污垢；衣服脏了也不勤换洗；有时手上还记着联系业务的电话号码；平时喜欢吃葱、蒜等味道重的食物，吃后还不知及时刷牙、漱口。

【思考】

（1）针对小张的业绩上不去的原因，你能给他提些建议吗？

（2）职业形象礼仪中，面部修饰应该注意哪些方面？

学习目标

- 掌握日常生活中的基础护肤程序与方法。
- 掌握有关服务人员仪容礼仪的基本规范。
- 树立服务人员职业形象塑造的意识。

相关知识

服务人员是服务企业与组织的“形象窗口”，在自己的工作岗位上，必须按照本行业的一定之规，对自己的仪容进行必要的修饰与维护。服务人员仪容的修饰是为了产生美感，给服务对象留下良好的印象，要求“秀于外”与“慧于中”并举，以达到端庄、大方的效果。

一、面部修饰的原则

（一）洁净

上岗时，服务人员务必保持自己的面部干净、清爽。要求服务人员在进行个人面部修饰时关注卫生问题，养成勤于洗脸的良好习惯。洗脸时要注意耐心细致、完全彻底，对于眼角、鼻孔、耳后、脖颈等易于藏污纳垢之处，切勿一带而过。

（二）自然

服务人员的面部修饰既要讲究美观，又要自然、大方，应按其工作性质进行面部修饰，更要讲究合乎常情。服务人员带妆上岗时，要注意化淡妆。

美好的妆容能让人感觉到其五官构成彼此和谐，发质、发型自然、整洁，肌肤充满活力，给人以健康自然、鲜明和谐的美好印象。可以通过保持良好的心态、充足的睡眠、健康的饮食和适当的锻炼来提升整体外观，如图 2-1 所示。

图 2-1　面部修饰

二、面部修饰的要求

（一）眉部

在一个人的面部，眉毛虽然不一定像眼睛一样引人注目，但是它却绝非可有可无。

眉毛是五官之首，眉清才目秀。眉毛决定了面部五官比例，还能调整眼距，甚至能改变一个人的气质。标准的眉毛应是毛发顺畅有序生长，浓淡相宜，毛发亮而有光泽，眉形与五官相称，并由宽至细形成立体效果。眉形的美观与否，对任何人都很重要。好的眉毛更能增添眼睛的神采。

对于那些不好看的眉形，诸如残眉、断眉、竖眉、“八字眉”，或是过淡、过稀的眉毛，必要时应采取措施，进行修饰。

在洗脸或化妆时，服务人员要特别注意自己的眉部是否清洁。要防止在自己的眉部出现诸如灰尘、死皮或是掉下来的眉毛等异物。

（二）眼部

服务人员要及时除去眼角污垢，并要特别注意眼病的预防和治疗。如患有传染性的眼病，应及时治疗、休息，绝不可与服务对象直接进行接触。

如果服务人员服务时配戴眼镜，要注意眼镜的清洁。戴眼镜的人一定要坚持每天揩拭眼镜，如有必要，还应定期对镜架进行清洗。

（三）鼻部

鼻部的清洁：及时擦拭鼻涕，必要时清洗鼻孔。对鼻部的“黑头”应及时清理，切勿乱挤乱抠，造成局部感染。

鼻毛长到一定的程度时，会冒出鼻孔之外，应及时进行修剪，不要当众用手去揪拔自己的鼻毛。男性服务人员，要坚持每日上班之前剃须。

（四）耳部

服务人员务必每天进行耳部的除垢。不过，一定要注意，此举不宜在工作岗位上进行，特别是不要在接待服务对象时掏“耳屎”。

有些人的耳孔周围会长出一些浓密的耳毛。服务人员一旦发现此种情况出现在自己身上，即应及时对其进行修剪，不然会很不美观。

（五）口部

服务人员也要注意搞好个人口腔卫生，防止口中产生异味。最好的办法就是认真刷牙，每天保证刷牙 2 ~ 3 次，每次刷牙的时间不应少于 3 分钟。每餐后要及时用漱口水漱口。

唇部的护理也是必要的，服务人员的嘴唇通常极为惹人注目。平时，应有意识地呵护自己的嘴唇。定期对唇部去角质，做好防晒，用润唇膏对唇部进行滋润、补水，以防唇部开裂、起皮。

（六）手部

除了面部外，手部卫生对服务人员来说也是极其重要的。养成良好卫生习惯，要勤洗手，保持手部的清洁，这样可以减少疾病的传播。要勤剪指甲，否则手指甲内可能存在许多致病细菌。如果指甲很长很脏，在为客人服务时会让客人很反感。

及时涂抹护手霜，防止手部皮肤粗糙、干裂。女性服务人员不允许涂抹指甲油。

三、护肤技巧

皮肤也是塑造良好形象的一个重要组成部分，特别是面部。修饰面部首先要通过护肤让面部保持洁净和水嫩，其次才是通过化妆来修饰面容。因此护肤是服务人员进行面部修饰的基础，也是化妆的先行条件。

（一）护肤品的选择

1. 干性肤质

可分为缺水性干性皮肤和缺油性干性皮肤两种。缺水性干性皮肤的特点是皮肤较厚，毛孔细小而不明显，分泌量少而无光泽，皮肤比较干燥，毛细血管表浅，对情绪变化和外界刺激比较敏感。缺油性干性皮肤油脂分泌少，毛孔不明显，不易长粉刺，但脸上无光泽，易生细小皱纹。

干性肤质应选保湿性化妆品，选用性质温和的洁面品；选用滋润型的营养水、乳液、面膜等保养品，以使肌肤湿润不紧绷。每天坚持做面部按摩，改善血液循环。注意饮食营养的平衡。冬季室内受暖气影响，肌肤会变得更加粗糙，因此室内宜使用加湿器。要避免风吹或过度日晒。

2. 中性肤质

毛孔较小，皮肤红润细腻，富有弹性，对外界刺激不敏感。皮脂分泌量适中，皮肤既不干也不油，皮肤表面柔滑滋润，富有光泽，是健康理想的皮肤，多见于青春发育期间的少女。但受季节影响较大，夏天趋向油性，冬天趋向干性。

此类皮肤日常护理以保湿养护为主。中性肤质很容易因缺水、缺养份而转为干性肤质，所以应该使用锁水保湿效果好的护肤品。如保养适当，可以使皱纹迟至很晚才出现。

3. 油性肤质

油脂分泌过多，皮肤油腻光亮，面部T字区（前额、鼻、口周、下巴）更为严重，皮肤色泽较深；毛孔明显、粗大，易生粉刺及暗疮；对外界刺激不敏感，不易起皱纹。此类皮肤的酸碱度不平均、不稳定，当碱性过强时，皮肤容易出现斑点。

应选用具有控油作用的洁面用品，以清洁、控油、补水为主。防止堵塞毛孔，平衡油脂分泌，要定期做深层清洁，去掉附着毛孔中的污物。用平衡水、控油露之类的护肤品调节油脂分泌。使用清爽配方的锁水保湿爽肤水、润肤乳等做日常护养品。不偏食油腻食物，多吃蔬菜、水果和含维生素B的食物，养成规律的生活习惯。

4. 混合性肤质

兼有油性皮肤与干性皮肤的特征。在面部T字区（前额、鼻、口周、下巴）呈油性状态，而眼周、两颊及颈部则为干性。据统计，女性大约有80%属于混合性皮肤。

选用性质较温和的洁面用品，定期深层清洁T型部位，使用收缩水帮助收细毛孔。选用清爽配方的润肤霜、面膜等进行日常护养，注意保持肌肤水份平衡。要特别注意干燥部位的保养，如眼角等部位要加强护养，防止出现细纹。

5. 敏感性肤质

皮肤较薄，脆弱，缺乏弹性。换季或遇冷热时皮肤发红，易起小丘疹。易过敏并产生丘疹、红肿，易生成面部红丝。易过敏，易晒伤。

这类皮肤不易护理，要特别小心。首先不要太用力揉搓面部肌肤，以免产生红丝。尽量选用配方清爽柔和、不含香精的护肤品，注意避免日晒、风沙、骤冷骤热等外界刺激。选用护肤品时，先在耳朵后、手腕内侧等地试用，确定没有过敏现象后再使用。一旦发现过敏症状立即停用所有的护肤品，情况严重者最好到医院寻求专业帮助。

（二）皮肤的保养方法

无论属于哪类皮肤，都要以科学的方法加以保护。只有这样，皮肤才会柔嫩洁白、滋润光泽、充满活力。皮肤护理的方法很多，根据每个人的条件不同，可以采用不同的皮肤护理方法。

自然美可以通过保证充足的睡眠、良好的心态、合理的饮食和适当的锻炼来提升。心理研究表明，一个人心理健康、为人豁达、性格直爽、胸襟开阔，就能使容颜在相当长时期保留一种年轻的活力美。

1．基础护肤

（1）洁面。

①选择合适的洁面乳。首先根据自己的皮肤情况选择合适的洗面奶，例如，干性皮肤可选择氨基酸型的洗面奶，油性皮肤可以选择皂基洗面奶，混合型的皮肤可以交替使用氨基酸型和皂基型的洗面奶。

②擦拭卸妆水。化妆后的洁面，一定要使用专业的卸妆产品。一般的洁面乳不能把脸上的化妆品完全清洗干净，必须先卸妆。然后再用洗面奶洗脸。这样才能把皮肤里面的脏东西清理得更彻底、更干净。

③调试水温。使用温度合适的水，不宜过高，一般以 34~37℃为宜，天冷季节可稍高些。不要使用过热或者过冷的水，以免毛孔反复收缩、舒张，造成皮肤松弛。温水既能保证毛孔充分张开，又不会使皮肤的天然保湿油分过分丢失。

④润湿脸部。先用温水润湿全脸，接着取适量的洁面乳在手心，量不宜过多，面积有一角钱硬币大小即可。添加少量的水，在手心充分打出丰富的泡沫。如果洁面乳不充分起沫，不但达不到清洁效果，还会残留在毛孔内引起毛孔堵塞。泡沫当然是越多越好，还可以借助一些起泡球、起泡网等辅助工具。

⑤涂抹泡沫。首先，在油脂多的 T 区涂抹洁面泡沫，要点是不要搓揉肌肤，用泡沫在脸上轻轻地按摩。然后，在脸部其余部位也涂抹上洁面泡沫，让泡沫遍及整个面部。轻轻地画圈清洁，配合轻柔的按摩，清除脸部的污垢与油脂。要轻轻打圈按摩，不要太用力，以免产生皱纹。

⑥冲洗泡沫。用洁面乳按摩完毕，就可以清洗了。用温水将全脸冲洗干净，最好选择流动清水。

⑦擦净面部。使用化妆棉或质地柔软的毛巾轻轻拭去水分，对照镜子检查一下发髻周围是否有残留的洁面乳，注意不要用力擦拭肌肤。有人担心洗不干净脸，会用毛巾用力地擦洗，这样做对皮肤非常不好。应该用湿润的毛巾轻轻在脸上按，反复几次后就能清除洁面乳，又不伤害皮肤。

⑧补充水分。接着用喷雾状的矿泉水喷洒脸部，待其停留 1 分钟左右，再用毛巾将脸部多余水分擦拭干净。给皮肤提供充足的水分，还可采用蒸汽浴面，利用蒸汽面罩或蒸汽美容喷雾器给皮肤补充水分。热蒸汽能扩张血管，使皮肤毛孔扩张，增加外来水分吸收。

（2）涂抹爽肤水。

①在使用之前，将爽肤水滴在手心，用手心温热爽肤水。

②将温热过后的爽肤水涂抹在脸部，斜上 45° 轻抚，可以促进血液循环。

③用食指在脸部轻轻点按，让水分更好地被吸收。

④轻轻拍打脸部，可以让爽肤水中的营养完全被吸收，切忌用力过度，否则会让肌肤变得松弛。

（3）涂抹精华液。

①按压适量精华液于掌心，用指尖点在额头、两颊和下巴。轻轻推开，均匀涂抹到全脸。注意第一次涂抹最好用手多涂抹几次，充分均匀涂抹到脸上，然后将它均匀地抹开拍打至吸收。

②重点部位，在首次涂抹的精华液按摩吸收完成后，可取额外分量，重点涂抹。重点部位重点对待的效果更好。

③在涂抹精华液的时候用食指、中指、无名指的指肚贴在面部轻柔按摩，先从下巴顺着纹理向上轻轻按摩涂抹，然后沿脸颊顺时针打圈向上按摩，最后轻点额头与脖子部位。

④用上面的手法按摩至吸收完后，可以避免产生油腻感，同时肌肤会充满光泽。

（4）涂抹眼霜。

①用无名指取绿豆大小的眼霜，两个无名指指腹相互揉搓，给眼霜加温，使之更容易被肌肤吸收。

②以弹钢琴的方式，均匀地轻轻将眼霜拍打在眼周肌肤上。着重在下眼窝和眼尾至太阳穴的延伸部位多加涂抹。

③先从眼部下方，由睛明穴向眼尾轻轻按压。然后从眼部上方，由内向外轻轻按压。

④用中指腹从眉头下方开始，轻轻按压。再沿着眼眶，由内向外轻轻按压。

⑤用中指指尖，轻轻按压鼻翼两旁的迎香穴，促进眼部肌肤的血液循环。

（5）涂抹乳液或面霜。

①先轻轻搓揉双手，让手部温度提高一些，再取适量乳液或面霜在手心上，方便乳液更好地被吸收。

②应当先涂抹干燥部位，如两颊、嘴角两侧、上下颚等，之后再涂全脸，便于干燥的部位得到充分滋润。

③要用指腹的力量，指腹的力量适中，并且更容易促进皮肤吸收。

④加以按摩手法，有利于皮肤的吸收。按摩要从脸的中央部位向外轻轻地按摩推开，直至被皮肤完全吸收。

（6）涂抹隔离霜。

①取适量隔离霜涂抹于两颊、额头、下巴，用中指和无名指两个指腹，从脸颊处向下拉伸。

②扩展到额头中央，再向两边拉伸，随后轻轻拍打直至完全吸收。

③将适量粉底倒在右手心里，用左手手指蘸取，从左脸颊开始，一边用食指、中指和无名指3个手指的指腹轻轻拍开，一边向下拉伸扩大涂抹面积（最好使用粉扑更好用）。

④指腹逐渐滑向眼睛周围和鼻翼位置，一边轻轻拍打，一边向四周均匀涂抹。

⑤右脸步骤同上，最后落指于下巴处，轻轻拍打并均匀涂抹。

2. 充足的睡眠

医学研究表明，晚上10点到凌晨2点是皮肤生理最活跃的时间。所以熬夜是对皮肤不利的，每天要保证7 ~ 8小时的睡眠。如果睡眠不好，会影响细胞再生的速度，皮肤易变得粗糙、干燥，容易出现皱纹。长期睡眠不足，皮肤血流减慢，血管收缩，肤色易暗淡。因为不眠，导致肌肤老化。人类有1/4到1/3的时间是在睡眠中度过的，因此，保持良好的睡眠习惯，对人的皮肤和身体健康都大有益处。

睡觉前要进行脸部清洁，必要时可以敷睡眠面膜；不要让污垢在脸上过夜，因为人在睡觉时细菌是最容易侵蚀的；注意卧室的湿度，不要在特别干燥的房间里睡觉，以防皮肤干燥，必要时使用加湿器。注意睡觉的姿势，头颈部自然仰伸，胸部及腰部保持自然曲度，双膝略呈屈曲状，这样可使全身肌肉、韧带及关节获得最大限度的放松与休息。

3. 合理的饮食

保持皮肤健康，要注意合理的饮食结构：养成良好的饮食习惯，每日三餐定时定量，饥饱适宜；荤素合理搭配，切忌暴饮暴食；食物要注意多样化，以保证适量的热量、充足的蛋白、丰富的维生素和微量元素；多吃豆类、富含纤维素的食品和新鲜的蔬菜水果；合理的饮食可以增强皮肤的活力和抗菌力，减少色素沉淀，防止皮肤干燥，使肌肤柔软、洁白、细腻。

要养成多喝水的习惯。要保持皮肤的健康，需要每天保证喝适量的水。一天所需的水分，包括食物中的水分，要在 1.5 ~ 2 升之间。对于皮肤健康来说，喝水比买护肤品更经济、更重要。水还可以帮助身体排除有害物质，润滑关节和肌肉，防止便秘，保持正常体温，燃烧多余脂肪，生病时还有助于恢复健康等。

4. 良好的心态

心态决定一切，良好的心态是身体健康的基础。微笑是保持良好心态最好的“润滑剂”。人在微笑时，面部肌肉在做运动，会使皮肤保持健康的状态。所以要经常面带微笑，笑看人生，还要经常和快乐的人接触，相互感染，提高自信。

平时也要保持平静和稳定的情绪。这是因为情绪波动过大，不仅损害身体的健康，还会影响到皮肤质量。时常保持乐观的情绪，可以令人充满自信，并使皮肤变得更光滑、细腻。情绪是影响皮肤的关键因素，一些痤疮等问题，就是由于情绪不稳定所导致的。因此，如果想要有好的肤质，应该要保持好心情。

5. 适当的运动

现代社会工作节奏快，工作压力大，很多人长期处于紧张状态，容易导致身心疲惫，也会加速容颜衰老。加强体育锻炼和户外运动是缓解压力最好的方法，每天坚持适当的体育锻炼也可以增强体质、愉悦身心。

运动可以促进皮肤的新陈代谢，加快血液循环，运动时毛孔会排出大量的汗液，有利于毛孔内油脂的排出。长期坚持跑步，可以改善皮肤暗黄没有光泽的状态，使皮肤变得白皙、有光泽。需要注意的是，运动后排出的汗液里含有盐分，会对皮肤有刺激，所以运动后要及时清洗。

6. 注意防晒

强紫外线照射可使皮下的纤维组织断裂，使皮肤粗糙，因此要防止长时间在强光下暴晒。也可采取一些防范措施，如带遮阳伞、穿防晒衣、涂防晒霜等。

如何选择防晒霜的 SPF 值，也是很重要的。SPF 是防晒的重要指标，SPF 值越高，保护时间就越长。但是，随着 SPF 值越大，其通透性越差，会妨碍皮肤的正常分泌与呼吸。根据皮肤医学专家的研究，以东方人的肤质来说，如果日常防护，可选用 SPF10 ~ SPF15 的防晒品；如果从事游泳、打球等户外休闲活动，SPF20 的防晒品就足以抵抗紫外线的伤害，而不会给肌肤造成负担；如果去海边或海拔比较高的地方，由于紫外线更强，可以选择 SPF30 及以上的防晒霜。防晒指数越高的产品，油腻感越重，容易堵塞毛孔，不利于排汗，因此针对不同的场合，采用间隔性地涂抹防晒霜方式，比一次性涂抹高指数的防晒霜效果更好。

四、男士剃须方法和程序

男士要经常剃胡须，以保持面部清洁卫生，这样显得既整洁又精神。留胡须或鬓角的人，也应当经常刮脸、修剪胡须。一般情况下，剃须每 2 ~ 3 天一次即可。剃须时，要注意操作程序、操作方法是否正确、得当。

（一）清洁皮肤

剃须前，应先洗净脸部。如脸上、胡须上留有污物及灰尘，在剃须时，剃刀对皮肤会产生刺激或轻微地碰伤皮肤，污物可能会引起皮肤感染。

男性皮肤一般比较粗糙，表面经常粘附污垢并堵塞毛孔，导致毛囊及皮脂腺疾病。夏秋之季，新陈代谢加快，加上外界紫外线的照射和周围温度的变化，导致油脂分泌不平衡，容易出现皱纹、松弛、浮肿等现象。因此在清洁面部之前，先用热毛巾敷在脸上，这样可以促使毛孔张开。然后将适量男士洗面奶放在手心，轻轻搓出泡沫后仔细而轻柔地按摩脸部，除去毛孔中的污垢。在清洁的时候，最好使用含水解动物蛋白和水杨酸的润肤洗面奶，它们具有滋润作用，保护皮肤水分的同时可以消除皱纹，还能清除皮肤深层的污垢，保持皮肤光滑、柔软。

（二）软化胡须

洗净脸后，用热毛巾捂胡须，或将软化胡须膏涂于胡须上，使胡须软化。如果可以，稍微做一下脸部的按摩，这样能促使皮肤表层的衰老细胞及时脱落，提高皮肤深层细胞活力，为之后的剃须做好准备。过一会儿再涂上剃须膏或皂液，以利于刀锋对胡须的切割和减轻对皮肤的刺激。

剃须膏是男子剃须的专用品，有泡沫型和非泡沫型两种。最好适量使用由薄荷香和消炎药物制成的男士剃须膏，不仅能避免引起细菌感染，而且用按摩手法在脸上来回润涂，能保护肌肤。

剃须膏使用方法比较简单，先用温水将胡须部位拍湿后，再挤少量剃须膏均匀地涂抹在胡须上，待泡沫出现或稍等片刻后，即可开始刮须。这样也可避免在剃须的过程中因刮胡刀直接接触皮肤而产生伤害。

（三）正确剃刮

剃须时应绷紧皮肤，以减少剃刀在皮肤上运行时的阻力，并可防止碰破皮肤。对于易起皱褶的皮肤，更应绷紧使之保持弹性和一定支撑力。

剃须的顺序是：从左至右，从上到下；先顺毛孔剃刮，再逆毛孔剃刮；先剃鬓角、两颊和颈部，然后剃下颚上唇。因为下颚以及上唇的胡子更厚、更多，需要更长时间来软化。如果还觉得不够干净，接下去再逆着胡须生长的方向重复刮一次即可。

剃刮完毕，用热毛巾把泡沫擦净或用温水洗净后，应检查一下还有没有胡茬。喉部的胡须若没剃干净，会很刺目，可以紧贴胡须根再剃一次。

（四）剃后保养

剃须后应注意皮肤保养，因为剃刮胡须对皮肤有一定的刺激，并且易使皮脂膜受损，为了在新皮脂膜再生之前保护好皮肤，应在剃须后用热毛巾敷上几分钟，然后可选用须后乳或有舒缓作用的保湿产品，以滋润剃须过程中受损的皮肤，也可以形成保护膜，使皮肤少受外界刺激。

实训

一、实训准备

1．一间礼仪实训室，墙面装有长度及地的镜子，能从头到脚照到训练人员。

2．洗面奶、基础护肤品等。

二、实训背景

出乘前，沈阳北—北京 D26 次列车的动车组全体乘务人员正进行班前仪容自检。

三、实训步骤

1．学生每 2 人为一个单位，进行分组。

2．教师讲解服务人员的面容修饰标准及注意事项，并加以示范。

3．面对镜子，按照下列服务人员的面容修饰标准，进行个人仪容自检，并进行个人面容修饰。

（1）眼部：

①无眼角污垢。

②眉部无灰尘、死皮、脱落的眉毛等异物。

③眼镜清洁。

（2）鼻部：

①无“黑头”。

②鼻毛及时修剪。

③胡须不宜过长。

（3）耳部：

①无耳垢。

②耳孔周围无长出的耳毛。

（4）口部：

①牙齿整洁 。

②口腔无异味。

③唇部无开裂、脱皮。

（5）手部：

①手部清洁。

②手部皮肤无粗糙、干裂。

③无涂抹指甲油。

4．每组的两名同学互相进行仪容检查，指出面部存在的问题，并加以修饰。

四、训练总结

1. 以小组为单位，进行评选活动。由教师进行综合评价，撰写实训报告。

2. 对照学习评价表，为自己的训练成果打分。

学习评价表

被考评人						
考评地点						
考评内容	面部修饰训练					
考评标准	考评内容		分值 / 分	自我评价 / 分	小组评议 / 分	实际得分 / 分
	眼部	无污垢	10			
		无异物	10			
	鼻部	无黑头	5			
		修剪鼻毛	5			
		剃胡须	10			
	耳部	无耳垢	10			
		修剪耳毛	10			
	口部	牙齿	5			
		口气	10			
		唇部	5			
	手部	清洁	10			
		指甲油	10			
合计	100					

注：考评满分为 100 分，85 分以上（包含 85 分）为优秀；75 ～ 84 分为良好；60 ～ 74 分为及格。

情境二　化妆礼仪

情境导入

一天，宋先生与两位好友来到五星级酒店的西餐厅用晚餐。接待他们的是一位五官清秀的服务员，接待服务工作做得很细致，可是她气色很不好，显得无精打采。宋先生仔细留意才发现，这位服务员没有化工作淡妆，在餐厅昏黄的灯光下显得病态十足。

用餐结束后，宋先生来到前台结账，而柜内的服务员却一直对着反光玻璃镜面补妆，丝毫没注意到客人的需要。自此以后，宋先生再也没有去过这家酒店。

【思考】

（1）案例中的酒店服务员存在哪些问题？

（2）如何化职业淡妆？有哪些注意事项？

学习目标

- 了解化妆的基本原则和注意事项。
- 掌握化妆的基本步骤及普遍手法。
- 培养学生鉴赏、分析妆容的能力。
- 正确认识化妆在工作与生活中的意义。

相关知识

化妆是生活中的一门艺术，适度而得体的化妆，可以体现女性端庄、美丽、温柔、大方的独特气质，达到巧夺天工的效果。化妆是人们在政务、商务、事务及社交生活中，以化妆品及艺术描绘手法来装扮自己，以达到振奋精神和尊重他人的目的。这可以说是化妆在礼仪文化中的重要作用。

服务人员化妆总的原则是少而精，强调和突出自身的自然美，做到妆而不露、化而不觉。因此，服务人员在上岗时一般宜化淡妆。

一、化妆的作用

（1）服务企业要求服务人员淡妆上岗，有助于体现企业的统一性和纪律性，有助于使其企业形象更为鲜明、更具特色。服务过程中，服务人员得体的妆容不仅是个人良好形象的展示，更可以塑造良好的企业形象。

（2）在服务过程中，服务人员得体的妆容体现了自尊自爱，也是对服务对象尊重的表现。同时，也体现了从业人员的良好职业素养，给人专业、精致的感觉，消费者更容易相信其服务。

二、化妆的原则

（一）扬长避短

化妆的目的是为了美化容貌。一方面是建立在个人容貌的基础之上，充分发挥容貌的优点，既要保持容貌的特征，又要使容貌得到美化；另一方面是巧妙地掩饰或弥补不足之处。

（二）浓淡相宜

化妆要根据不同的时间和场合来选择，对待白天与晚上、一般场合与特殊场合、不同季节的化妆不能一成不变。生活淡妆给人以大方、悦目、清新的感觉；工作妆要做到“妆成有却无”，一般以淡妆为主，注重自然和谐，不宜香气袭人。它既要给人以深刻的印象，又不容许显得脂粉气十足；出席晚会、舞会社交场合可以化浓妆。

（三）突出个性

化妆要因人而异，每个人的容貌都不相同，每个人化的妆也应有所区别。成功的化妆就是要因人而异地体现出个性的特征。强调个性特点，不要单纯模仿。要根据自身脸部特征，包括眉、眼、鼻、颊、唇，进行具有个性美的整体设计。

（四）整体搭配

化妆不仅要突出个性，也要考虑到整体的协调。妆面的设计、用色应与发型、服装及装饰相配合，使之具有整体的美感；另一方面，还应考虑年龄、气质、性格、职业等内在的特征，取得和谐统一的效果。

【实例】

姗姗是某高等职业学院文秘专业的学生，毕业后在一家公司做文员。她上班时毅然放弃了自己钟爱的“清纯少女”形象，化起了整洁、漂亮、端庄的“白领丽人”妆，到了公休和节假日，她又给自己来了个大变脸，化起了自己喜爱的“清纯少女”妆。

一年过去了，姗姗在工作中能得到领导的青睐吗？而在休闲时又能得到朋友的喜欢吗？你能分析其中的原因吗？

【分析】

答案是肯定的。姗姗因时、因地制宜选择了合适的妆容。在上班时选择“白领丽人”妆，清爽自然，尽显自信，具有干练、成熟的文员气质；而在公休和节假日选择“清纯少女”妆，鲜亮淡雅、娇嫩可爱、活泼朝气，给人以清爽的感觉。不仅使自己拥有美丽与自信，还大大提高了生活质量和工作效率，并赢得领导和同事的肯定。

三、化妆的步骤与技巧

（一）洁面护肤

化妆前，首先要进行洁面、润肤，用洗面奶去除面部油污、汗水与灰尘，使面部保持清洁。随后，在脸上拍打化妆水，涂抹护肤霜。再用适量的隔离霜将面部涂抹均匀，以保护皮肤免受紫外线以及其他化妆品的刺激。此外，还有助于涂敷粉底进行打底色的工作，为面部化妆做好充分准备。

（二）涂抹粉底霜

涂粉底霜的目的是调整皮肤颜色，使皮肤平滑。粉底是女士的“第二层皮肤”，可以使皮肤更细致，显得更年轻。但是要注意粉底霜色号的选择，不同的肤色适合不同色号的粉底霜。粉底霜一定要选接近肤色的，肤色暗者涂抹很白的粉底霜，会显得极不自然。

粉底霜要根据皮肤性质来选购，油性的皮肤选用无油或者粉状类型的粉底霜，干性的皮肤选用较滋润的。粉底霜要涂抹得少而匀，可用手指轻轻拍匀，也可用海绵块擦匀。要连同颈部一起擦匀，以免与脖子的颜色差距很大。在额头、鼻梁、下巴处可涂得稍厚一点，使面部更富于立体感。

（三）画眼影

进行眼妆修饰时，要先画眼影，根据不同的服饰、场合，确定眼影的颜色。在正式场合，眼影的颜色要慎重选择。颜色鲜艳的眼影不但不符合正式场合，而且容易使眼睛显肿，效果不好。画眼影的过程大体可分为以下六个步骤。

（1）蘸取眼影。用眼影刷以打圈的方式蘸取眼影。

（2）涂抹上色。将眼尾的 1/3 处轻轻向上提起，然后用蘸有眼影的眼影刷，贴近睫毛根部，从内眼角到外眼角，再由外眼角到内眼角，来回涂抹上色两次。

（3）晕染眼窝。沿着眼球的轮廓，对上眼睑整体涂抹眼影。如果希望加强眼部立体感，可在眼球外侧的眼睑上适当加重眼影。

（4）突出重点。上第二遍眼影的时候，可以针对希望突出的部分进行集中涂抹；也可以换个颜色，打造眼妆的丰富色彩。

（5）营造层次。用没有蘸过眼影的眼睛刷，在上眼睑将第一遍和第二遍眼影充分晕染开，营造自然的过渡，让眼妆呈现完美的层次感。

（6）调整浓度。如果眼影太浓，可用干净的手指蘸取少许乳液，涂抹于眼影过浓的部位，不仅能起到紧急修正的作用，还可以塑造自然的层次感。

（四）画眼线

画眼线是为了使眼睛显得更加明亮有神。一定要把眼线画得紧贴睫毛。上眼线从内眼角画到外眼角，下眼线一般只从外眼角画至距内眼角还有三分之一处即收笔，外眼角处的眼线稍粗，渐渐变细。上下眼线在外眼角处不连接，上眼线稍长出眼角，这样，眼睛才显得大而有活力。

（五）涂睫毛膏

可先借助睫毛夹加强睫毛的弧度后再涂抹睫毛膏。用睫毛夹两侧对准眼头和眼尾，从根部一点点往稍部夹，夹到理想的弧度再涂睫毛膏。涂睫毛膏应从睫毛根部开始向毛尖方向涂，眼角处的细睫毛也要涂到，稍有涂到外面的睫毛膏用棉签擦掉。先涂上面的睫毛，然后涂下面的睫毛，待干后再涂第二遍。涂刷上睫毛时，横向拿睫毛刷，从里往外刷，视线始终保持向下，不要动。涂刷下睫毛时，镜子处于平视位置，下巴向里收，脸部皮肤拉紧，横刷、竖刷都方便。如果涂完睫毛膏后有湿黏的感觉，可以使用面纸吸去多余的睫毛膏，对粘在一起的睫毛可用一个睫毛梳梳理。

（六）修饰眉毛

1. 修眉

在画眉之前，先把眉毛修出整齐的眉型，才能画出更好的眉型。修眉大体可分为下面几个步骤。

（1）确定眉峰、眉头、眉尾的位置，如图 2-2 所示。

①眉头：将鼻翼与眼头的两个点连接，延长线与眉毛相交的点即为眉头的位置。如果眉毛长得超过了这条线，应修掉多余的毛发，因为两眼与眉头距离过近，会产生眉头紧蹙、不够明朗的感觉。

②眉峰：用眉笔垂直于眉毛平置，笔杆的边缘（左眼为右侧边缘，右眼为左侧边缘）与黑眼球的外侧边缘重合。眉毛与眉笔相交的位置为眉峰。

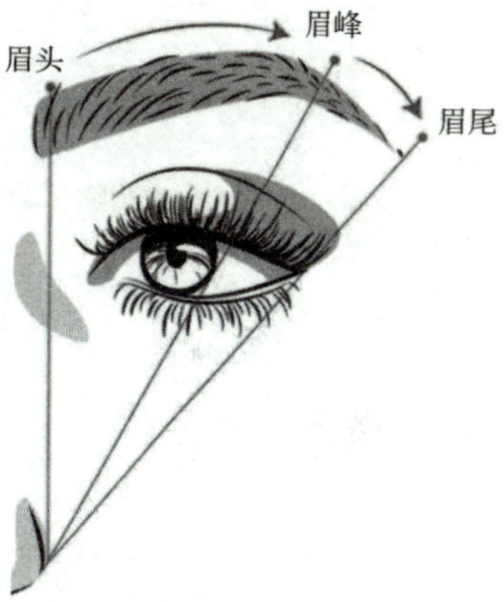

图 2-2 眉形

③眉尾：连接鼻翼与眼尾的两点，其延长线与眉毛延长线相交于一点，该点即为眉尾。眉尾一定不能低于眉头，不然就会变成无精打采的八字眉了。

（2）根据眉头、眉峰和眉尾的位置，用眉笔在眉毛周围描画出自己想要的眉形，为之后的修眉做好形状准备，这样修眉不仅高效，而且不易出错。

（3）用修眉刀将画好眉形外面的小碎眉毛轻轻刮掉，可按照从眉尾向眉头的方向刮。刮掉眉形周围的碎眉之后，为了让眉形更加自然、更加有形，可用修眉刀在眉毛的上方进行细微的修整和调整。

（4）使用修眉刀修整眉头部位，将其形状调整得更为有形。修整眉毛上方的眉形，用修眉刀将剩余的碎眉刮除干净，方向同样按照从眉尾向眉头的顺序，动作要轻柔，避免刮伤眉毛周围的肌肤。

（5）接着开始修剪眉毛下方，先放松眉毛部位，用手指按压住眉毛区域，然后用修眉刀沿着刚刚画出的眉形向下修剪碎眉。

（6）沿着刚刚勾出的眉型用修眉刀向下修整眉毛。去掉碎眉，眉形更为干净利落

眉毛的形状也要根据个人的脸型来修饰。一般情况下。可大致分为六种脸形，如图 2-3 所示。

（1）鹅蛋脸：大多数的眉形都是适合鹅蛋脸型的，略带些弯度的平眉会显得脸型更加柔美可爱。

（2）圆形脸：适合修上扬眉，眉头眉尾不在一条水平线上，眉尾高于眉头。这种眉形要注意，眉峰上挑的位置大约在眉毛的 2/3 位置，不可太过靠前。如果眉峰太靠前，会显得面部表情过于锐利。

（3）心形脸：更适合柔和一点的挑眉，眉毛要弯，没有明显的眉峰或太硬的棱角感，看起来会显得温柔大气，不要让注意力落在明显的颧骨上。

（4）长形脸：适合修平直的、略带弧度的一字眉，不适合弧度弯、上挑、纤细的眉形。

（5）方形脸：适合修新月眉，眉形宜呈上升趋势，但为了与方下颌呼应，眉峰最好在外 3/4 处。眉峰转折棱角分明，不宜选择平直细短的眉形。

（6）菱形脸：适合修流星眉，圆润流畅没有眉峰，眉毛宽度、长度适中，是一种标准的眉形。菱形脸女生不适合有眉峰的眉形。

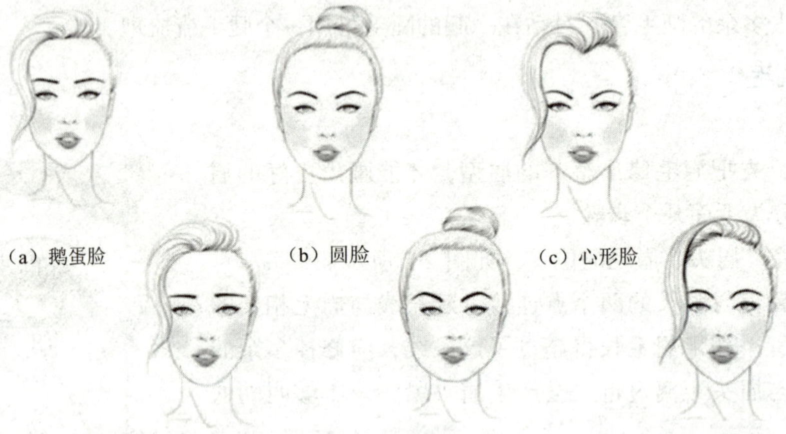

（a）鹅蛋脸　（b）圆脸　（c）心形脸

（d）长脸　（e）方脸　（f）菱形脸

图 2-3　眉形与脸形

2. 画眉

选择眉可粗可细、可弯可平，化淡妆不要过多地改变自己原本的眉型。要顺着眉毛生长的方向一根一根地画，不要一笔到底。画完后，用小眉刷轻轻刷两下，去掉明显的笔痕。画眉一般情况下可分为以下四个步骤。

（1）选择眉笔或用眉刷沾取眉粉，眉笔或眉粉的颜色应靠近发色。从眉头扫至眉峰，再到眉尾，力度应从重到轻，在眉尾处轻轻带过即可。

（2）如果眉毛比较稀少，先用眉笔或用眉刷沾取眉膏填充出完整的眉形，尤其要画出比较清晰的眉尾。

（3）长脸形的人把眉毛画得略宽能缩短脸形，短脸形的人把眉毛画得细能拉长脸形。但无论

宽细，都要从眉毛下侧修饰，幅度变化应控制在 1 毫米以内。

第四步：用眉扫将画过的眉毛，以略微倾斜的角度轻刷，让眉色和眉形看上去更自然。

（七）打鼻影

（1）用阴影刷沾取阴影粉后在手心或者虎口揉一揉，确保阴影粉均匀附着在刷毛上后，从鼻翼的根部起笔，单向地刷向鼻翼与鼻头的沟壑。

（2）不要停笔，直接贯穿地从鼻翼与鼻头间的沟壑扫向鼻梁再连到眉头，这期间的笔触全部都是单向的形式，如果觉得效果还不够，可以重复全部过程一遍，少量多次直到自己满意。

（3）高光刷沾取高光粉从鼻头处单向刷向印堂的位置，将阴影粉的结块柔和化。

（八）打腮红

腮红被用来增加面部的红润度，还可以使面部的轮廓更优美。腮红要涂得好看，首先颜色要与眼影或唇膏的颜色属同一色系，才有和谐之感。宽脸庞的人要从颧骨最高处向斜上方抹向发际，再从颧骨向下晕染。瘦脸庞的人要从颧骨抹向耳边，在上下略加晕染。

一般来说，打腮红可分为下面四个步骤。

（1）寻找最适宜的位置。将长短适宜的铅笔的一端放在鼻尖上，另一端放在外眼角处，然后以鼻尖为中心往下旋转铅笔，直至铅笔呈水平状。铅笔旋转过程中通过的部分就是打腮红的最佳方位，如图 2-4 所示。

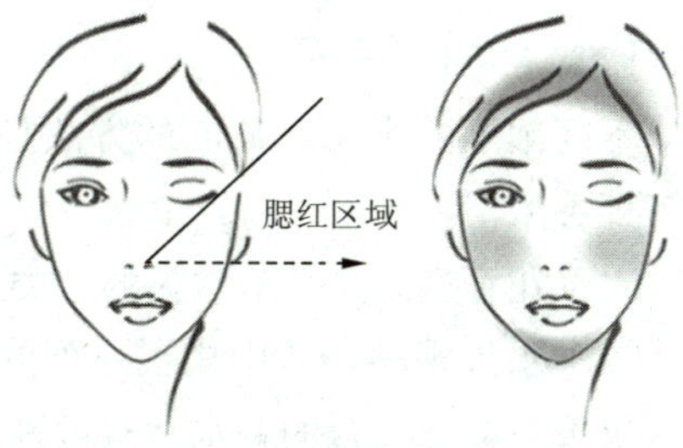

图 2-4 腮红位置

（2）挑选最适宜的色彩。一般来说，打与口红同一色系的腮红可以让整张脸看起来更和谐。

（3）依据脸形挑选最适宜的腮红打法。方形脸的腮红宜从颧骨顶端处斜着向下刷。圆形脸的腮红宜从鼻翼向颧骨方向呈下弧形扫开。

（4）打完腮红后，牢记用中指和无名指稍稍将腮红向外晕染一下，这样能让气色看起来更加天然。

（九）唇妆

要滋润双唇，防止唇部起皮，涂唇膏之前先用滋润度高的润唇膏将唇部彻底滋润，为上唇妆做好准备。一般来说，上唇妆可分为下面几个步骤。

（1）用棉签去除死皮。用棉签轻柔滚动，去除唇部死皮。

（2）使用遮瑕膏盖住原本唇色。为了让唇膏更好地发挥本色，首先用唇部遮瑕膏遮盖原本唇色，此步骤可以用粉底液代替。

（3）用唇线笔画唇线。用同色系唇线笔描绘唇线，颜色要略深于唇膏。嘴自然放松地张开，用笔从嘴角沿着上唇的轮廓线描画到唇中，下唇也是如此。用唇线笔勾勒出精致的唇部轮廓来提升轮廓感，对于唇型不整齐的人，是一种很好的修饰，还可以防止口红晕染。

（4）用唇膏涂抹整个唇部。用唇刷均匀蘸取唇膏后，勾勒上唇唇线，注意唇峰位置和手法。

（5）使用唇彩创造饱满质感。想显得唇部丰盈一点，在涂完唇膏之后可以叠加同色系唇彩，打造饱满丰润的美感。

（十）定妆

想要妆感自然服帖、持久，以及减轻和吸附面部油脂分泌，化完底妆后要选择适合自己底妆和肤色的定妆粉来定妆，也可以用蜜粉或者散粉。扑粉还能减少面部光亮，使之更柔和。定妆时，要注意以下两个方面：

1. 均匀轻按上妆

使用粉扑沾取定妆粉后，需轻柔均匀按压上妆，切忌使用涂抹的方式。用粉扑将定妆粉从脸部两侧开始，然后以下巴、额头、眼睛、鼻子的顺序依次上散粉定妆，注意上散粉的手法要轻柔，以防弄花底妆。脖子上也要扑上一层定妆粉，这样可以让脸和脖子的颜色相近，从而打造从脸到脖子的粉嫩肌。

2. T区重点定妆

额头和鼻子两翼处往往是最难打理的皮肤死角，也是最容易出油的位置，因此需要重点定妆。用定妆粉定妆时注意不要一次粘上过多粉，否则容易出现浮粉现象。尽量沾取少一点，按压的次数多一点，多次少量，使最终效果更透明。

（十一）涂抹香水

不同浓度的香水，喷洒的方法是不一样的。常用的香水按香气的浓度来划分，大致可以分为以下三种香型。

（1）花香型。这是最常见的一类香水，玫瑰花、茉莉花香都是受人们欢迎的。

（2）水果香型。其中柑橘系列的香水，让人感到清爽芬芳，常常被男用香水采用。有些女士香水水果香与花香混合的香水，有可爱甜蜜的味道。

（3）森林、海洋香型。近年来颇为流行，迎合了现代人希望回归大自然的心理，以树木、青草、海洋的天然芳香抚慰人们紧张的心灵，具有智慧感和现代感。

淡香水是以“面”的方式涂抹的，浓度越低，涂抹的范围越广。

喷香水时，喷口应与身体保持约30厘米的距离，这样才可以使香水的香味均匀分布，而不会集中在某一处。香水应避免直接喷洒在白色的衣服上，因为多半的香水都含有色素，直接喷洒在白色衣服上会使衣服上残留香水的色素，进而影响到衣服的美观。

喷香水时，须注意不要直接对着肌肤大面积喷洒，尤其是会直接暴晒的部位，如脸部和脖子等。因香料遇到紫外线的时候，会产生化学变化，导致皮肤损伤而出现斑疹和雀斑，轻者也会使皮肤发痒、红肿。

使用香水所达到的最好效果是，当你与别人擦肩而过时，留下的是隐隐约约、若有若无的香气。切忌气味浓重，否则易使他人感到刺鼻。

四、卸妆

虽然化妆能让人们的容颜更美丽，但是化妆品中的一些成分并不安全，如果不及时清理干净，长期下去会使肤质越来越差。而且，在我们周围的环境中，存在着许多破坏皮肤健康的因素，如空气污染、紫外线、尘埃、污物等。无论化的是浓妆还是淡妆，甚至不化妆，回家后都应该进行卸妆。

所以说，卸妆是保养皮肤的第一步。

在卸妆的过程中，建议分区域卸妆。先卸局部再到整体，例如，眼部和唇部的特殊位置最好使用专用的卸妆产品，然后再进行整体清洁。关于卸妆产品的选择，建议使用优质的卸妆油，用天然油脂来溶解妆容，不容易对疲惫的肌肤造成负担。

（一）眼部卸妆

眼睛部分的皮肤组织较为脆弱，因此不宜使用一般的清洁用品，应该选择眼部专用卸妆品，并配合柔和的卸妆技巧，预防皱纹的产生。此外，应该注意的是，若有佩戴隐形眼镜者，一定要在卸妆前先取出隐形眼镜，以免化妆品的油脂弄脏镜片。眼部卸妆主要分为以下四个步骤。

（1）首先把准备好的化妆棉浸透卸妆水，然后敷在眼部 5 秒，这样做可以让眼妆快速溶解。

（2）睫毛一定要重点擦拭。眼睫毛距离眼睛较近，如果卸妆不慎，容易使化妆品掉落到眼睛中，引起不适，因此动作必须小心轻缓。卸妆品应选择眼部专用的为佳。

首先将一片沾湿卸妆水的棉花棒放在睫毛处，另取一片化妆棉放在眼睛下方，然后用棉签棒小心地在睫毛上转动，轻轻擦拭睫毛根部，这样可以使去除的眼线和睫毛膏落在化妆棉上。

（3）对于防水型的眼妆，需要进一步的处理。把化妆棉对折后放在下眼皮处，避免色素残留在下眼皮周围。卸眼妆时一定要轻，依照眼部纹理，按照右眼顺时针、左眼逆时针的方向进行擦拭清洁。

（4）最后，可以再一次用棉签棒蘸取卸妆液，在外眼角和下眼睑的位置擦拭一遍。因为棉签可以将细微的角落都清洁到，彻底去除眼周化妆品残留。

（二）唇部卸妆

唇部和眼部一样，都需要进行仔细的卸妆。特别是不脱落的口红，更要仔细卸妆。若卸妆不彻底，长期的色素沉淀就会使唇部颜色加深。进行唇部卸妆，最好也选择专用的卸妆产品，一般可分为下面三个步骤。

（1）在化妆棉上喷些水，将唇部润湿。

（2）用化妆棉蘸取少量的唇部卸妆油，在口红容易积存的嘴角处先贴一会儿，使卸妆油与口红充分融合。

（3）轻擦唇部，卸掉唇上的口红。对于唇部缝隙中残留的口红，用手轻轻拉开唇部皱纹，用棉签棒沾上卸妆液，将残留的口红清理干净。需要重复卸妆动作时，应及时更换新的卸妆棉。

（三）脸部卸妆

眼部、唇部卸妆完成后，还要用卸妆油、洗面奶进行整个面部的卸妆与清洁。一定要使用深层清洁、成分温和的洗面奶彻底清洁皮肤。化过妆的皮肤更容易沉积粉垢、污垢，所以应选择适合自己肤质的洗面奶，才能预防皮肤受伤。一般来说，可分为以下几个步骤。

（1）倒适量卸妆油于手心，轻轻按摩式涂抹在颈部、面颊及额头上。

（2）用化妆棉由颈部开始清洁，渐渐移到下颚、面颊、鼻子、鼻下部位、前额及眼部。化妆棉使用后应立即丢弃，不要重复使用。

（3）倒适量洁面乳在手心上，均匀涂抹在面部进行打圈式按摩，然后用温水彻底洗净。

（4）完成脸部的清洁后，取一片干净的化妆棉蘸取适量化妆水，轻拍于脸部。有效去除洁面乳的残留物，使皮肤保持酸碱平衡。

（5）使用化妆水轻拍后，可使用润肤霜滋润皮肤。

这样，皮肤的水分就可以维持得长久些。所有的动作都应以轻柔为主，不可用力揉擦，否则将会伤害到细致的皮肤组织。

五、化妆的注意事项

（1）不要在公众场所化妆。在餐桌、地铁、办公室等公共场所众目睽睽之下化妆，不仅不礼貌，而且不道德。如果确实需要补妆，应到化妆间、洗手间等地方进行。

（2）女性不要在异性面前化妆，以免被误认为吸引异性，使自己的形象受损。

（3）不要非议别人的妆容。别人化妆与否、怎样化妆，属于个人的自由，他人不宜议论别人的化妆方式，也不宜批评和指责别人化妆的效果。

（4）不要借用别人的化妆品。化妆盒具有隐私性，隐藏着各自的喜好和习性，随便使用他人的化妆品，等于侵入他人的私人空间。而且，直接接触皮肤的化妆品、化妆用具容易带上个人细菌，易于造成流行性皮炎。

（5）不能让自己的化妆工具脏、乱。使用清洁的化妆用品，所携带的化妆用品应该有条理地放在化妆包内，以便从容地取出使用。如果女性的化妆包乱七八糟，取出的粉刷、粉饼等化妆工具都是脏兮兮的，则不但有碍健康，还透露出化妆包的主人作风粗俗、生活品质不高，缺少起码的化妆常识。

（6）男士在公众场合稍加化妆是必要的，但不要油头粉面，化妆品不宜用得过多。

实训

一、实训准备

1. 一间礼仪实训室，墙面装有长度及地的镜子，能从头到脚照到训练人员。

2. 化妆、卸妆用品等。

二、实训背景

出乘前，沈阳北—北京 D26 次列车的动车组全体乘务人员正进行上岗前淡妆整理。

三、实训步骤

（一）修眉训练

1. 教师组织学生观看修眉教程视频，了解各种眉形与风格潮流的趋势，并了解各种眉形与整体形象的关系，进一步了解和掌握修眉的方法和技巧。

（1）各种眉形的修饰。

①分析各眉形的特征。

②锋眉、弯眉、平眉等眉形的修饰。

（2）结合眉形进行各种脸形的矫正。

①分析各种脸形的眉形搭配方法。

②利用眉形对圆脸、方脸、长脸等各种脸形进行修饰。

2. 教师向学生介绍修眉工具，并说明用法。

（1）眉钳：用于拔掉稀疏散乱的眉毛。

（2）眉刀：用于调整眉毛轮廓。

（3）眉剪：用于剪过长的眉毛。

（4）眉笔：用于勾勒线条。

（5）眉粉：用于表现眉头虚化。

3. 教师进行修眉方法讲解与示范，讲授运用修眉工具和画眉工具矫正眉形的技巧。

（1）确定“三点”：眉头、眉峰、眉尾。

（2）勾勒眉形。

（3）去除多余的眉毛。

4. 学生对镜进行修眉练习。通过对眉形矫正方法进行了解，对眉的美化产生初步的感知力。

（二）化妆训练

1. 教师组织学生观看化妆教程视频，进一步了解和掌握化妆的方法和技巧。

2. 教师进行化妆方法讲解与示范，强调化妆的注意事项。

（1）洁面护肤。

（2）涂抹隔离霜（颜色、均匀）。

（3）眼妆（眼影、眼线、睫毛）。

（4）打鼻影、腮红。

（5）唇妆。

（6）散粉定妆。

3. 将学生以4人为一个单位，进行分组。每组指定一名组长，组织组员参与训练。结合化妆知识和自己的脸形，用携带的化妆工具对自己的发型、眉、眼线、唇进行修饰。在化妆过程中，注意以下几点：

（1）发际和眉毛是否沾上粉底霜。

（2）双眉是否对称。

（3）胭脂是否涂匀。

（4）妆面是否平衡。

（5）与穿着是否协调。

4. 每组选出一位学生做模特，另一位学生对其进行化妆，其他同学观摩。

四、训练总结

1. 以小组为单位，进行评选活动。由教师进行综合评价，撰写实训报告。

2. 对照学习评价表，为自己的训练成果打分。

学习评价表

被考评人					
考评地点					
考评内容	化妆训练				
考评标准	考评内容	分值 / 分	自我评价 / 分	小组评议 / 分	实际得分 / 分
	眉毛	10			
	眼线	10			
	眼影	10			
	睫毛	10			
	腮红	10			
	唇妆	10			
	粉底 / 定妆	10			
	淡妆	10			
	整体	20			
合计		100			

注：考评满分为 100 分，85 分以上（包含 85 分）为优秀；75 ~ 84 分为良好；60 ~ 74 分为及格。

情境三　发型发式

情境导入

某报社记者郑先生为进行一次重要采访，入住某星级酒店。经过连续几日的辛苦工作，终于圆满地完成了任务。郑先生与两位同事打算庆祝一下，当他们来到酒店餐厅时，接待他们的是一位女服务员，梳着一头黄色蓬松长卷发，头发上还带着彩色亮钻发卡，在餐厅灯光的照射下闪闪发亮。

上菜时，郑先生又突然发现传菜员的头发没经打理，泛着油光，衣肩上还有一层头皮屑，他的第一个反应就是“这样的头皮屑是不是掉进汤里了”。但为了不惊扰其他客人用餐，郑先生没有将他的怀疑说出来。这顿饭郑先生吃得心里很不舒服。

【思考】

（1）上述案例中，餐厅的服务员都存在哪些问题？

（2）服务人员的发型发式要注意哪些方面？

学习目标

- 掌握服务人员仪容仪表规范。
- 树立服务人员职业形象塑造的意识。
- 掌握服务人员职业发型的塑造方法。

相关知识

发型对于整个人的气质影响非常大。适合自己的发型不仅可以修饰脸形与头形，还可以在视觉上到达修饰身材的作用。合适的发型对一个人来说非常重要，可以使人变得更精神、更有气质。通过发型还可以判断一个人的职业、身份、受教育程度、生活状况及卫生习惯，也可以感受出其对生活、工作的态度。

服务人员发型、发式统一的标准就是干净整洁，并且要经常注意修饰、修理，头发不宜过长。此外，发型的选择不能一味地跟随潮流，服务人员必须注意根据自己的脸形、发质、气质等选择适合自己的发型。

一、发型的选择

合适的发型选择是个人良好仪容的表现。因此，对于发型的选择也表现了一个人对自我的了解。选择发型一般应从两个角度选择。

（一）根据脸形选择发型

这种选择发型的方法是最为普遍的。一般来说，可分为下面几种：

（1）瓜子脸：一般来说，瓜子脸形是东方女性的标准脸形，美观大方，给人以舒服之感。这种脸形的发型选择余地大，配以任何发式都会取得满意的效果，也比较容易打扮。这种脸形显得比较削瘦，将头发散下来可以显得更丰润一些。但顶部要略蓬松，轮廓要丰满，前额要自然大方。

（2）圆形脸：圆脸线条柔和，额头、下巴略宽，颧骨比额头和下巴稍宽一点，面部的轮廓比较圆润，下巴丰满。这种脸形一般都比较可爱，没有距离感和攻击力，看起来要比实际年龄年轻些，但是缺乏立体感。可以选择线条简洁的发型，将头顶部的头发梳高到脑后扎一个马尾或是丸子头。还可以在散发时中分，注意两侧头发的弧度，把额头露出来一些，两侧的碎发可以挑出来一些。

（3）方形脸：方脸的特点是宽额头、宽颧骨、宽下巴，弧度并不圆润。这种脸型显得比较刚毅、果断，但是缺乏柔美感，其特征是面部下方较宽。方脸可以选择短发，可以把下颚最方的地方遮住；也可以侧分，但是发根的位置要注意蓬松度，不能贴着头皮；长卷发也是可以选择的，但是在颧骨的位置要向外弯，下颚的位置要向内弯，这样才能有效地修饰脸型。

（4）长形脸：长形脸的整个脸部比例基本一致，额头、颧骨、下巴差不多一样宽，而脸长明显比脸宽长。这种脸形显得随和，要增加额头两侧头发的厚度。有的是额头比较长，发际线比较高，这时就不要选择中分了，会显得发际线更高。

中庭比较长的人比较难用发型来修饰，但可以利用妆容来改善，例如将眉毛稍微加粗，鼻梁的高光不要整条都打。下庭比较长的人更适合短发，可以选择比下巴稍微偏上一点的长度。

长形脸还可以选择留刘海，空气刘海能从视觉上增加脸的宽度。避免留厚厚的齐刘海，会显得很厚重而让脸显得更长。卷发或者波浪造型能增加脸的宽度。

（5）心形脸：心形脸通常下巴又尖又窄，额头较宽，颧骨和额头一样宽，或者比额头宽一点。斜刘海或者齐眉刘海可以很好地将注意力从下巴上移开。同时，干净利索的短发也是不错的选择。但是要避免下巴长度的分层波浪卷。也可以梳起向后倾斜的盘发，这样可以让头顶的头发看起更多一些。不要把头发向后梳得溜光，否则会显得头顶很平。

（6）三角形脸：三角形脸刚好和心形脸相反，下巴宽，额头小，棱角分明。三角形脸适合夸张的斜刘海，大概到下颌的位置，或是蓬松的短发，也可以尝试到锁骨及以下长度的长发，或者扎一个蓬松的马尾，让头发自然地散落在脸的两边，用碎发遮一遮脸型。

（7）菱形脸：菱形脸的额头和下巴都比较窄，最宽的地方在颧骨。这样的脸型可以直接拿头发遮挡，建议用厚的直刘海搭配下巴左右长度的短发，使下巴看来更饱满一点。如果有刘海，可以扎一个高马尾或丸子头。或者留卷发，弱化线条分明的脸部轮廓。选择侧分或者中分都可以，但是依然要注意发根的蓬松度，不要贴着头皮，吹头发时可以把头发倒过来吹，或者头发三七分时先按七三分吹，吹完再拨回去就能保持蓬松度了。

（二）根据发质选择发型

1. 直硬的头发

这种头发宜梳直发，显得朴素、清纯，但直发在显示华丽、活泼、柔和方面不如卷发，而且这种发质较硬，单靠吹很难达到满意的卷曲效果。如果做卷发，之前最好能用油性烫发剂将头发稍微烫一下，使头发能略带波浪、稍显蓬松。在卷发时最好用大号发卷，看起来比较自然。由于这种头发很容易修剪整齐，因此设计发型时最好以修剪技巧为主，同时尽量避免复杂的花样，做出比较简单而且高雅大方的发型。

2. 柔软的头发

这种发质比较容易整理，所以无论梳任何一种发型，都极为方便。由于柔软的头发比较服帖，因此俏丽的短发极为合适。可以将刘海斜披在额前，横发向后梳，将耳朵露在外面。如果这样梳理不顺，使头发散乱，可以在耳后夹一个夹子，这样就显得活泼俏丽，充分表现出个性美。

3. 自然卷的头发

这种头发不需要使用烫发剂，只要利用其自然卷发就能梳出各种漂亮的发型。如留短发，卷曲度不明显，而留长发才会显出自然卷曲的美来。这种头发刚剪过的时候，某些地方会有些翘，可以在洗头之后用毛巾将头发擦干，然后用吹风机吹干、用梳子梳顺，并用手指轻压，就能定型。

4. 粗硬的头发

这种发质很难定型，难卷、难做花，因此，在整发前宜先用油质烫发剂烫一下，使头发不太坚硬。可以染发，会令人有柔和之感。在发型设计上，尽量避免复杂，适合选用吹风机和梳子就能梳好的发型，例如采用半长、半内卷、半外卷的发型。

如果脸形是心形脸，又发质粗硬，正好可以利用这种发质的特点，将头发全部往后梳，并稍微刮一下，使头发集中在头的上半部，脸看起来就不会太小，而且也对心形的脸起到视觉平衡作用。

5. 细少的头发

这种头发缺少弹性，如果梳成蓬松式的发型，很快就会复原，但这种发质比较伏帖，应该利用这个特点，可以留长发梳成发髻，因为这样不但梳起来容易，同时也较能持久。应用小号发卷卷头发，以便做出娇媚的发型。

6. 服帖的头发

这种发质的特点是头发不多不少，相当服帖。只要巧妙修剪，就能使发根的线条以极美的形态表现出来，可以视自己的喜好梳理，一定要采用能显示出发根线条美的设计，才是理想的发型。修剪的时候，最好能将发根稍微打薄一点，使颈部若隐若现，将更能给人清新明媚的感觉。

二、头发的护理

进行头发的日常护理和保养前，首先要了解自己的发质，根据发质选择适合自己的洗发水、护发素。随意选择护发产品，效果可能会适得其反，不仅达不到保养的效果，还会让发质变得更差。

（一）洗发水的选择

一般来说，应当依据发质的类型选择硬质头发用的或是软质头发用的洗发水，或者依据肌肤的类型选用干性或油性的洗发水。

1. 干性

干性发质一般可以用焗油性质、具有滋润保湿效果的洗发水，少用强碱性的劣质洗发水。而且洗头的频率也不能太勤，一般干性发质冬天每周清洗 1 ~ 2 次即可，夏天每周 2 ~ 3 次即可。洗后尽量避免用吹风机吹干，尽量自然晾干。尽量减少烫发、染发次数。平时注意均衡摄入营养，多吃新鲜的蔬菜和水果及富含蛋白质的食物，如牛奶、豆制品、鸡肉、鱼肉等。还要注意休息，保证充足的睡眠，不要熬夜，平时要保持愉悦的心情，这样对改善头发干燥具有一定的作用。

2. 中性

中性发质比较健康，相对来说较好打理。一般选用中性、微酸性洗发水，含简单护理成分，适当清洗即可。中性发质对洗发水的挑选没有严格的要求。

3. 油性

油性发质可以用控油的洗发水，常见的有二硫化硒洗剂，还可以使用银硝宁洗剂，有控油和杀灭真菌的作用。还可以选用蛋白质含量较丰富的洗发水，可使头发蓬松。除了使用洗发水以外，日常生活中还要注意，饮食方面尽量不要吃太甜和太油腻的食物。

4. 头皮屑

这种头皮应使用中药组方洗发水，如含有皮哨子、侧柏叶、苦参、何首乌等中药成分，能够调养头皮，恢复头皮生态环境平衡的产品，预防头油、头痒、头屑多等问题。

5. 敏感性

敏感性头皮经常容易红、肿、痛。应该使用含全天然成分、植物精油等较为温和的洗发水。平时应该多喝水，多吃一些蔬菜水果，少吃一些辛辣刺激性食物，戒烟限酒，多运动，提高身体免疫力，免疫力提高可以降低过敏程度。

（二）洗发的步骤和程序

1. 调试水温

头皮对温度的刺激比较敏感，洗发时的水温要适中，并结合个人的耐受程度。一般来说，洗发水温度在 31 ~ 38 ℃为宜。水太烫易损伤头发，使之变脆、易折；水太冷则去除油污效果差，洗不干净。温水能扩张皮肤毛细血管和真皮浅层血管，使汗孔开放，促进代谢废物排泄，容易清除附着在发干上的尘垢。不要用冷水洗头发，如果是在寒冷的冬季，用冷水洗头还会引发感冒，即便是在炎热的夏季也会由于头部温度的差异而引起热伤风等疾病。

2. 润湿头发

在洗头前，用梳子一边梳开头发，一边对头皮进行按摩，然后再用清水将头发冲洗一遍，这样可略微减少头发上的灰尘、脏污及头皮屑，在洗头时，就能够节省洗发水的用量，以减少对头皮产生的刺激。

3. 涂抹泡沫

先在手掌上倒出一硬币大小的洗发水，注意不要太多，也不要太少。加水后轻轻揉搓直至起泡，再均匀地涂抹到头部。注意不要将洗发水直接倒在头上搓洗，否则会使头皮局部的洗发精浓度过高，时间一长，就可能形成脱发异常。

4. 画圈按摩

洗头发的方式是画圆圈按摩，按摩头皮时要用指腹，这样可以使血液循环得到促进。切记不要用指甲搔抓头皮，这个动作容易伤害头皮。油性发质者应对发根重点清洗，干性头皮则不适合清洗时间太长，要避免头皮与洗发精接触过长的时间。

5. 清洗泡沫

用大量的清水冲洗头发，直至干净。如果冲洗不干净，造成洗发精残留，会导致头皮过敏现象。然后再用洗发水打出泡沫，涂在头发上画圈按摩后，用清水冲洗干净。这样重复两次，就可以将头皮与发丝彻底清洁干净。

6. 护发保养

焗油膏或护发素可以在洗发之后使用。头皮并不需要护发素所提供的滋养，主要是发丝进行营养的吸收，而且发梢是最需要营养的部分。与洗发不同，按摩时只需用手指对头发进行理顺，然后用热毛巾将头发包裹住，按照产品说明来掌握时间的长短，最后用水进行冲洗。护发素不能停留太长时间，否则还会对头发造成伤害，因此在使用时一定要遵照说明。

7. 吹干头发

用毛巾揉搓头发是很多人的习惯，这种做法也是不正确的，最好用纯棉毛巾吸干头发上的水，切忌用力。使用吹风机时，要保持 10 ~ 15 厘米的距离，并注意不要使吹风温度太高。一般来说，将头皮吹干，等待头发自然干透即可。

三、服务人员发型发式标准

服务人员上岗前，必须按照服务单位的发型发式标准来梳理打扮，必须维护企业的尊严和形象，切不可按照自己的个性来设计发型。服务人员发型发式统一的标准就是干净整洁，并且要经常注意修饰、修理，头发不宜过长。

（一）男服务人员发型

男服务人员的发型统一要求为：轮廓分明，前面头发必须保持在眉毛上方，不能遮住眼睛；侧部的头发不要盖住自己的耳朵，同时不要留过厚，两侧鬓角不得长于耳廓中部；男士发尾的头发，应该不要长过衬衫领子的上限。

发色必须保持自然的黑色，不允许染成其他颜色。可以使用发胶、摩丝等定型，不得有蓬乱的感觉；每个月至少理一次头发；禁止出现烫染、光头、板寸、鸡冠头等发型，如图 2-5 所示。

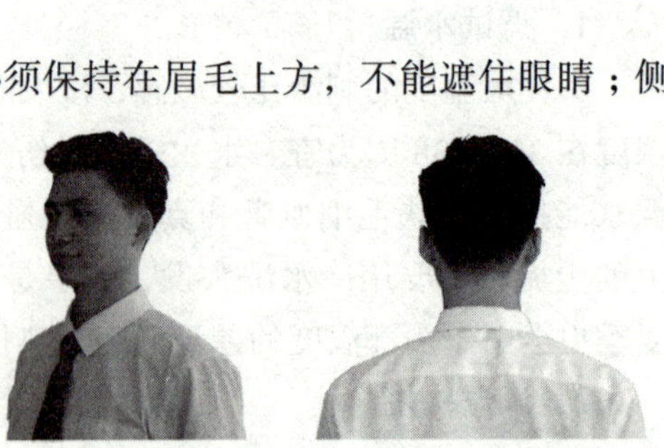

图 2-5　男士发型标准

（二）女服务人员发型

女服务人员的发型要求统一盘起，这样显得干净、利索、整齐，具有职业气质，同时也方便服务。一般情况下，采用“大光明”盘法，或者佩戴头花网套的盘法。具体盘发的步骤和方法如下：

1.“大光明”盘发

“大光明”盘发是女服务人员最常用也是最规范的发型，其特点是一丝不乱、整齐、干净、饱满，如图 2-6 所示。盘发前，应准备好盘发工具，包括黑色皮筋、隐形发网、U 形发卡、一字夹、发胶、梳子。具体盘发方法和步骤如下：

（1）首先将毛躁打结的头发梳理通顺，长发整齐地向后梳。可以适当打湿头发，让碎发服贴。

（2）用皮筋将所有头发扎起成马尾状，马尾高度与耳部上缘齐平，前额不留刘海。将头顶的头发适当“隆起”，再用发胶等进行固定。

（3）用黑色发网将马尾全部罩住。用左手抓住发根，右手抓住马尾，并顺时针进行旋转，直至将头发全部盘起，发髻位于头后正中位置。

（4）用 U 形发卡将发髻固定，要求外形整体饱满。

（5）用一字夹、发胶将碎发固定，做到一丝不乱、整齐干净、饱满。

2. 佩戴头花式盘发

盘发时佩戴头花网套，这也是女服务人员常用的一种发型。同“大光明”发型相比，盘发方法要相对简单一些，如图 2-7 所示。盘发前，应准备好盘发工具，包括黑色皮筋、头花网套、一字夹、发胶、梳子。具体盘发方法和步骤如下：

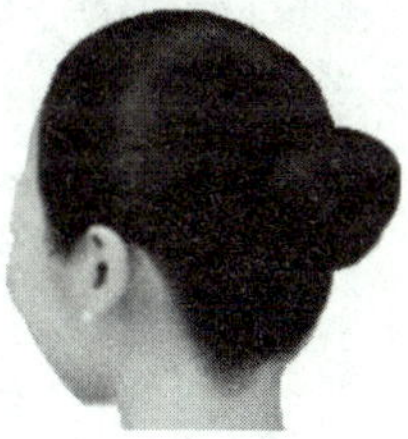

图 2-6 “大光明”盘发

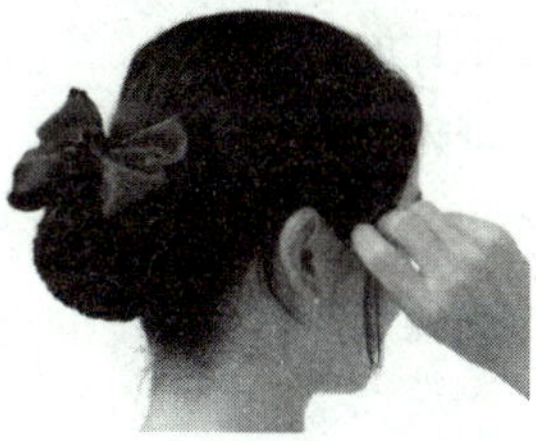

图 2-7 佩戴头花式盘发

（1）将毛躁打结的头发梳理通顺，长发整齐地向后梳。可以适当打湿头发，让碎发服贴。

（2）用皮筋将所有头发扎起成马尾状，马尾高度与耳部上缘齐平，前额不留刘海。将头顶的头发适当“隆起”，再用发胶等进行固定。

（3）将头花网套上的卡子别在头发根部，再将马尾碎发放入网套内。最后进行整体调整，用一字夹、发胶将碎发固定。

当女服务人员留短发时，要求前不遮眉、侧不掩耳、后不及领、整齐梳理。可选择烫发或直发，但是不留怪异发型。无论是长发或短发，均不可染发或漂染带有个性标志的发型。

实训

一、实训准备

1. 一间礼仪实训室，墙面装有长度及地的镜子，能从头到脚照到训练人员。

2. 黑色皮筋、隐形发网、头花网套、U 形发卡、一字夹、发胶、梳子等。

二、实训背景

某铁路局要面向学校的应届毕业生，招聘一批动车组列车员。前来报名的学生络绎不绝，小林也在其中。面对这份梦寐以求的工作，小林精心地为面试做起准备。她特意到美发店烫头发，做了一款非常时髦的发型,并把头发染成了现在非常流行的发色。然后,她又到美甲店把指甲涂成了红色。

这天，小林高高兴兴地来参加面试。自我介绍后，面试官让每位应聘者进行列车员的仪态展示。展示动作的过程中，小林的大波浪长发飘来飘去，红色的指甲显得格外刺眼，面试官见到此状皱起了眉头，并没有录取小林。

【思考】

在上述案例中，导致小林面试失败的主要原因是什么？如果是你参加这次面试，你会如何进行发型发式的整理？

三、实训步骤

1. 学生以 2 人为一个单位，进行分组。

2. 面对镜子，按照下列服务人员的发型发饰标准，进行个人仪容自检，并整理个人发型发式。

（1）男士发型：

①前面头发在眉毛上方。

②侧面头发不要盖住耳朵，不要过厚。

③两侧鬓角不得长于耳廓中部。

④发尾头发不要长过衣领上沿。

⑤发色自然、黑色。

⑥无烫染、无怪异发型。

（2）女士发型：

①长发要求统一盘发。

②干净、利索、整齐、无碎发。

③短发要求前不遮眉、侧不掩耳、后不及领、整齐梳理。

④无染发、漂染或带有个性标志的发型。

⑤无怪异发型。

3. 盘发训练。

（1）教师组织学生观看盘发教程视频，强调盘发步骤和技巧。

（2）教师讲解盘发工具的用途和使用注意事项，进行盘发示范，学生进行观摩。

①梳子：梳顺头发。

②黑色皮筋：盘发第一步时使用，将头发扎起来。

③隐形发网：能让长发很好地盘住，并“隐藏”起来。

④ U 形夹、一字夹：能够起到固定头发的作用。

⑤发胶：固定碎发，使发型整洁、干净。

（3）学生以 2 人为一个单位，进行分组，练习盘发。

发型一："大光明"盘发。

①头发梳理通顺。

②扎起马尾，与耳部上缘齐平，无刘海。

③用黑色发网将马尾全部罩住。

④顺时针旋转，直至盘起。

⑤用 U 形发卡固定发髻。

⑥用一字夹、发胶将碎发固定。

发型二：佩戴头花式盘发。

①梳理头发。

②扎起马尾，高度与耳部上缘齐平，无刘海。

③头花网套别在头发根部，将马尾碎发放入网套内。

④整体调整，用一字夹、发胶将碎发固定。

（4）每组学生互换角色，进行盘发练习。

四、训练总结

1. 以小组为单位，进行评选活动。由教师进行综合评价，撰写实训报告。

2. 对照学习评价表，为自己的训练成果打分。

学习评价表

被考评人						
考评地点						
考评内容	发型发式训练					
考评标准	考评内容		分值 / 分	自我评价 / 分	小组评议 / 分	实际得分 / 分
	男士	前不遮眉	20			
		侧不掩耳	20			
		后不及领	20			
		鬓角	20			
		发色	20			
	女士	"大光明"盘发	40			
		佩戴头花式盘发	40			
		发色	10			
		干净、无碎发	10			
合计			100			

注：考评满分为 100 分，85 分以上（包含 85 分）为优秀；75 ~ 84 分为良好；60 ~ 74 分为及格。

情境四　着装与搭配

情境导入

小刘和几个外国朋友相约周末一起聚会娱乐，为了表示对朋友的尊重，星期天一大早，小刘就西服革履地打扮好，对照镜子摆正漂亮的领结前去赴约。北京八月的天气十分酷热，他们来到一家酒店就餐，边吃边聊，大家非常开心！可是不一会儿，小刘已是汗流浃背，不住地用手帕擦汗。饭后，大家到娱乐厅打保龄球。在球场上，小刘不断为朋友鼓掌叫好，在朋友的强烈要求下，小刘勉强站起来整理好服装。他拿起保龄球做好投球准备，在摆好姿势用力把球投出去时，只听到"嚓"的一声，上衣的袖子扯开了一个大口子，弄得小刘十分尴尬。

【思考】

（1）上述案例中，造成小刘尴尬的原因是什么？

（2）着装时应该遵循哪些的原则？

学习目标

- 掌握日常生活中的着装原则与搭配技巧。
- 掌握标准的职业着装要求并运用。
- 具备铁路客运服务人员基本职业形象。

相关知识

一、职业着装的礼仪要求

着装在一定程度上体现着社会的精神风貌，反映着社会的等级差异与角色分工的不同，同时也展现着礼仪素养。服饰能够反映一个人的社会生活和文化审美，得体的服饰能使人具有无形的魅力。

（一）着装的原则

1. TPO 原则

TPO 原则，是国际服装界公认的衣着标准。其基本含义就是穿衣打扮要有章法，要求人们考虑时间的变化，顺应自然；要考虑不同的场所、各自的身份地位；更要考虑与所参加的活动内容、目的相吻合。这是着装时应遵循的基本规则。

（1）时间。T 是英文 time 的缩写，指时间，泛指时代、年份、季节、时辰等。要求人们着装随着时间的变化而变化。一年之中有四季，一天之中有早晚，着装应各不相同。这对女士而言尤其重要。男士出席各类活动有一套质地上乘的深色西装或中山装即可，而女士的着装则要随一天时间的变化而变换。出席白天活动时，女士一般可着职业正装，而出席晚宴则须加一些修饰，如换一双高跟鞋，戴上有光泽的佩饰，围一条漂亮的丝巾等。

（2）场合。P 是英文 place 的缩写，代表地方、场所、职位、地位等。要求注意衣着与场合的协调。无论穿戴多么美丽，如果不考虑场合，也会被人耻笑。如果大家都穿便装，穿礼服就欠妥当；在正式的场合以及参加仪式时，要顾及传统和习惯，顺应各国或地方一般的风俗。

（3）目的。O是英文object的缩写，表示目的、目标、对象。着装的目的可以从两个方面考虑：一是做事的目的，如果去运动就要穿运动装，去进行商务谈判就要穿正装；二是想给人留下什么印象，是严谨可信，还是随意自然，不同的着装可以突出不同的印象。

2. 把握色彩

着装的色彩要求做到简单清爽，选择两三类合适的色彩由浅入深搭配，实现穿衣的和谐美。总体来说，着装的色彩要求应该遵循以下两个原则。

（1）“三色”原则。在正式场合，着装必须遵守“三色原则”，即指着装人全身上下的衣着原则上应当控制在三种色彩之内。

（2）“三一律”原则。在国际上，人们往往用是否遵守“三一律”的色彩原则，来评价一位男士的着装品位，即是否使自己的公文包、皮鞋、腰带色彩相同。

3. 整洁大方

服饰必须整洁，不能沾有污渍，衣领、袖口处须格外注意。一件衣服即使很漂亮、很合身、很昂贵，若上面沾有污渍，就会破坏着装人的形象。出门前要检查衣着是否熨烫平整，有没有污渍、油腻，扣子是否牢靠，袜子是否抽丝或有破洞，衣领、裤口是否平整等。

着装要符合本国的道德传统和常规做法。在正式场合，忌讳穿过露、过透、过短、过紧的服装。身体部位的过分暴露，不但有失身份，而且是对别人的不尊重，又使别人感到难堪。着装的任何一个细枝末节都要注意，这样才能得体地出席交际活动场所，并使自己焕发魅力。

4. 讲究搭配

要求着装的各个部位、环节要精心搭配，相互呼应，注意发型、肤色、上装、下装、袜子、鞋子、帽子、腰带、围巾、首饰、提包之间的搭配，尽可能做到在整体上的完美、和谐，展现着装的整体之美。

5. 个性得体

着装应该充分地认识和考虑自身的条件与特点，从实际出发，必须适合自己的年龄、职业、身份、肤色、脸形，扬长避短。在职场中，着装还必须考虑职位、企业文化、办公环境等因素。款式以简单、大方为主，切忌喧宾夺主。在此基础上，创造和保持自己穿着的独特风格。

【实例一】

有一天，A公司老总让其秘书小陈陪同去见一位B公司重要的新客户。为了表示对这次商务洽谈的重视，小陈穿上特意精心挑选的名牌西服。结果见面时，被新客户误认为他是领导，与其热络地聊了起来，这使得一旁的领导十分尴尬。

结合仪表礼仪中的着装原则，分析小陈在上述案例中所犯的错误，并提供着装建议。

【分析】

小陈在上述案例中所犯的错误是其穿着与参加商务活动中的身份不匹配，衣着过于“突出”，颠倒了“主从关系”，不符合秘书身份。小陈的着装应遵循符合身份、简洁大方、整体和谐的要求。

在公共社交场合，秘书人员在展示个性中要把握好以下四点。

（1）不要与同伴穿一模一样的衣服，以免引起他人做比较。

（2）不要穿与同伴服饰反差太大的衣服。

（3）在服饰款式、色调、质地上要尽量与客户和在场领导协调，切忌衣着太突出。

（4）尽量避免穿戴与自己形体不协调的服饰。

【实例二】

谷小姐准备参加有300多位应聘者参加的XB航空公司招聘空中服务员的面试。在面试的前几天，她先在网上查询相关的资料，并致电该航空公司，同一位员工进行了对话，询问了关于公司和公司历史的一些问题，还特意了解了空中服务员的穿着。

面试的当天。她穿了一条深蓝色的裙子、同色的短上衣、白色带领衬衣、黑色长筒袜、藏青色的高跟鞋。在面试的过程中，她与每位应聘者一样站在面试官的面前，用一分钟时间谈了自己想到航空公司工作的理由。第二天，她接到电话，招聘主管要求她参加第二次面试，并最终录取了她。

谷小姐面试回答问题时与其他应聘者相比，并没有太突出的表现，为什么她会脱颖而出被录用呢？

【分析】

原来，谷小姐事先进行了关于空中服务员着装的调查，同时按照空中服务员的着装参加面试，使她成为300多位应聘者中，唯一看起来像空中服务员的候选人。

据调查显示，很多公司在第一次面试后就回绝应聘者的原因之中，排在第一位的是应聘者糟糕的外表形象。知己知彼，才能百战不殆。作为应聘者应该充分了解应聘岗位的要求，看清楚自己的角色定位。如果衣着不得体，就说明不尊重自己，也不在乎自己代表公司所表现的形象。倘若表现出职业得体的形象，则说明有所准备，是很在乎这份工作的。有一位跨国公司的老总说得好："如果一个应聘者穿着得体，也不意味着他就适合这份工作；但是如果他的形象不合适，那就没有机会进行下一次面试了。"

【实例三】

A公司是一家产品具有高科技含量的大型保健品公司，在全国有一百多个营销窗口，配有一万多名市场营销人员，产品畅销全国各大城市、东南亚国家及地区。公司在这几年的发展中，在提高产品的科技含量、保证产品的质量及功效、建设科技队伍上都下过大力气，也曾在拓展营销渠道上动过脑筋，公司始终走的是一条持续向上发展的道路。

这天，在肃静的会议室里，A公司与外方的谈判即将进行，双方将就今后的合作达成协议，这是公司向国外扩大销售市场的又一重要举措。谈判开始后，大家发现坐在王总一旁的经理助理小张穿着非常休闲：一件胸前印有图案的T恤衫、蓝色的牛仔裤、白色的旅游鞋。负责送茶水的助理秘书小陈更是浓妆艳抹，浑身散发出浓浓的香水味，耳环闪闪发光，手镯晃来晃去，高跟鞋叮叮作响。每当她进来送水，会谈就不得不停歇片刻。A公司请来的翻译是贸易部新来的职员小吴，人长得很漂亮，业务水平也很高。但是她一头飘逸的长发在翻译过程中不时地甩来甩去。最后外方代表要求中止谈判，声明我方公司翻译小姐的长发让他们集中不了精神，无法进入到谈判状态中。

通过这次谈判的中断，可以反映出A公司的问题究竟出现在什么地方呢？

【分析】

A公司的规模迅速扩大，但职员自身的礼仪素质并未随之跟上。要为公司的可持续发展积蓄力量，必须提高员工职业素养，否则企业就没有发展的后劲。要特别加强对职工特别是管理人员的职业形象塑造，使职员在个人素养方面得到改观，在全公司形成学习礼仪、提高自身素质的良好风气。

（二）男士服饰

我国男士的正式服装，在 20 世纪 70 年代之前以中山装为主。这种服装是孙中山先生提出并倡导的，以华侨流行的“企领上装”为基础，参照西装的造型结构，结合我国紧领宽腰的服饰特点改革而成，简洁而不失庄重，朴实而不失美观。一身深色中山装，配上黑色的皮鞋，是一款很好的具有我国民族特色的礼服。着中山装时，不仅要扣上全部的纽扣，还要把衣领上的风纪扣扣上。

随着我国改革开放的发展，身着西装的人越来越多。西装是世界公认的正规服装，随着国际交往的日益广泛和频繁，逐渐成为国际性的礼服。它使人感到庄重、严肃、大方，很适合在工作场合和一些正规的场合穿着，受到人们的青睐。

1. 西装的选择

（1）款式。西装的具体款式，主要有以下几种分类方式。

①按西装的件数来划分，西装有单件与套装之分。

• 单件西装，即一件与裤子不配套的西装上衣，仅适用于非正式场合。

• 西装套装，指的是上衣与裤子成套，其面料、色彩、款式一致，风格上相互呼应的多件西装。通常，西装套装又有两件套与三件套之分：两件套包括一件西装上衣和一条西装裤子；三件套则包括一件西装上衣、一条西装裤子和一件配套背心。一般来说，三件套西装比两件套西装显得更正规一些。如图 2-8、图 2-9 和图 2-10 所示。

②按西装上衣的纽扣数量来划分，西装上衣有单排扣与双排扣之别。单排扣的西装上衣比较传统，而双排扣的西装上衣则较时尚。

单排扣的西装上衣，最常见的有一粒纽扣、两粒纽扣、三粒纽扣三种。一粒纽扣西装上衣穿起来较时髦，而两粒纽扣和三粒纽扣的单排扣西装上衣则更适合正式场合。

图 2-8 西装上衣

图 2-9 西装背心

图 2-10 西裤

双排扣的西装上衣，最常见的有两粒纽扣、四粒纽扣、六粒纽扣三种。两粒、四粒纽扣等两种款式的双排扣西装上衣属于流行的款式，而六粒纽扣的双排扣西装上衣则明显地具有传统风格。

正装西装纽扣的系法也很有讲究，要遵循“扣上不扣下”的原则。单排两粒扣西装扣上面一粒纽扣，下面一粒永远不扣。单排三粒扣西装只扣中间一粒纽扣，或扣上面两粒纽扣，下面一粒纽扣永远不扣。双排扣西装要扣上全部纽扣。按照规矩，西装上衣的纽扣在站着时应该扣上，坐下时应该解开全部纽扣。

（2）面料。选择西装时，要讲究其面料。一般来说，正装西装适合在正式场合穿着，其面料多为毛料，色彩多为深色，款式则讲究庄重、保守，且基本上是套装。休闲西装大都适合在非正式场合穿着。它的面料可以是棉、麻、丝、皮和化纤，色彩多半都是鲜艳、亮丽的，且多为浅色。挑选正装西装时要选择尽量高档的面料，其中毛料往往是首选。需要注意的是，男士在穿西装之前，务必要将位于上衣左袖口之上的商标、纯羊毛标志等先行拆除。

（3）色彩。西装的色彩必须显得庄重，一般选择深藏青色或黑色的。男士在正式场合不宜穿色彩过于鲜艳或发光发亮的西装。朦胧色、过渡色的西装也不宜选择。越是正规的场合，越讲究穿单色的西装。

（4）尺寸。穿西装要注意尺寸，大小要合身，宽松适度。过大过小、过肥过瘦都会有损着装者的形象。合体的西装是保证西装挺拔的基本条件。

合体的西装要求领子应紧贴后颈部，上衣长度应长过臀部，垂下手臂时袖口与虎口相平，四周下垂平衡。手臂伸直时，上衣袖长应至手腕部。与上衣相配的通常是面料相同的西裤，应有合适的腰围和长度。合适的腰围应是裤子穿在身上并拉上链锁，扣好扣子后，裤腰处还能伸进一只五指并拢的手掌。合适的裤长应该是穿上裤子后，裤脚下沿正好触及脚面，并保证裤线笔直。如果裤子太长，裤线就会弯曲，从而影响西裤的挺括；如果裤子太短，坐下或蹲下时容易露出衬裤，甚至皮肤，显得很不雅观。

（5）做工。验证西装做工好坏特别需要从以下六个方面着手：要看其衬里是否外露；要看其衣袋是否对称；要看其纽扣是否缝牢；要看其表面是否起泡；要看其针脚是否均匀；要看其外观是否平整。

2. 西装的搭配

（1）衬衫。穿西装必须配穿正式西服衬衫。衬衫主要以高织精纺的纯棉、纯毛面料为主，也有用以棉毛为主要成分的混纺面料制成的。正装衬衫应为单色调，一般以白色为主，也可以考虑蓝色、灰色、棕黑色的。以无图案为最佳，细的竖条衬衫也可以考虑，但必须避免同时穿竖条纹的西装。

选择职业衬衫颜色，也应该考虑着装者所从事的行业。例如，经常需要与顾客面对面的服务行业人员，比较适合淡黄色或奶油白，这类颜色会让人显得更具“亲和力”，并且较有活力；而金融行业人员的着装，需要给客户传达的信息是大方及具有安定感，浅蓝色正好能满足这样的需求。

与正装西装搭配的衬衫必须是长袖的，其袖长应适度。一般衬衫的袖口稍长于西装上衣袖口 1 ~ 2 厘米左右为好，如图 2-11 所示。衬衫的领子要坚实、挺括，不能太软。一般衬衫领口应紧贴且高于西装领口 1 厘米左右。这不仅是保护西装，而且是固定的穿着标准。领子的大小也要注意，大小合适的衣领是指衬衣领子扣上后还能插进自己的一个食指。衬衫领口和袖口处不能有污垢、油渍。不论是否穿外衣，衬衫的下摆要塞在裤腰里，系好领扣和袖扣。穿西装佩戴领带时，衬衫的所有纽扣都要系好；只有在穿西装而不打领带时，才必须解开衬衫的领扣。

图 2-11　衬衫袖口

衬衫的袖口要系好，而不能卷上去。在天气炎热的情况下，即使是衬衫单独搭配西装裤时，也应该与搭配西装外套时的穿法是一样的。按照规矩，男士衬衫里面一般不要穿内衣，如果穿内衣，不宜把领口和衣袖露在衬衫外面。如果天气太冷，衬衣外面可以穿羊毛衫，但不能太厚，而且以一件为宜，领口最好为 V 字领，否则会显得十分臃肿，破坏西装的线条美。

（2）领带。领带是男士西装的重要搭配饰物。应选择用真丝或羊毛制作的领带，不宜在正式场合佩戴由麻、绒、皮革、珍珠等物织成的领带。领带的理想色彩为蓝色、灰色、黑色、暗红色等单色，在正式场合尽量少打浅色或艳色的领带，也不宜佩戴多于三种颜色的领带。

可以根据西装的色彩搭配领带的色彩和花型。系好领带后，其大箭头正好垂到皮带扣上端处为标准。领带的宽度应与西装翻领的宽度相协调。领结要饱满、工整。佩戴领带应注意场合，在上班、办公等执行公务的场合，最好系领带；在参加宴会、舞会、音乐会时，也可以系领带；在休闲场合，通常是不用系领带的。

（3）皮带。与正装西服搭配的腰带，颜色应该与鞋子颜色相匹配，黑色腰带可以搭配黑色皮鞋，深棕色的腰带可以搭配深棕色的皮鞋。如有公文包、手包等，颜色也要求一致。搭配的皮带材质最好是皮质的，优质的皮带全部由真皮制成，如果不介意手感，用材质差一些的再生皮革或贴合皮材质也可以。

皮带尺寸应该宽窄适度，薄厚合适。大多数皮带有五个孔，最理想的腰带长度是扣叉刚好穿过中间的腰带孔(即第三个孔),腰带宽度大约在 2.5 ~ 3.5 厘米之间。腰带扣要与身上的饰品金属相搭配。常见的腰带扣的颜色为金色、黄铜色、银色等。皮带颜色的选择要考虑其他配饰、服装配件上的色调，例如银色要与不锈钢表盘、白金链条等相搭配。

（4）鞋袜。俗话说“西装革履”，就是指男士除穿着一身合体的西装外，还要注意鞋袜的搭配。穿正装西装只能穿皮鞋，而且最好选择真皮的；磨砂皮鞋、翻毛皮鞋属于休闲鞋，不适合与西装搭配，更不能穿旅游鞋、轻便鞋、布鞋或露脚趾的凉鞋。皮鞋的颜色一般与西服的颜色一致或相近，一般应为深色和单色的，最适合与西装配套的还是黑色皮鞋；要保持皮鞋清洁无异味；裤子应盖住皮鞋的鞋面。袜子是着装者最容易忽视的配件，但袜子也很容易显露出着装者的品味。

穿正装皮鞋时，不可穿运动袜，而要穿羊毛袜、针织中筒袜，切忌穿半透明的尼龙或涤纶丝袜；袜子的颜色不能鲜艳夺目，也不能太浅，以深色为宜，应比长裤颜色深。黑色皮鞋与黑色袜子是最佳搭配，即使是稍浅的栗色皮鞋，也应选深色袜子。不要穿太小或太短的袜子，太小的袜子易破，太短的袜子会使小腿外露出来，袜子的长短以坐下时，小腿不外露为准。袜子要选择中筒袜，长度及小腿中部。薄棉袜是最好的选择。袜子的颜色应该与长裤相配或相近，一般情况下，以黑色、藏青色等深色系为主。

（5）口袋巾。口袋巾是绅士品格的一种体现，它作为一身装束中受人瞩目的细节，无论是淡淡的优雅，还是艳丽的色调和褶皱，都无疑会吸引人的眼球，左右着西装的灵魂。西装上衣左胸外侧口袋只能做装饰，必要时可以装折好的花式口袋巾。经过精挑细选，洗净、烫平、折叠好的口袋巾，能凸显男士的品位和身份，营造出正装服饰中最优雅的细节。

男士西装上衣左胸内侧口袋，必要时可以装信封式钱包、名片夹等随身物品。西裤的所有口袋不能放置任何物品，以求裤形美观。

（三）女士服饰

职场女性得体的穿着，可以体现出良好的修养和独到的魅力。

1. 女士职业套裙装

（1）款式。职业女性在正式场合应该穿裙装，其中又以套裙为首选。女士套裙可分为两件套和三件套：以一件西装上衣和一条裙子组成的是两件套；以一件西装上衣、一条裙子和一件背心组成的是三件套。

女士西服上衣的种类比较多。例如，按衣领款式划分，有大领、小领、圆领、方领、鸡心领、一字领和平领；按衣袖长短来划分，有长袖、中袖和短袖。

套裙的造型，具体是指其外观与轮廓。从总体上来讲，造型的基本轮廓大致上可以分为H形、X形、A形、Y形四种类型。

①H形套裙的特点是：上衣较为宽松，裙子多为筒式。这样一来，上衣与下裙便给人以直上直下、浑然一体之感。它既可以让着装者显得优雅、含蓄和帅气，也可以为身材肥胖者遮挡身形。

②X形套裙的特点是：上衣多为紧身式，裙子则大都是喇叭式。实际上，它是以上紧与下松来有意识地突出着装者的腰部的纤细。此种造型的套裙轮廓清晰而生动，可以令着装者看上去婀娜多姿、楚楚动人。

③A形套裙的特点是：上衣为紧身式，裙子则为宽松式。此种上紧下松的造型，既能体现着装者上半身的身材优势，又能适当地遮掩其下半身的身材劣势。不仅如此，它还在总体造型上显得松紧有致、富于变化和动感。

④Y形套裙的特点是：上衣为松身式，裙子多为紧身式，并且以筒式为主。它的基本造型，实际上就是上松下紧。一般来说，它意在遮掩着装者上半身的短处，同时表现出下半身的长处。此种造型的套裙往往会令着装者看上去亭亭玉立、端庄大方。

一套经典的、可供服务行业女士在正式场合穿着的套裙，通常必须具备如下特色：由高档面料制成，上衣与裙子应当采用同一质地、同一色彩的素色面料；在造型上讲究为着装者扬长避短，因此提倡量体裁衣、做工考究；上衣注重平整、挺括、贴身，较少使用饰物、花边进行点缀；裙子则应以窄裙为主，并且裙长应当及膝或者过膝。

（2）面料。正式的西服套裙，其上衣、裙子和背心应当采用同一质地、同一色彩的面料。套裙所选用的面料最好是纯天然质地的面料，最佳面料是高品质的毛纺和亚麻。在外观上，套裙选用的面料，讲究的是匀称、平整、滑润、光洁、丰厚、柔软、悬垂、挺括。不仅弹性、手感要好，而且应当不起皱、不起毛、不起球。

（3）色彩。在色彩方面，套裙的选择讲究的是朴素而简洁。应当以冷色调为主，借以体现出着装者的典雅、端庄与稳重。套裙的上衣、裙子及背心应当采用同一颜色。套裙的全部色彩至多不要超过两种，不然就会显得杂乱无章。最佳的色彩是黑色、灰色、棕色、米色等单一色彩。以各种或宽或窄的格子、或大或小的圆点、或明或暗的条纹为主要图案的套裙，也可一试。按照常规，服务行业女士在正式场合穿着的套裙，可以不带有任何图案。

（4）尺寸。选择西装套裙要注意尺寸，大小要合身。合体的西装套裙，既要体现出女士的体态美，又要展现出职业感。套裙在整体造型上的变化，主要表现在长短与宽窄两个方面。一般认为紧身式上衣显得较为正统，松身式上衣则看起来更加时髦一些。服务行业女士的套裙曾被要求上衣不宜过长，下裙不宜过短。

要求领子应紧贴后颈部，上衣长度应长过臀部，垂下手臂时袖口与虎口相平，四周下垂平衡。手臂伸直时，上衣袖长应至手腕部。合适的腰围应是将裙子穿在身上并拉上拉链、扣好扣子后，裤腰处还能伸进一只五指并拢的手掌。职业裙装的裙子应该以窄裙为主，并且裙长及膝或过膝。女士坐下时，裙子会自然向上缩短，如果裙子缩短后离膝盖的长度超过 10 厘米，就表示这条裙子过短或过窄。

2. 女士着装的原则

（1）扬长避短。女士的穿着首先要符合自己的身材和身份，要用扬长避短的方法装扮自己。女士着装要注意“量体裁衣”和“合适选衣”,尤其是在挑选颜色与式样时,应注意发扬优点、掩饰缺点。

（2）整洁平整。女士服装并非一定要高档华贵，但必须保持清洁，并熨烫平整，穿在身上才能大方得体、精神焕发。整洁并不仅仅为自己，更是尊重他人的体现。尤其是女士穿着正装时，更应该注意服装的整洁平整。

①不要穿有折皱的正装。穿着正装前,要进行熨烫。在暂时将其脱下时,则应认真把它悬挂起来。若平时对其不加熨烫，脱下之后随手乱丢，使之折痕遍布、皱皱巴巴，必然使其十分难看。

②不要穿残破的正装。若是穿着出现明显外观残破的正装，如其被挂破、扯烂、磨透或者纽扣丢失的服装，则极易给人以不好的印象。在他人眼里，这不但是工作消极、敷衍了事，而且也不能体现爱岗敬业、恪尽职守的精神。

③不要穿有污渍的正装。一般在工作之中，难免会使自己身着的正装沾染一些污渍。这些污渍往往会给人以邋遢的印象，有时会让他人对穿着者工作质量和工作能力产生质疑。因此，一定要及时清洗干净。

（3）把握色彩。不同色彩会给人不同的感受,如深色或冷色调的服装,让人在视觉上产生收缩感，显得庄重严肃；而浅色或暖色调的服装会有扩张感，使人显得轻松活泼。为此，女士可以根据不同需要把握色彩的选择和搭配。

（4）符合场合。一般来说，男士有一套质地上乘的深色西装或中山装可以应付各种场面，但女士的着装则要随时间而变换。白天工作时，女士应穿职业套装或所在单位的工作服，以体现职业性和专业性；晚上出席鸡尾酒会、宴会就须穿晚礼服或民族服装，也可以在套装上多加一些修饰，如换一双高跟鞋、戴上有光泽的配饰、围上一条漂亮的丝巾等。对服装的选择还要适合季节气候的特点，保持与潮流大势的同步。

（5）饰物点缀。合理巧妙地佩戴首饰，能够起到画龙点睛的作用。但是佩戴的首饰不宜过多，一般最多不超过三件，否则会分散别人的注意力，而且缺乏品位。应尽量选择同一色系的首饰，并且与整体服饰的搭配统一起来。服务行业的女士穿套裙时,佩戴首饰要以少为宜,合乎身份。按照惯例，不允许佩戴与个人身份有关的珠宝首饰，也不允许佩戴有可能过度张扬的耳环、手镯、脚链等首饰。

3. 女士着装的搭配

（1）衬衫。衬衫是非常可以展现职业感的服装，既可以单穿也可以搭配西服外套。女士的职业套裙,加上一件衬衫时都会显得更加正式。衬衫的面料要求轻薄而柔软,可选择真丝、麻纱、纯棉等材质。色彩要求雅致而端庄，且不失女性的妩媚。只要不是过于鲜艳的颜色，不与套裙的色彩相排斥均可。但是，在正式场合中，在衬衫颜色的选择上要以浅色为主，白色最佳，不能花枝招展，图案夸张。

女性穿衬衫时，衬衫下摆应束进裙腰里，衬衫的纽扣全部扣好。不可在外人面前脱下西服上衣，直接以衬衫面对对方。

（2）鞋袜。穿裙装应当配长筒袜或连裤袜（忌光脚），颜色以肉色、黑色最为常用，一般以透明近似肤色的为好，穿黑色系列衣服的，可以穿黑的丝袜，还能使腿显得苗条。带有花纹的袜子不能登大雅之堂。如果参加晚宴，不论是春夏还是秋冬，袜子都应该是薄型的。尤其要注意的是，不要穿短袜，一定要穿高过裙边的长丝袜，还要注意行走和坐下时，袜口不能露在裙摆或裤脚外边（忌三截腿），不要让袜口和腿上的皮肤露在外面。

鞋以高跟、半高跟黑色牛皮鞋为宜，也可选择与套裙色彩一致的皮鞋。在正式、庄重的场合不宜穿凉鞋或靴子。鞋的款式也要大方，不要太多装饰，样式也不要太复杂。如果让别人第一眼看到的是鞋，那就是失败的穿着。如果要想让鞋的款式不过时，又可使自己的腿看上去修长些，可以选择黑色的浅口皮鞋。鞋袜要大小相宜、完好无损，不可当众脱下，袜子不可随意乱穿，袜口不可暴露于外。

（3）手提包。手提包的选择和使用也有其规律。女士至少要准备三只不同尺寸的手提包，适用于不同的场合。第一只是大而结实的包，在工作时比较实用，可以用来放一些文件和资料；第二只是中等大小的包，可以在工作以外的时间用；第三只是小巧考究的手提包，里面只放少量的化妆品、钥匙、钱等物品，可用于出席正式场合使用。手提包的款式要求简洁、大方，不要太多装饰，样式也不要太复杂。颜色要搭配得体，与服装和皮鞋的颜色协调。

（4）丝巾。以前人们使用围巾主要用来挡风御寒，而今围巾的首要功能往往是装饰，尤其是丝巾，在女性服饰搭配中起着举足轻重的作用。使用丝巾，如果能注意材质、尺寸、色彩、系法的正确搭配，就能为单调的服装画龙点睛。如果出席晚宴，在简单而又纯色的衣服上披上一条色彩艳丽、光亮的大围巾，就会显得很有魅力。建议亚洲女性尽量多选择各种亮宝石颜色的围巾，如明黄色、大红色、玫瑰色、青绿色，这些颜色的围巾配上黑色、白色、炭灰色、奶油色、海军蓝的服装，使皮肤看起来更白、更年轻。

（5）饰品。

①耳饰。耳环、耳针、耳坠等款式，讲究成对使用，也就是说每只耳朵上均佩戴一只，不要一只耳朵上戴多只耳环。搭配正装时，最好不要佩戴夸张的样式，应该以简洁、大方为主。有些服务行业也规定，工作时不许佩戴耳饰。

②手饰。手镯和手链都是佩戴于手腕上的饰物，不能同时与手表戴在一只手上。已婚人士可佩戴一枚戒指，一般戴在左手无名指上，只可以配戴一枚。在工作场所，通常是不允许戴手镯的，尤其是窗口行业，如民航售票处、商店、餐饮业等的服务人员，尽量不要佩戴。

③胸针。女士穿正装时，胸针应别在其左侧领上。穿无领上衣时，应别在左侧胸前。在工作中，如果要求佩戴身份牌或本单位证章、徽记上岗，就不应再同时佩戴胸针。

二、铁路员工着装规范

（一）路服的种类

1．春秋装

春秋装包括制服外套、长袖衬衣、马甲、裤装、制帽、领带，如图 2-12 所示。

图 2-12 路服春秋装

2. 夏装

夏装包括短袖上衣、裤装、制帽、领带，如图 2-13 所示。

图 2-13 路服夏装

3. 冬装

冬装包括冬装大衣、制服外套、长袖衬衣、裤装、制帽。

（二）着装的要求

根据《铁路旅客运输服务质量规范》要求，铁路客运服务人员立岗作业时的穿着应符合以下着装标准。

1. 制服

上岗时，着统一制服。衣扣全部扣上，拉链整齐。不挽袖子或卷裤脚，不敞胸露怀。系领带时，衬衣束在裙子或裤子内。外露的皮带为黑色。

2. 制帽

制帽与相应服装配套。按规定应佩戴制帽的，在执行职务时戴上制帽，不歪戴帽子，帽徽在制帽折沿上方正中，正对鼻梁，帽檐不遮眉，在眉上方的 1 ~ 2 指处。

3. 职务标志

（1）胸章牌。佩戴统一发放的胸章牌。胸章牌（长方形职务标志）戴于左胸口袋上方正中，下边沿距口袋 1 厘米处，无口袋的戴于相应位置。胸章牌包含的单位、姓名、职务、工号等内容必须字迹清楚、无破损。

（2）菱形臂章。佩戴统一发放的菱形臂章。戴于上衣左袖肩下四指处，臂章包含的职务、图标等必须清晰完整、无破损。

4. 工作鞋

穿着制服时，搭配工作皮鞋。不赤足穿鞋，不穿尖头鞋、拖鞋、露趾鞋，鞋跟高度不超过 3.5 厘米，跟径不小于 3.5 厘米。皮鞋应干净光亮，无破损，如图 2-14 所示。

图 2-14 工作鞋

5. 丝袜

着裙装时，丝袜统一，无破损。夏装丝袜的颜色以肉色为标准，禁止穿黑色丝袜。冬装裤袜的颜色按统一要求穿着，可以为肉色、黑色。

6. 发饰

穿着制服佩戴发网时，发网必须是黑色，盘发髻时要求使用隐形发网。如需佩戴发卡、发箍，必须为黑色，发卡上不得有任何装饰物。

7. 丝巾

如需佩戴丝巾时，佩戴统一发放的丝巾，佩戴方法应按同一标准。不允许出现丝巾褶皱、破烂、污渍，佩戴方向错误、不整齐等状况。

8. 佩戴饰物

外露饰物款式简洁。男士可以佩戴一枚戒指、一块职业手表。女乘务员可以佩戴一副直径不超过 3 毫米的耳钉、一枚戒指、一块职业手表。戒指要求款式大方简洁。手表不能是卡通式，表带只能是皮质或金属材质，手表款式要求简洁大方。

9. 拉杆箱包

动车组人员执行任务时，可携带统一发放的男女乘务员箱包。箱包外不得有装饰物、贴画等。应保持箱包外观的清洁。

实训

一、实训准备

1. 一间礼仪实训室，墙面装有长度及地的镜子，能从头到脚照到训练人员。
2. 对应工作岗位的制服、领带、丝巾和鞋袜等。

二、实训背景

出乘前，沈阳北—北京 D26 次列车的动车组全体乘务人员正进行班前仪表整理工作。

三、实训步骤

1. 学生每 5 ~ 8 人为一个单位，进行分组。
2. 教师讲解铁路制服穿着规范及注意事项，并加以示范。
3. 学生按照下列铁路制服着装标准，依据实训背景进行模拟场景训练。

（1）制服穿着前的检查：

①确认适合自己的制服尺码。

②检查是否熨烫平整，领口和袖口是否洁净。

③检查扣子是否齐全，是否有漏缝或破边。

④检查鞋袜、领带、丝巾、职务标志是否齐全。

（2）制服的穿着要求：

①按着装规范换好制服，面对镜子检查。

②扣子是否扣齐，衬衣下摆是否束在裤子或套裙里。

③制服口袋是否装有与工作无关的物品。

④制帽是否戴端正，帽徽是否在制帽折沿上方正中。

⑤胸章牌是否戴于左胸口袋上方正中，菱形臂章是否戴于左肩下四指处。

⑥领带的长度是否在在站立时下端齐及腰带；衬衫第一颗纽扣是否扣上。

⑦丝巾是否按要求佩戴规范。

⑧皮鞋是否干净、光亮。

⑨丝袜是否钩丝、有破洞。

⑩佩戴饰物是否符合标准。

（3）当一组的同学进行模拟场景实训时，其他组的同学进行观摩。指出模拟训练过程中存在的问题，并加以纠正。

四、训练总结

1．以小组为单位，进行评选活动。由教师进行综合评价，撰写实训报告。

2．对照学习评价表，为自己的训练成果打分。

学习评价表

<table>
<tr><td>被考评人</td><td colspan="6"></td></tr>
<tr><td>考评地点</td><td colspan="6"></td></tr>
<tr><td>考评内容</td><td colspan="6">着装与搭配训练</td></tr>
<tr><td rowspan="11">考评标准</td><td colspan="2">考评内容</td><td>分值 / 分</td><td>自我评价 / 分</td><td>小组评议 / 分</td><td>实际得分 / 分</td></tr>
<tr><td rowspan="4">制服</td><td>尺寸</td><td>10</td><td></td><td></td><td></td></tr>
<tr><td>平整</td><td>10</td><td></td><td></td><td></td></tr>
<tr><td>洁净</td><td>10</td><td></td><td></td><td></td></tr>
<tr><td>扣子</td><td>10</td><td></td><td></td><td></td></tr>
<tr><td colspan="2">制帽</td><td>10</td><td></td><td></td><td></td></tr>
<tr><td colspan="2">职务标志</td><td>10</td><td></td><td></td><td></td></tr>
<tr><td colspan="2">皮带</td><td>10</td><td></td><td></td><td></td></tr>
<tr><td colspan="2">领带、丝巾</td><td>10</td><td></td><td></td><td></td></tr>
<tr><td colspan="2">鞋</td><td>10</td><td></td><td></td><td></td></tr>
<tr><td colspan="2">袜</td><td>10</td><td></td><td></td><td></td></tr>
<tr><td colspan="3">合计</td><td>100</td><td></td><td></td><td></td></tr>
</table>

注：考评满分为 100 分，85 分以上（包含 85 分）为优秀；75 ~ 84 分为良好；60 ~ 74 分为及格。

情境五 领带与丝巾

情境导入

小尹是公司总经理办公室的秘书。她工作一向认真踏实，细致周到，深受上司重视。虽然她刚参加工作不久，但平时在个人衣装方面非常注重和讲究。无论是参加商务谈判、工作宴请、同事聚会还是假期旅行，她都能选择得体的服饰，不管是“职场白领装”、“时尚休闲装”还是“青春少女装”，都能巧妙地搭配不同款式和颜色的丝巾，而且丝巾的系法也千变万化。小尹深受领导的赞许，也赢得同事的喜爱，公司的人都称她为“百变丝巾女王”。

【思考】

（1）女士如何恰当地选择丝巾？

（2）说一说你所掌握的丝巾系法有哪些？

学习目标

- 熟练掌握领带、丝巾的系法。
- 熟练掌握领带、丝巾的选择和搭配技巧。

相关知识

一、领带

领带是男士穿西装时的重要配饰。严格地说，领带仅适合男士佩戴。一般情况下，女士在正式场合中不宜打领带；但与职业制服搭配使用时，则是允许的。男士穿西装时，最抢眼的通常不是西装本身，而是领带。因此，领带被称为西装的“画龙点睛之处”。男士穿西装特别是穿西装套装时不打领带，往往会使西装黯然失色。

（一）领带的选择

衬衫和领带的搭配是一门学问，若搭配不妥，有可能破坏整体的感觉，但是如果搭配得巧妙，则能抓住众人的眼光，而且显得自己别出心裁。所以，领带的选择很讲究。在挑选领带时，要重视以下几点：

1．面料

高档的领带，应当是用真丝等制成的。以涤丝制成的领带有时也可以选用。领带的最佳面料是丝绸，因为其颜色光亮而不耀眼，使用这种领带几乎不受时、地、人的限制。还有羊毛制作而成的常规织法的纯色领带，这类领带发亮但不闪光，可以“百搭”。除此之外，由其他面料如棉、麻、人造丝、皮革等制作的领带，大多不适合在正式场合佩戴。

2．色彩

从色彩上讲，领带有单色与多色之分。单色领带适用于公务活动和隆重的社交场合，并以深蓝色、灰色、黑色、棕色、紫红色最受欢迎。在正式场合中，佩戴多色领带时一般不应超过三种色彩。同时，也尽量少打浅色或艳色领带。色彩过于艳丽的领带用途并不广泛，只有在非正式的社交场合或休闲时使用才不会惹人非议。

一般说来，暖色系的领带给人热情、温暖的感觉；冷色系的领带能表现庄严和冷静的感觉；明亮的领带显得活泼有朝气；暗色的领带显得严肃。

3. 图案

适用于正式场合佩戴的领带，其图案应规范、传统。主要是单色无图案的领带为主，也可以是以条纹、圆点、方格等规则的几何形状为主要图案的领带。印有人物、动物、植物、花卉、房屋、景观、怪异神秘图案的领带仅适用于非正式场合。印有广告、团体标识、家族徽记的领带不要乱用。领带图案大致分为三种：

（1）斜条纹的领带，是传统的领带图案。给人正直、权威、稳重、理性的印象，常用于正规场合。例如，在谈判、演讲、开会、主持会议的场合使用。

（2）格子与点状的领带，给人中规中矩、按部就班的印象，适合在初次约会见面或会见上司和长辈时使用。

（3）不规则图案的领带，如抽象画、几何图形、花鸟等图案，给人有创意、有个性、有朝气和流行的感觉。这类领带最好是在非正式的酒会或者是在下班后的约会、朋友聚餐时使用。

4. 款式

领带的款式，即其形状外观。一般来说有宽窄之分，主要受时尚左右。选择领带时，应注意最好使领带的宽度与自己身体的宽度成正比，而不要反差过大。领带的款式往往受到时尚的左右。

领带有箭头与平头之分。下端为箭头的领带，显得比较传统、正规。下端为平头的领带，则显得时髦、随意一些。除了要尽量与流行保持同步以外，根据常规，领带的宽窄最好与本人的胸围及西装上衣的衣领形成正比。

简易式的领带，如“一拉得”领带、“一挂得”领带等，均不适合在正式的商务活动中使用。有时，领带与装饰性手帕会被组合在一起成套销售。与领带配套使用的装饰性手帕，最好与其面料、色彩、图案完全相同。

（二）领带的佩戴

1. 结法

打领带结的基本要求是挺括、端正，并且在外观上呈倒三角形。领带结的具体大小，最好与衬衫衣领的大小形成正比。出席正式场合时，务必要提前收紧领带结。领带最常见的打法有平结系法、交叉结系法、双环结系法与温莎式系法。

（1）平结。这种领结是所有领带打法中最容易的，可以与各种款式的衬衫及领带搭配。

正确打法是将领带窄的一边保持在身体右侧，将宽的一边压在窄的一边上面，用宽的一边围绕窄的一边一圈，然后将宽的一边从领口的环形部下面穿过，宽边再穿过其环绕的环形孔拉紧、拉直，即可完成结型，如图 2-15 所示。

图 2-15　平结系法

（2）交叉结。“交叉结”适用于单色素雅质料且较薄领带，喜欢展现流行感的男士不妨多加使用。

正确打法是将领带宽的一边保持在身体左侧，将窄的一边压在宽的一边上面，把窄的一边压过宽的一边一圈，拉紧从右领口向内绕，穿过左领从左侧向下拉，拉到上方，再穿过其环绕的环形孔拉紧、拉直，即可完成结型，如图 2-16 所示。

图 2-16　交叉结系法

（3）双环结。这种领结适合使用质料柔软的细款领带、常用于浪漫扣领及尖领系列衬衫。双环结颇能营造时尚感，适合年轻的上班族选用。

正确打法是将领带绕于颈上，领带窄的一边保持在身体右侧，宽的一边先预留较长的空间，将宽的一边压在窄的一边的上面，用宽的一边围绕窄的一边两圈，在绕第二圈时近量贴合在一起，并环绕到领口的环形部，从下面穿过，宽边再穿过其环绕的环形孔拉紧、拉直，即可完成此款结型，如图 2-17 所示。

图 2-17　双环节系法

（4）温莎结。据说是英国著名的温莎公爵发明的系法，所以是最正统的领带打法。此种结型因其宽度较一般结型宽，因此适合用于宽领型的衬衫。应避免材质过厚的领带，领结也勿打得过大。

正确打法是将领带窄的一边保持在身体右侧，将宽的一边压向窄的一边后，先在窄的一边一侧从领口绕出来，然后再回到宽的一边一侧从领口绕向自己一圈，再围着窄的一边绕一圈，让宽的一边穿过这个环形孔拉紧、拉直，即可完成此款结型，如图 2-18 所示。

2. 位置

将领带打好后，须将其置于适当的位置。领带应处于西装上衣与衬衫之间，在西装上衣与衬衫之间加穿西装背心、羊毛衫或羊绒衫时，应将领带置于西装背心、羊毛衫、羊绒衫与衬衫之间，不要让领带溢出西装上衣之外。领带应在西装脖领间的 V 字区的中心，领结要饱满，与衬衫的领口吻合要紧凑，如图 2-19 所示。

3. 长度

领带打好后，必须长短适度。标准的长度是领带系好之后，下端的大箭头正好垂到皮带扣处为准。这样，当外穿的西装上衣系上扣子后，领带的下端便不会从衣襟下面“探头探脑”地显露出来。当然，领带也别打得太短，不要让它动不动就从衣襟上面跳出来。领带系好后，不可将其末端塞入裤腰带，这是极不雅观的做法，如图 2-20 所示。

图 2-18　温莎结系法

图 2-19　领带结位置

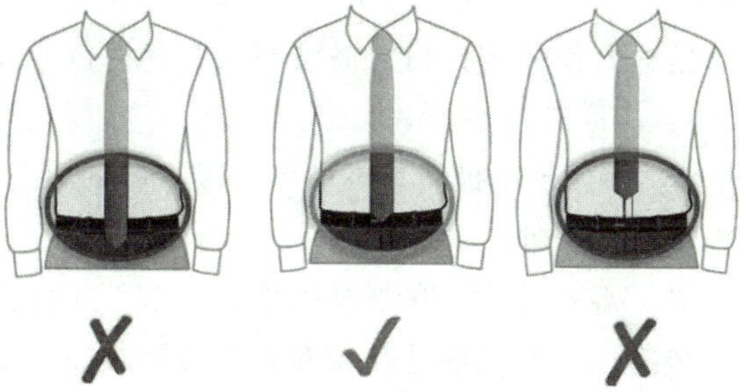

图 2-20　领带长度

4. 配饰

依照惯例，打领带时没有必要使用任何饰物。有时为了减少领带在行动时任意飘动带来的不便或为了不使其妨碍本人工作、行动，可酌情使用领带饰物。领带饰物的基本作用是固定领带，其次才是装饰。常见的领带佩饰是领带夹，选择时应多考虑金属质地制品，并要求素色为佳，形状与图案要雅致、简洁。

领带夹主要用于将领带固定于衬衫上。使用领带夹的正确位置，是将其夹在领带打好后的“黄金分割点”上，即在领带结朝下的 3/5 处，约在衬衫自上而下的第 3 粒至第 4 粒纽扣之间，如图 2-21 所示。西装系好纽扣后，不能让领带夹外露。使用领带的配饰，数量上应以一件为限，千万不要同时使用多件，更不要滥用、乱用。

图 2-21　领带结位置

5. 场合

打领带有其适用的特定的场合。在上班、办公、开会或走访等执行公务的场合，以打领带为好。在参加宴会、舞会、音乐会时，为表示尊重主人，亦可打领带。在休闲场合，通常是不必打领带的。一般而言，穿西服套装必须打领带。在非正式活动中穿西装背心时，可以打领带。不穿西装的时候，例如穿风衣、大衣、夹克、毛衣、短袖衬衫时，通常是不宜打领带的。

二、丝巾

女性永远是时尚的创造者，可塑性极强的丝巾也就是手中不可或缺的配饰。丝巾在女性服饰搭配中起着举足轻重的作用。巧妙的丝巾搭配能让着装风格瞬间变换。挑选多种材质和尺寸、色调协调的丝巾，配合不同的系法，会使服装永不落伍，常穿常新。在工作场合，用丝巾搭配正装，使女性端庄的气质中突显出个性化的亮色。

（一）丝巾的挑选

1. 面料

丝巾因制成的材质、编织方法以及织线的种类不同，织成后的编织花纹也各不相同，看起来感觉也有很大差异。这些都决定了丝巾的手感、质感、重量以及张力。丝巾按材质划分，通常可分为以下几种：

（1）丝绸丝巾。丝绸制成的丝巾富有光泽且多带有自然的褶皱，看起来非常的漂亮。并且由于是由天然材料制成，不会引起静电，保温性好，且富有垂感，适合在正式场合佩戴。

（2）棉丝巾。棉制丝巾透气、吸汗，最适合在春夏季节佩戴。棉料多用于制作具有民族风情的长丝巾，特点是适合作休闲打扮，清洗时会褪色，注意不要与其他衣物放在一起清洗，避免其他衣物被染色。

（3）毛丝巾。多用于制披肩和围巾。在极少数的情况下会被用来制丝巾。特点是保暖性非常好，多用于制秋冬季节的服饰。

（4）麻丝巾。盛夏时节，麻制丝巾最受欢迎。不仅佩戴后感觉清爽，看起来也是相当的清爽，非常适合与夏装搭配。对长期处在装有空调的环境中的女性朋友来说，麻制丝巾是必不可少的。但是麻制丝巾很容易起皱，因此在佩戴的时候要多加注意。

（5）化纤丝巾。聚酯、丙烯基和尼龙等化学纤维制成的丝巾很便宜，因而非常普及。这类丝巾在某些场合也大受青睐。例如，有专门在运动时使用的化学纤维丝巾，吸汗且干得非常快。还有防晒用的 UV 化学纤维丝巾等。建议根据用途的不同来选购这类丝巾。

2. 花色

丝巾是和自己的脸色比较靠近的服饰装饰品，所以丝巾颜色的选择一定要考虑自身的肤色。在挑选丝巾时，首先将其贴近脸部，看其与脸色是否相配。如果与脸色不配就尽量不要选择这款丝巾了。不合适的颜色会让自己的肤色显得黯淡、无光泽。

大部分亚洲人都是偏黄肤色，容易凸显面部肌理，普遍看起来没有精气神，显老。所以在挑选颜色时，应当选择与皮肤的颜色相协调，能够衬托肤色、提升气色的颜色。

很多丝巾上面都印有图案。雍容高贵的女士可以选择有东方艺术品气质的丝巾；端庄大气的女士可以选择千鸟格纹的丝巾；比较性感又有神秘气息的女士可以选择豹纹、斑马纹的丝巾；华丽的女士可以选择大花朵图案；温柔的女士可以选择小花朵图案；优雅知性的女人可以选择波点图案；中性偏男孩子气息的女士可以选择简单的条纹或者几何图形类的丝巾。

丝巾花色的选择，也要根据所搭配的服装颜色来决定。黑色套裙配中性色系丝巾，这样的搭配整体感强，但搭配不慎会造成整体色彩黯淡；纯色衣服搭配印花丝巾时，最根本的指导原则就是丝巾上至少要有一个颜色和衣服的色彩相同。

印花衣服和丝巾上都有印花时，搭配的花色有“主”“副”之分，如果衣服和丝巾都是有方向性的印花，则丝巾的印花应避免和衣服的印花重复出现；印花衣服搭配纯色丝巾时，可挑选衣服印花上的某一个颜色为丝巾色，或者选择衣服上最明显的一个颜色，用这个颜色的对比色去挑选合适的丝巾，黑白花色除外。

（二）丝巾的佩戴

1. 丝巾的系法

职业装丝巾的系法主要是为职业的需求而选择的系法，较常见有简约的平结式系法、玫瑰花式系法。

（1）平结。采用平结系法时，丝巾折叠的宽度要根据颈部比例而定，太细或者太宽的会导致整条丝巾失去平衡感。搭配正装时，可选用尺寸比较小的丝巾，这样能体现出干练的气息。而搭配套装或者冬装时，最好选用尺寸稍大一些的丝巾。采用平结式系法时，丝巾的两端可以垂在前面或斜向左边，增加丝巾褶的垂感会更加协调美观。

正确的系法是：首先将丝巾按照对角折叠法折叠成长条形；将丝巾佩戴在颈部，两端交叉。上方的一端拉长一些，从短的一端下方向上穿出系一个结；再将穿出的一端绕过短的一端再系一个结。调整丝巾两端的形状，使左右两端对称，如图 2-22 所示。

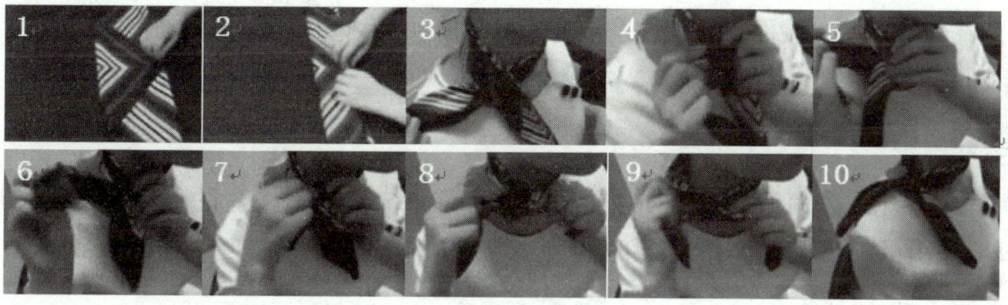

图 2-22　平结系法

（2）玫瑰花结。采用玫瑰花结系法时，最好选用尺寸稍大并具有一定弹性的丝巾，可以使“花朵”形状更饱满。带有镶边的丝巾更能突出丰富的层次感。由于在颈间所占空间较大，因此不宜穿高领口及领部或胸前设计繁复的款式。玫瑰花式系法非常简单，而且系好之后拥有自然的花朵，能突出有层次的丝巾褶皱。

正确的系法是：首先把方形丝巾相对的两个角打一个小结，再将看剩下的另外两个角放置于所打的小结下方交叉，并且旋转；然后把旋转后的两个角从结上捏住，把结往下推，顶端整理后，就自然形成一朵漂亮的玫瑰花形，如图 2-23 所示。

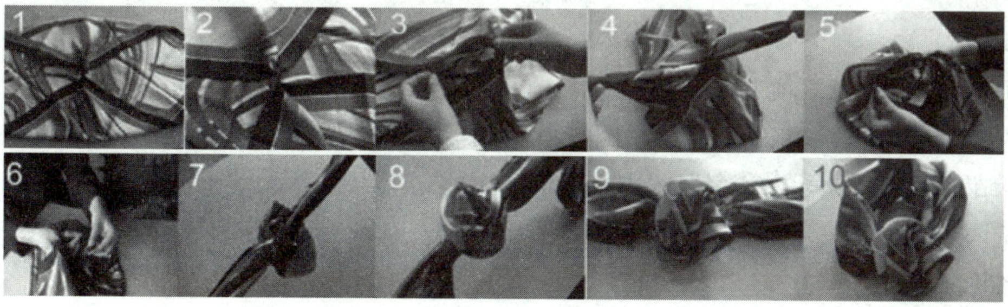

图 2-23　玫瑰花结系法

2．不同脸型的丝巾搭配

（1）圆形脸。圆形脸的人，往往给人的感觉圆润。想让脸部轮廓看来清爽消瘦一些，就要将丝巾下垂的部分尽量拉长，强调纵向感。

（2）长形脸。这种脸形的人在佩戴丝巾时，左右展开的横向系法能展现出领部朦胧的飘逸感，并减弱脸部较长的感觉。不要围得过紧，尽量让丝巾自然地下垂，渲染出朦胧的感觉。

（3）倒三角形脸。这种脸形的人，给人一种严厉的印象和面部单调的感觉。此时可利用丝巾让颈部充满层次感。可以系一个华贵的系结款式，会有很好的效果。注意减少丝巾围绕的次数，下垂的三角部分要尽可能自然展开，避免围系得太紧，并注重花结的横向层次感。

（4）四方形脸。这种脸形的人，给人缺乏柔媚的感觉。系丝巾时尽量做到颈部周围干净利索，并在胸前打出些层次感强的花结，再配以线条简洁的上装，演绎出高贵的气质。

实训

一、实训准备

1．一间礼仪实训室，墙面装有长度及地的镜子，能从头到脚照到训练人员。

2．职业装、领带、丝巾等。

二、实训背景

小周和同事将代表公司与外商洽谈业务。为了更好地完成这次任务，小周既要符合商务活动礼仪要求，又要展示员工的职业风采与良好的企业形象，特意为工作装搭配合适的领带与丝巾。

三、实训步骤

1．学生每2人为一个单位，进行分组。

2．教师组织学生观看教学视频，进一步了解和掌握领带、丝巾的常用系法。教师进行领带、丝巾系法的步骤讲解与示范，强调领带、丝巾系法的要领和技巧。

3．学生面对镜子，整理个人仪容仪表，练习常见的四种领带系法和两种职业丝巾系法。

（1）领带的系法：

①平结。

②交叉结。

③双环结。

④温莎结。

（2）领带系法的注意事项：

①领带结要求挺括、端正、饱满，呈倒三角形。

②领带结在西装衣领间的V字区的中心。

③领带下端的大箭头，垂到皮带扣中心位置。

（3）丝巾的系法：

①平结。

②玫瑰花结。

（4）丝巾系法的注意事项：

①丝巾折叠的宽度要适中。

②丝巾结放置在衣领 V 字区的中心或左侧。

③丝巾的长短要适中，丝巾自然下垂。

4. 每组的两名同学互相进行整理与检查，指出领带、丝巾系法的错误，并加以纠正。

四、训练总结

1. 以小组为单位，进行评选活动。由教师进行综合评价，撰写实训报告。

2. 对照学习评价表，为自己的训练成果打分数。

学习评价表

被考评人						
考评地点						
考评内容	领带与丝巾训练					
考评标准	考评内容		分值 / 分	自我评价 / 分	小组评议 / 分	实际得分 / 分
	领带	平结系法	10			
		双环结系法	10			
		交叉结系法	10			
		温莎结系法	20			
	丝巾	平结	20			
		玫瑰花结	10			
	整体搭配		20			
合计			100			

注：考评满分为 100 分，85 分以上（包含 85 分）为优秀；75 ～ 84 分为良好；60 ～ 74 分为及格。

情境六　站姿礼仪

情境导入

航空公司在杭州组织了一场“空少”的招聘会，招聘会吸引了全国各地 200 多名年轻的小伙子前来报名。进入面试场，“稍息、立正！”随着响亮的口号声，首先是站姿考核。一些小伙子虽然长相俊朗，但站姿却不怎么雅观，有几个甚至还在不自觉地抖腿。一位现场的面试官说：“站姿反映出一个人的基本素养，也能看出一个人对待一件事情的态度。”据了解，此次面试在站姿这一考核环节，就淘汰了 70% 的应聘者。

【思考】

（1）面试时，站姿礼仪标准有哪些方面？

（2）在日常生活中，你的站姿标准吗？请加以示范。

学习目标

- 熟练掌握站姿的基本要领。
- 熟练掌握站姿的手位、脚位及常用服务站姿种类。
- 培养服务人员良好的站姿体态和职业形象。

相关知识

视频 站姿的基本要求

视频 男服务人员站姿要求

视频 前手式站姿

视频 背手式站姿

在服务的过程中，站立的姿势是服务人员最基本的举止。站姿属于以静为主的动作，“站如松”虽然要求站立要像傲然挺立的松树一样，但也不能太过死板。良好的站立姿态，可以体现出服务人员良好的个人素质和职业形象。

一、站姿的基本要求

头容正，肩容平，胸容宽，背容直。双目平视，下颌微收，面带微笑。挺胸，收腹，立腰。双肩放松，双臂伸直自然下垂。手指自然弯曲，放在身体两侧。

站姿的基本美学原则是：男士要挺拔、庄重；女士要舒展、优雅。要想达到这些美学标准，必须要经过长期坚持、严格训练。

（一）男服务人员站姿要求

1. 标准式站姿

身体正直站立，下颌微收，双目平视；挺胸抬头，收腹立腰；双臂自然下垂，置于身体两侧；双腿自然并拢，两膝绷直并严，两脚跟并拢，两脚尖呈 V 字形，如图 2-24 所示。

2. 前手式站姿

身体立直，双手在体前相握。右手手握空拳，大拇指内扣；左手四指并拢，虎口张开，搭握在右手腕处。双臂自然下垂，放置体前。两膝并严，脚跟靠紧，脚掌分开呈 V 字形。如图 2-25 所示。

3. 背手式站姿

身体立直，双手搭握，背于体后。两腿左右开立，两脚间距应比肩宽略窄一些，如图 2-26 所示。

图 2-24　标准式站姿

图 2-25　前手式站姿

图 2-26　背手式站姿

（二）女服务人员站姿要求

1. 标准式站姿

双臂自然下垂，下颌微收，双目平视。两脚并拢，两膝绷直并严，挺胸抬头，收腹立腰，如图 2-27 所示。

2. 前腹式站姿

也可称为丁字步站姿。右手搭握在左手手指部分，使左手四指不外露，左右手大拇指内收在手心处，四指并拢，双手虎口合实，稍向上提，叠置于小腹处。双脚呈丁字步，两脚尖稍稍展开，一只脚略前，另一只脚略后，前脚的脚后跟稍稍向后脚的脚背靠拢，后脚的膝盖向前方膝盖靠拢，双膝并拢，两腿夹紧，如图 2-28 所示。

视频

女服务人员站姿要求

视频

前腹式站姿

图 2-27 标准式站姿

图 2-28 前腹式站姿

二、站姿的注意事项

（1）在站立的过程中，要尽量避免其僵硬化，肌肉不能绷得太紧，可以适宜地变换姿态，追求动感美。静中有动，庄重也不失灵动。

正式场合站立时，不可将双手插在裤袋里，这样显得过于随意。

（2）站立时，不可歪倚斜靠门、墙、廊柱等，给人站不直、十分慵懒的感觉。双手在交谈的过程中，可以自然地带一些手势，但是动作幅度不要太大。

（3）不要将手插入衣袋或者裤袋里，或者交叉抱在胸前、叉在腰间，更不能下意识地做小动作，如双手发抖、抠指甲、弄衣服角。

（4）站立时，不要耸肩驼背、弓腰缩胸、东倒西歪、左摇右晃、四脚拉叉。

（5）女性不可双膝分开；男性不可双腿叉得太开，两腿之间的距离以本人的肩宽为宜。

（6）站立时，不可有下意识的小动作，否则会给人一种拘谨、缺乏自信而又失礼的感觉。

实训

一、实训准备

1. 一间礼仪实训室，墙面装有长度及地的镜子，能从头到脚照到训练人员。

2. 播放器、书、小纸片等。

二、实训背景

在工作情景中，按照站姿礼仪规范正确表达服务站姿。

三、实训步骤

1. 学生以 6 ~ 10 人为一个单位，进行分组，每组选出组长。

2. 在组长的带领下，学生按照之前讲解的站姿理论知识，并结合以下五项要求，面对镜子，展示自己的站姿。

（1）站姿基本要求：

①头正：头顶要平，身体重心要平衡。

②颈直：脖颈挺拔，下颌微收。

③肩平：双肩舒展、放松，微微向后下压。

④挺胸：挺胸立腰，胸部自然舒展。

⑤收腹：腹部收紧，呼吸自然。

⑥提臀：臀部肌肉收缩，微微向上提起。

⑦腿直：双腿并拢，膝关节用力挺直，身体重心上提。

（2）手位：

①双手置于身体两侧。

②右手搭在左手上叠放于体前。

（3）脚位：

① V 字形。

②双脚平行分开不超过肩宽。

③丁字步。

（4）基本站姿：

①男士站姿。

②女士站姿。

（5）站立的注意事项。

3. 教师纠正错误的站姿，并示范和讲解标准站姿。

4. 配乐训练。

站姿训练时伴随优雅、欢快的音乐，调整心境，微笑要自然。训练时要强调学生的眼睛应平视前方。

（1）贴墙站立。

要求后脑、双肩、臀部、小腿肚及脚跟与墙壁紧贴，这种训练是让学生感受到身体上下处于一个平面，长期训练可以使训练者有一个完美的后背。每次训练持续 10 分钟。

（2）背对背站立。

要求两人一组，背对背站立，两人的后脑勺、双肩、臀部、小腿肚、脚后跟紧靠在一起。并且在两人的肩部、小腿部相靠的地方分别夹一张小纸片，确保小纸片不能滑落。每次训练 10 分钟，休息 3 分钟。

（3）头顶书站立。

要求把书本放在头顶中心，头、躯干自然保持平稳，使其保持水平，促使人把颈部挺直，下巴向内收，上身挺直。每次训练 10 分钟，休息 3 分钟。

（4）对镜训练。

要求面对镜子站立，按照站姿的基本要求练习，检查自己的站姿及整体形象，进行自我调整，尽量用心去领悟动作要领。发现问题及时纠正。

四、训练总结

1. 以小组为单位，进行评选活动。由教师进行综合评价，撰写实训报告。
2. 对照学习评价表，为自己的训练成果打分。

学习评价表

被考评人					
考评地点					
考评内容	站姿训练				
考评标准	考评内容	分值 / 分	自我评价 / 分	小组评议 / 分	实际得分 / 分
	头部	10			
	颈部	10			
	肩部	10			
	背部	10			
	手位	20			
	腿部	10			
	脚位	20			
	神态	10			
合计		100			

注：考评满分为 100 分，85 分以上（包含 85 分）为优秀；75 ~ 84 分为良好；60 ~ 74 分为及格。

情境七　坐姿礼仪

情境导入

A 公司的业务员小马手拿企业新设计的产品样品，兴冲冲地来到 B 公司刘经理的办公室，“刘经理，这是我们企业设计的新产品，请您过目。”小马说。刘经理接过小马递过的样品，随口赞道：“不错，很有科技感的产品！”并请小马坐下，倒上一杯茶递给他，然后拿起产品仔细研究起来。小马看到刘经理对新产品如此感兴趣，如释重负，便往沙发上一靠，跷起二郎腿，一边抖腿一边悠闲地环视着刘经理的办公室。当刘经理向他询问产品功能性时，小马习惯性地用手搔了搔头皮。虽然小马作了较详尽的介绍，刘经理还是有点半信半疑。刘经理摇了摇头，托词离开了办公室，只剩下小马一个人。过了一会儿，门被推开，进来的却不是刘经理，而是办公室秘书。

【思考】

（1）请结合案例分析，小马生意没有谈成的原因主要是什么？

（2）规范的坐姿礼仪应注意哪些方面？

学习目标

- 熟练掌握坐姿的基本要领。
- 熟练掌握入座、离座礼仪规范。
- 培养服务人员良好的坐姿体态和职业形象。

相关知识

优雅的坐姿传递着自信、友好、热情的信息，同时也显示出高雅庄重的良好职业风范。正确规范的坐姿要求端庄而优美，给人以文雅、稳重、自然大方的美感。

一、坐姿的基本要求

坐在椅子上时，神态从容自如，嘴唇微闭，下颌微收，双肩平正放松，立腰、挺胸，上体自然挺直。坐满椅子的 2/3，两臂自然弯曲放在腿上，亦可放在椅子或沙发扶手上，以自然得体为宜，掌心向下。双膝自然并拢，双腿正放或侧放，双脚并拢或交叠或成小 V 字形。

谈话时应根据交谈者方位，将上体双膝侧转向交谈者，上身仍保持挺直，不要出现自卑、恭维、讨好的姿态。讲究礼仪要尊重别人但不能失去自尊。

视频

男士坐姿要求

（一）男士坐姿要求

身体端正，上身挺直，坐满椅子的 2/3，双腿分开，但不得超过肩宽，小腿垂直于地面。双手四指并拢，虎口微张，放置于大腿前端或者扶手上，掌心向下，如图 2-29 所示。

（二）女士坐姿要求

视频

女士坐姿要求

1. 标准式坐姿

身体端正，上身挺直，坐满椅子的 2/3，双脚并拢，双膝夹紧，双手叠放于裙摆中央处，小腿垂直于地面，如图 2-30 所示。

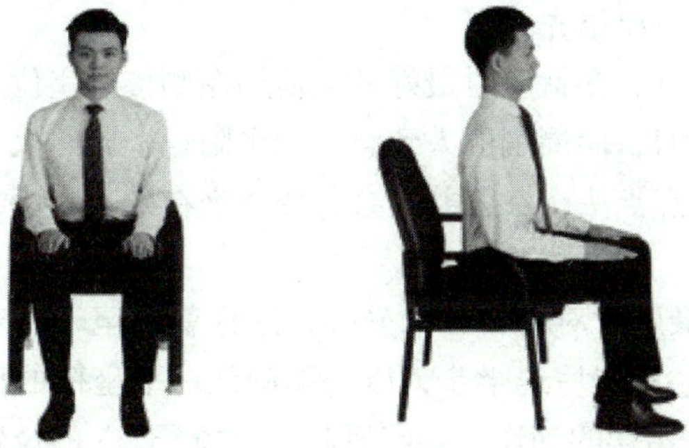

图 2-29　男士坐姿

图 2-30　标准式坐姿

视频

斜放式坐姿

2. 斜放式坐姿

身体端正，上身挺直，坐满椅子的 2/3，双脚并拢，双膝夹紧，将双脚向左侧或右侧斜放，斜放后的腿部与地面成 45°。这种坐姿适合穿裙装的女士在较低处就座时采用，如图 2-31 所示。

视频

叠放式坐姿

3. 叠放式坐姿

身体端正，上身挺直，坐满椅子的 2/3，将双腿上下交叠在一起，叠放后的两腿之间没有任何缝隙，犹如一条直线。双脚斜放于左侧或者右侧，斜放后的腿部与地面成 45°。这种坐姿适合穿裙装的女士就座时采用，如图 2-32 所示。

4. 交叉式坐姿

身体端正，上身挺直，坐满椅子的 2/3，双膝并拢，双脚在脚踝处交叉。交叉后的双脚可以内收，也可以斜放。女士坐在办公室或车上时，比较适合采用这种坐姿，如图 2-33 所示。

视频

交叉式坐姿

图 2-31　斜放式坐姿

图 2-32　叠放式坐姿

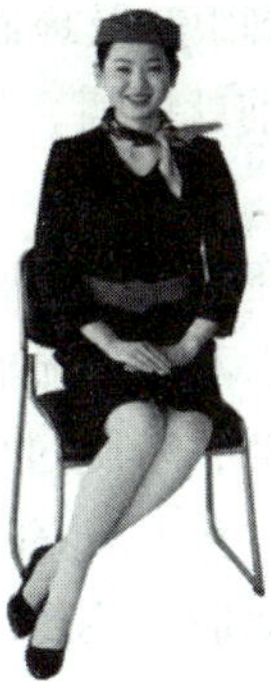

图 2-33　交叉式坐姿

二、入座和离座的基本要求

1. 入座时的基本要求

视频

入座的基本要求

（1）在别人之后入座。一个人入座时，无所谓顺序，多人一起就座时就要考虑入座顺序的问题。一般情况下，和他人同时入座时，客人、长辈、领导、女士须优先入座。入座时要注意方位，分清座位的尊卑，主动让上座，把面门的座位、居中的座位、舒适的座位、居右的座位让给尊者。先请对方入座，自己不要抢先入座。

（2）从座位左侧入座。如果条件允许，在就座时最好从坐椅的左侧接近座位。这样做，是一种礼貌，而且也容易就座。在就座时，向周围的人致意，如果附近坐着熟人，应该主动跟对方打招呼。即使不认识，也应该先点点头。在公共场合，要想坐在别人身旁，还必须征得对方的允许。要放轻动作，不要使坐椅乱响。

（3）以背部接近坐椅。在别人面前就座，最好背对着自己的坐椅，这样就不至于背对着对方。得体的做法是：先侧身走近坐椅，背对着站立，右腿后退半步，以小腿确认一下坐椅的位置，然后轻稳地坐下。女士穿裙装时，入座时须伴随轻抚裙摆的动作。入座后需坐满椅子 2/3 的位置，宽座沙发则坐 1/2 位置，收左脚，脚尖平行向前，两腿自然弯曲，两脚平落于地面，落座后至少 10 分钟左右时间不要靠椅背。时间久了，可轻靠椅背。必要时，可用一只手扶座椅的把手。

2. 离座时的基本要求

视频

离座的基本要求

（1）事先说明。离开坐椅时，身边如果有人在座，应该用语言或动作向对方先示意，随后再站起身来。

（2）注意先后。和别人同时离座，要注意起身的先后次序。地位低于对方时，应该稍后离座。地位高于对方时，可以首先离座。双方身份相似时，可以同时起身离座。

（3）起身缓慢。起身离座时，右脚向后退半步，然后起立站起，收右脚，最好动作轻缓，不要“拖泥带水”，弄响坐椅，或将椅垫弄掉在地上。必要时，起身后轻轻扶正坐椅。

（4）从左离开。和“左入”一样，“左出”也是一种礼节。

三、坐姿的注意事项

（1）入座后，不要弯腰驼背、东倒西歪、前俯后仰。不要将双手抱于胸前或脑后，双手夹在大腿间或手抱膝盖等。

（2）切忌只用脚跟触及地面。坐定后通常不允许仅以脚跟触地，而将脚尖跷起。

（3）在别人面前就座时，切勿反复抖动或者摇晃自己的腿部，以免令人心烦意乱，或者给人以不够稳重的感觉。

（4）入座后，不要双腿呈内八字形，也不能将双腿直伸出去。身前若有桌子，则要防止把双腿伸到其外面。否则，不但有损坐姿的美感，而且还会有碍于他人。

（5）面对别人时，双腿过度地叉开是极不文明的，不管是过度地叉开大腿，还是过度地叉开小腿都是失礼的表现。女士入座时，勿忘轻抚裙摆。入座后双腿务必合拢，以防走光。

（6）入座后，短时间内不要将背靠在椅背上。男士坐的时候膝部可以分开一点，但不要超过肩宽，也不能两腿叉开，半躺在椅子里。

（7）为了贪图舒适，将腿部高高跷起放在桌子上，或者双腿盘在坐椅上都是不妥的。忌以脚踏物，忌以脚钩住桌腿等不文明坐姿。

（8）正式场合时，不要使用大腿叠放式坐姿。如求职面试、与领导谈话等。

（9）采用双腿叠放式坐姿时，切忌脚尖指向他人。坐定后一定要使自己的脚尖避免直指别人，跷脚之时尤其忌讳这一动作。应使脚尖垂向地面，或斜向左右两侧才是得体的。

实训

一、实训准备

1. 一间礼仪实训室，墙面装有长度及地的镜子，能从头到脚照到训练人员。
2. 播放器、椅子、书、小纸片等。

二、实训背景

在工作情境中，按照坐姿礼仪规范正确表达服务坐姿，以及入座、离座规范。

三、实训步骤

1. 学生以 6 ~ 10 人为一个单位，进行分组，每组选出组长。

2. 在组长的带领下，学生按照之前讲解的坐姿理论知识，并结合以下五项要求，面对镜子，展示自己的坐姿。

（1）坐姿的基本要求：

①神态。从容自如，嘴唇微闭。

②头正。头顶要平，双目平视。

③颈直。脖颈挺拔，下颌微收。

④肩平。双肩平正放松。

⑤挺胸。挺胸立腰，胸部自然舒展。坐在椅子上，要立腰、挺胸，上体自然挺直。双脚并拢或交叠或呈小 V 字形。

⑥两臂。自然弯曲放在腿上，掌心向下。

⑦双腿。双膝自然并拢，双腿正放或侧放。

（2）手位：

①双手放在大腿前端。

②双手叠放于裙摆中央处。

（3）脚位：

①标准式坐姿。

②分足式坐姿。

③斜放式坐姿。

④叠放式坐姿。

⑤交叉式坐姿 。

（4）基本坐姿：

①男士坐姿。

②女士坐姿。

3. 教师纠正错误的坐姿，并示范和讲解标准坐姿。播放坐姿礼仪视频，使学生对正确坐姿产生进一步的了解。

4. 配乐训练。

（1）入座练习：

要求入座时，须按规范流程进行，速度适中，既轻又稳，注意入座前右脚退后半步和“左侧入座”原则。女士入座注意轻抚裙摆动作。多次重复训练，形成肌肉记忆。

（2）坐姿练习：

要求按照规范进行坐姿练习。练习在椅子、沙发上的坐姿，练习不同交谈气氛下的各种坐姿的腿部姿势变换。训练过程中，把书本放在头顶中心，头、躯干自然保持平稳，保持上身的挺直。女士双膝要保持夹紧，用一张小纸片夹在双膝间，确保小纸片不能滑落。每次训练 15 分钟，休息 5 分钟。

（3）离座练习：

离座时，须按规范流程进行，注意起身前右脚退后半步和“左侧离座”的原则。注意不要“拖泥带水”，弄响坐椅。离座后，要求有起身后轻轻扶正坐椅的动作。多次重复训练，形成肌肉记忆。

（4）纠错练习：

两人一组，面对面练习坐姿、入座和离座，并指出对方的不足。

（5）对镜训练：

要求面对镜子进行坐姿练习，按照坐姿、入座和离座的礼仪规范，进行自我纠正与调整，重点检查手位、腿位、脚位。

四、训练总结

1. 以小组为单位，进行评选活动。由教师进行综合评价，撰写实训报告。

2. 对照学习评价表，为自己的训练成果打分。

学习评价表

被考评人					
考评地点					
考评内容	坐姿训练				
考评标准	考评内容	分值 / 分	自我评价 / 分	小组评议 / 分	实际得分 / 分
	头部	5			
	颈部	5			
	肩部	5			
	背部	5			
	手位	10			
	腿部	10			
	脚位	10			
	入座	20			
	离座	20			
	神态	10			
合计		100			

注：考评满分为 100 分，85 分以上（包含 85 分）为优秀；75 ~ 84 分为良好；60 ~ 74 分为及格。

情境八 行姿礼仪

情境导入

小黄是A公司的新员工，刚刚入职的他充满活力与朝气，业务能力强，对工作认真负责。这天，小黄接到了公司的接待任务。宾客到达后，小黄面带笑容前去迎接，并简单地进行了自我介绍。在陪同宾客前往会场的途中，小黄得体、大方地走在贵宾的侧前方，用规范的指引手势进行引导，始终保持步伐速度与宾客相协调。遇到上下楼梯、走廊的拐角处，小黄以轻柔的提示、优雅的侧步走表达对宾客的尊重。小黄圆满完成了接待工作，他的表现得到了宾客的一致赞许。

【思考】

（1）小黄在接待工作中的表现，有哪些方面值得我们学习？

（2）优雅的走姿需要注意哪些方面？

学习目标

- 熟练掌握行姿的基本要领。
- 熟练掌握摆臂、步位、步幅及步态规范。
- 培养服务人员良好的走姿体态和职业形象。

相关知识

行姿是一种动态的姿势，是站姿的一种延续，可以展现人的动态美。在日常生活和公众场合中，走路都是浅显易懂的肢体语言，它能够将一个人的韵味和风度表现出来。人们走路的样子千姿百态，有的步伐矫健、轻松、敏捷，使人联想到健康、活力、富有朝气；有的步伐稳健、自然、大方，给人以沉着、斯文的感觉；有的步伐铿锵有力，有的步伐如风一样轻盈，健美的步态可以表现一个人蓬勃向上的精神状态，会给人留下美好的印象。

一、行姿的基本要求

身体直立，收腹挺胸，两眼平视前方，行走迈步时轻而稳，胸要挺，头抬起，两眼平视，步位和步幅合乎标准。应该脚尖向着正前方，脚跟先落地，脚掌紧跟着落地，两腿交替迈步。脚步要干净利索，要“行如风”，步履要轻快，双肩保持平稳，两臂应在身体两侧自然摆动，步幅的大小应根据身高、着装与场合的不同而有所调整。节奏快慢适当，给人一种矫健轻快、从容不迫的动态美。

（一）男士行姿要求

身体挺直，下巴微收，两眼平视，双手自然垂于身体两侧，随脚步以肩关节前后自然摆动。双脚尽量走在两条等宽的直线上，脚尖应对正前方，切忌内八字或外八字。步伐大小以自己足部长度为准，速度不快不慢，尽量不要低头看地面。走路时，腰部应稍用力，收小腹，臀部收紧，背脊挺直，抬头挺胸。气要平，脚步要从容和缓，尽量避免短而急的步伐，鞋跟不要发出太大声响，如图2-34所示。

上下楼梯时，应将整只脚踏在楼梯上，如果阶梯窄小，则应侧身而行。身体挺直，目视前方，不要低头看楼梯，以免与人相撞。走路时如果遇到熟人，点头微笑即可；若要停下步伐交谈，注意不要影响他人的行进。如果有熟人在背后打招呼，千万不要紧急转身，以免紧随身后的人来不及应变。

（二）女士行姿要求

女士行走时，上半身不要过于晃动，应自然而又均匀地向前迈进。手部应在身体两侧自然摇摆，幅度不宜过大，如图2-35所示。

视频

男士行姿

视频

女士行姿

图2-34　男士行姿

图2-35　女士行姿

如果手上持有物品，如手提包等，应将大包挎在手臂上，小包拎在手上，背包则背在肩膀上。雨天拿雨伞时，应将雨伞挂钩朝内挂在手臂上。不宜左顾右盼，经过玻璃窗或镜子前，不可停下梳头或补妆，还要注意不要三五成群，左推右挤，一路谈笑，这样不但有碍他人行路的顺畅，看起来也不雅观。

一些女性由于穿高跟鞋，走路时鞋底经常发出踢踏声，这种声音在任何场合都是不文雅的，容易干扰他人，特别是在正式的场合以及人较多的地方。

二、行姿的种类

（一）前行步

适用于向他人上前问候时。在使用前行步时，要面带微笑，伴随点头致意，并配以适当的问候语言。

（二）后退步

当与他人告别时，应当是先用后退步，再转身离去。一般以退二至三步为宜。退步时，脚轻擦地面，步幅小，协调地往后退。转身时应身先转，稍后一些再转头。

（三）侧行步

一般用于引导客人或在较窄的走廊与人相遇时。引导客人时要尽量走在宾客的左侧前方，保持两三步的距离。左髋部朝着前行的方向，上身稍向右转体，左肩稍前，右肩稍后，侧身向着来宾，在较窄的路面与人相遇时，要侧身避让，将身体转向对方，以示礼貌。

（四）前行左右转身步

在行进中，当要向左（右）转身，要在右（左）脚迈步落地时，以右（左）脚掌为轴心，向左

（右）转体 90°，同时迈左（右）脚。

（五）后退左右转身步

当后退向左（右）转体行进时，如果以左脚先退，要在退两步或四步时，赶在右（左）脚掌为轴心时，向左（右）方向转体 90°，再迈出左脚，继续向前行进。

（六）后退向后转身步

当后退向后转身时，如果以左脚先退，要在退一步或三步时，赶在左脚后退时，以左脚为轴，向右转体 180°，同时右脚后撤移重心，再迈出左脚，继续向前行进。

三、行姿的注意事项

（1）不要内八字和外八字。破坏个人整体气质，腿形也会变得难看，甚至造成 O 形腿或 X 形腿。

（2）不要踢着走。踢着走使脚尖踢到地面，走路的时候腰部很少出力，很像走小碎步一般。

（3）不要压脚走。压脚走时身体重量会整个压在脚尖上，如果长久如此下去，会导致腿肚的肌肉越来越发达，甚至出现罗圈腿。

（4）不要踮着脚尖走路。由于过于在脚尖上用力，会使膝盖因为脚尖用力的关系而太用力于腿肚上，很容易导致萝卜腿。

（5）走路时，不要甩手或把手插入衣袋内，不要倒背着手。

（6）走路不要扭腰摆臀、歪肩晃膀、弯腰驼背，这样有伤大雅，不美观。

（7）走路时大半个身子前倾，动作不美，有损健康。

（8）行走时不要与其他人相距过近，否则容易与他人发生身体碰撞。

（9）走路也不要左顾右盼、盯住行人乱打量或指指点点对别人评头论足。

（10）女士走路时，双脚踩两条平行线走，是有失雅观的。两只脚应踩的是一条线，而不是两条平行线。

实训

一、实训准备

1. 一间礼仪实训室，墙面装有长度及地的镜子，能从头到脚照到训练人员。
2. 播放器、书等。

二、实训背景

在工作情景中，按照站姿礼仪规范正确表达服务行姿。

三、实训步骤

1. 学生以 5 人为一个单位，进行分组，每组选出组长。
2. 观看行姿教学视频，教师讲解行姿要点与注意事项，并加以示范。

（1）行姿的基本要求：

①头正：头顶要平，双目平视。

②颈直：脖颈挺拔，下颌微收。

③肩平：双肩舒展、放松，微微向后下压。

④挺胸：挺胸立腰，胸部自然舒展。

⑤摆臂：以肩为轴，双臂前后自然摆动。

⑥步幅：控制脚步大小，双脚踩直线。

⑦步速：控制速度、节拍，步伐均匀、步态平稳，保持节奏感。

⑧平稳性：保持身体平衡，大腿带动小腿，脚跟先着地，保持步态平稳。

（2）步幅、步态：

①男士：行走时两脚踩两条等宽的平行线。

②女士：行走时两脚内脚线保持在一条直线上。

（3）行姿的种类：

①前行步。

②后退步。

③侧行步。

④前行左右转身步。

⑤后退左右转身步。

⑥后退向后转身步。

（4）行姿的注意事项。

3．配乐训练

（1）摆臂训练。

人直立，保持基本站姿，两手呈半握拳状，两脚不动，原地以肩为轴双臂前后自然摆动，由大臂带动小臂。注意摆动的幅度适度，纠正过于僵硬、以肘为轴摆臂、双臂横摆、同向摆动、单臂摆动、双臂摆幅不等的现象。

（2）步位步幅训练。

在地上画一条直线，行走时上身正直，双脚内侧稍稍碰到这条线，检查自己的步位和步幅是否正确，训练时要双目平视、保持节奏感，纠正"外八字"、"内八字"及脚步过大或过小。

（3）稳定性训练。

将书本放置于头顶中心，用左、右手轮流扶住，在能够掌握平衡之后，再放下手进行行姿练习，保持行走时头正、颈直、目不斜视，注意保持书本不要掉下来。通过训练，使背脊、脖子竖直，上半身不随便摇晃。女生需穿 3 ~ 5 厘米的高跟鞋进行训练，以强化训练效果。

（4）协调性训练。

配以节奏感强的音乐，行走时注意掌握好走路的速度、节拍，保持身体平衡，双臂摆动对称，动作协调。

（5）变向行走训练。

进行前行步、后退步、侧行步、前行左右转身步、后退左右转身步和后退向后转身步等行姿练习，注意步幅、步态以及整体的协调性。

（6）情景训练。

练习拿文件夹、公文包、拉杆箱行走。模拟不同的特殊场合，练习不同特殊场合下的行姿。

（7）对镜训练。

要求面对镜子进行行姿练习，按照行姿的礼仪规范进行自我纠正与调整，重点检查摆臂、步位、步幅、稳定性及协调性。

4．教师纠正错误动作和不足之处。

5．每组学生进行行姿展示，其他组学生观摩，并加以评价。

四、训练总结

1．以小组为单位，进行评选活动。由教师进行综合评价，撰写实训报告。

2．对照学习评价表，为自己的训练成果打分。

学习评价表

被考评人					
考评地点					
考评内容	行姿训练				
考评标准	考评内容	分值 / 分	自我评价 / 分	小组评议 / 分	实际得分 / 分
	头部	10			
	颈部	10			
	肩部	10			
	背部	10			
	摆臂	10			
	步幅	10			
	步速	10			
	步态	10			
	平稳性	10			
	神态	10			
合计		100			

注：考评满分为 100 分，85 分以上（包含 85 分）为优秀；75 ~ 84 分为良好；60 ~ 74 分为及格。

情境九　蹲姿礼仪

情境导入

这天，B 公司的胡经理来到 A 公司参加业务洽谈会，秘书小孟负责接待工作。胡经理带来了一摞产品介绍的资料，小孟主动接过资料，便引导胡经理前往会议室。在行进的过程中，一份资料不慎滑落到地上，小孟连忙把手中的一摞资料夹到腋下，半曲着腿弯下腰，一只手撑着膝盖，伸出另一只手去够地上的资料。拾起后，拍了拍资料上的灰尘，吃力地直起了腰。这一切胡经理看在眼里，不禁摇了摇头。

【思考】

（1）上述案例中，秘书小孟的仪态有什么问题？

（2）服务过程中，服务人员怎样塑造得体的蹲姿体态？

学习目标

- 熟练掌握蹲姿的基本要领。
- 熟练掌握不同蹲姿类型的服务规范。
- 培养服务人员良好的蹲姿体态和职业形象。

相关知识

蹲姿虽然不像站姿、坐姿、行姿那样频繁使用，但也是不能忽视的体态。有时铁路客运服务人员不得不蹲下去，拾一些东西，但一般人比较习惯随意地弯下腰，使臀部向后翘起，上身向前倒，看上去实在不雅观，也不礼貌，而且容易损伤腰部的肌肉。注意自己举止的人，尤其是女士，应该注意蹲的姿态。

一、蹲姿的基本要求

一只脚在前，另一只脚在后向下蹲下，前一只脚的小腿垂直于地面，用全脚撑地，两大腿紧靠，后一只脚的脚跟提起，并用前脚掌撑地；前脚的膝盖高于后脚的膝盖，臀部向下，上身基本保持直线，稍向前倾。也可以两脚并拢弯下，膝盖朝下蹲，臀部向下，上身保持直线。

视频

蹲姿的基本要求

男士下蹲时，两腿间可有适当距离，如果能注意到头、胸和膝关节的角度，会使蹲姿更加优美。女士下蹲时，一定要将两腿靠紧，臀部向下。尤其在穿裙装时，如不注意背后的上衣自然上提，露出臀部皮肤或内衣是很不雅观的。

二、蹲姿的种类

（一）高低式蹲姿

视频

高低式蹲姿

右脚在前，全脚着地，左脚稍后，左脚脚掌着地，左脚脚跟提起。左膝低于右膝，左膝内侧靠于右小腿内侧，形成右膝高、左膝低的姿态。女性应并紧双腿，男士则可以适度分开。这种蹲姿既方便又优雅，如图 2-36 所示。

（二）交叉式蹲姿

视频

交叉式蹲姿

这种蹲姿只适用于女士，尤其适用于女士穿裙装时采用。女士下蹲时，双腿交叉站立，左脚在前，右脚在后。左腿在上，右腿在下，两腿交叉重叠，上身稍向前倾，臀部向下。然后上半身重心下移，稳稳地蹲下，双手相叠置于裙摆中央处。左脚在前，全脚着地，左小腿垂直于地面；右膝由后下方伸向左侧，右脚在后，右脚脚掌着地，右脚脚跟抬起；两腿前后紧靠，合力支撑身体，如图 2-37 所示。

下蹲拾物时，应该走到物品的左边，让物品位于身体的右侧，腿取半蹲姿态。下蹲时，两腿膝盖以上靠紧或右腿压住左腿，慢慢地屈膝并且腰部用力下蹲。不弓背，伸出右手拾起物品，如图 2-38 所示。

图 2-36 高低式蹲姿

图 2-37 交叉式蹲姿

图 2-38 下蹲拾物

视 频

下蹲拾物

三、蹲姿的注意事项

（一）不要突然蹲下

当要下蹲时，不要速度过快，冒冒失失地下蹲不符合礼仪要求。尤其是当在行进中需要下蹲时，应该特别注意这一点。

（二）切勿离人太近

下蹲时，不要离人太近，应与身边的人保持一定的距离。和他人同时下蹲时，更不能忽略双方的距离，以免彼此“迎头相撞”或发生其他误会。

（三）注意下蹲的方位

下蹲时，还要注意不要方位失当。在他人身边下蹲时，最好选择与他人侧身相向。正对他人或者背对着他人下蹲，通常都是不礼貌的。

（四）避免毫无遮掩

女士下蹲时，尤其对于穿着套裙的女士而言，一定要避免下身毫无遮掩的情况，特别要防止双腿叉开的情况，双腿平行叉开下蹲显得很不文雅，在公共场所更不该采用这样的蹲姿；女性穿着低领上装时，要用一只手护住胸口，否则一旦暴露，不仅是对别人不礼貌的行为，还会影响到自己的形象。

（五）注意拾物的细节

拾物时不要东张西望，否则会让人猜疑；不要有弯腰屈背、不雅的翘臀姿态，否则会影响形体美观。

实训

一、实训准备

1. 一间礼仪实训室，墙面装有长度及地的镜子，能从头到脚照到训练人员。
2. 播放器、书本、钥匙、名片、小纸片等。

二、实训背景

在工作情景中，按照蹲姿礼仪规范正确表达服务蹲姿。

三、实训步骤

1. 学生以 6 ~ 10 人为一个单位，进行分组，每组选出组长。

2. 在组长的带领下，学生按照之前讲解的蹲姿理论知识，并结合以下五项要求，面对镜子，展示自己的蹲姿。

（1）蹲姿基本要求：

①头正：头顶要平，双目平视。

②颈直：脖颈挺拔，下颌微收。

③肩平：双肩平正放松。

④挺胸：挺胸立腰，胸部自然舒展，上身保持正直。

⑤双腿：两大腿紧靠，后一只脚的脚跟提起，并用前脚掌撑地，双膝自然并拢。

⑥臀部：臀部向下，上身基本保持直线，稍向前倾。

（2）手位：

①双手放在大腿前端。

②双手叠放于裙摆中央处。

（3）脚位：

①高低式蹲姿。

②交叉式蹲姿（只适用于女士）。

（4）基本蹲姿：

①男士蹲姿。

②女士蹲姿。

（5）蹲姿的注意事项。

3. 教师纠正错误的蹲姿，并示范和讲解标准蹲姿。播放蹲姿礼仪视频，使学生对正确蹲姿产生进一步的了解。

4. 知识拓展。

启发学生思考以下几个问题：

（1）人们在日常生活或服务过程中，有哪些情景会运用到蹲姿？如拾物、蹲式服务等。

（2）如何把拾物、蹲式服务等蹲姿运用得得体？

拾物三要点：迅速、美观、大方。

用右手捡东西，可以先走到东西的左边，右脚向后退半步后再蹲下来。脊背保持挺直，臀部一定要蹲下来，避免弯腰翘臀的姿势。男士两腿间可留有适当的缝隙，女士则要两腿并紧，穿旗袍或短裙时须更加留意，以免尴尬。

拾物蹲姿应注意以下几个方面：

①下蹲时，应自然、得体、大方，不遮遮掩掩。

②下蹲时，两腿合力支撑身体，避免滑倒。

③下蹲时，应使头、胸、膝关节在一个角度上，使蹲姿优美。

④女士无论采用哪种蹲姿，都要将腿靠紧，臀部向下。

（3）请几位学生展示拾物、蹲式服务等蹲姿，教师纠正错误动作和不足之处，并示范和讲解标准拾物、蹲式服务等蹲姿。

（4）在老师的指导下，分组练习拾物、蹲式服务等动作。

5. 配乐训练。

（1）基本蹲姿练习。

练习不同的蹲姿，重点强调上身挺直。女士双腿不能分开，可以用一张小纸片夹在双腿间，从始至终确保小纸片不能滑落。

（2）裙装蹲姿练习。

女生着重练习穿裙装蹲姿。穿 3 ~ 5 厘米的高跟鞋进行训练，以强化训练效果。

（3）拾物练习。

行走时，有时需要下蹲捡物品，例如捡书本、捡钥匙、捡名片等。要注意捡东西时的要上身挺直，拾物时留意手臂动作的细节处理。

（4）纠错练习。

两人一组，分组面对面练习蹲姿，并指出对方的不足。

（5）对镜训练。

要求面对镜子，进行蹲姿练习。按照蹲姿服务、拾物礼仪规范进行蹲姿自我纠正与调整，重点检查手位、腿位、脚位等细节。

四、训练总结

1. 以小组为单位，进行评选活动。由教师进行综合评价，撰写实训报告。

2. 对照学习评价表，为自己的训练成果打分。

学习评价表

被考评人					
考评地点					
考评内容	蹲姿训练				
考评标准	考评内容	分值 / 分	自我评价 / 分	小组评议 / 分	实际得分 / 分
	头部	10			
	颈部	10			
	肩部	10			
	背部	10			
	手位	10			
	高低式蹲姿	10			
	交叉式蹲姿	10			
	拾物手势	10			
	平稳度	10			
	神态	10			
合计		100			

注：考评满分为 100 分，85 分以上（包含 85 分）为优秀；75 ~ 84 分为良好；60 ~ 74 分为及格。

情境十　目光礼仪

刚大学毕业的小蔡，青春靓丽，勤奋好学。高铁乘务员一直是她梦寐以求的职业，但是近期面试了五六次都始终未果。面试前她都会精心地打扮，认真地准备自我介绍。但是，每次面试时她就是不敢正视面试官，总是一会儿看看手，一会儿又看看脚，即使是看了面试官也超不过5秒钟，眼神始终飘忽不定，让人不得不怀疑她的诚意。面试屡遭挫败后，小蔡认识到了自己的“短板”，开始专注练习，最后成功克服了自己的缺点，如愿以偿获得了心仪已久的工作。

【思考】

（1）小蔡面试五六次始终未果，经过专注练习，为什么能如愿以偿了？

（2）应该怎样得体地运用目光礼仪？

学习目标

- 熟练掌握目光礼仪的基本要领。
- 熟练掌握目光礼仪在服务过程中的应用。
- 培养服务人员良好的服务表情和职业形象。

相关知识

表情是人体语言中最为丰富的部分，是内心情绪的反映。人们通过喜、怒、哀、乐等表情来表达内心的情感。在人际沟通中，表情起着重要的作用。而构成表情的主要因素一是目光，二是笑容。

目光是人在交往时，一种生动、含蓄的无声语言，也是最善于传情达意的，往往可以表达有声语言难以表现的意义和情感。“眼睛是心灵的窗口”，它在很大程度上能如实反映一个人的内心世界。英国诗人泰戈尔说：“一旦学会了眼睛的语言，表情的变化将是无穷无尽的。”在全部的面部表情中，目光占有举足轻重的位置。一个良好的交际形象，目光应是坦然、亲切、和蔼、有神的。

图2-39　目光礼仪

一、目光的运用

在服务过程中，服务人员应当对服务对象给予得体的目光注视。目光使用不当，往往会被人视为怠慢、无礼、目空一切，给人留下坏的印象。目光的运用是很有讲究的，要符合一定的礼仪规范，如图2-39所示。

目光的运用主要需要注意以下四个方面。

（一）注视的部位

注视的部位是指目光凝视的区域。服务人员在注视服务对象时，所注视的对方的具体部位，往往与双方相距的远近及本人的工作性质有关。在服务过程中，注视对方的部位可以包括以下几个方面：

1．注视对方的双眼

注视对方的双眼，不仅可以表达对对方的尊重、诚意及专注，而且可以表示在全神贯注地聆听对方所讲的话。问候致意、听取意见、强调要点、表达歉意或与人道别时，都应注视对方双眼。但要注意的是，注视的时间不宜过久，否则双方都会感觉比较尴尬。为避免长时间注视双眼，也可将目光移至双眼与额头之间的“上三角”区域。

2. 注视对方的面部

在服务过程中，注视对方的面部是最为常用的。在与服务对象进行较长时间的交谈时，可以以对方的整个面部为注视区域。这种方式的注视，能给人一种平等、轻松的感觉，从而创造出一种和谐的气氛。注视他人的面部时，最好不要让目光聚焦于一处，而以散点柔视为宜。

3. 注视对方的局部

在服务过程中，往往会因为实际工作需要，而对服务人员身体的某一部分多加注视。例如，在递送茶水时，应注视对方的手部。不过如果在没有任何理由的情况下，就要尽量避免注视打量服务对象的头顶、胸部、腹部、臀部或大腿，这都是失礼的表现。尤其当对方是异性时，还会引起对方的强烈反感。

（二）注视的角度

在服务过程中，注视对方的具体角度把握得是否得当，直接影响着服务质量。注视的角度，既要方便服务工作，又要避免引起服务对象的误解与尴尬。具体的做法主要有以下三种：

1. 正视对方

正视是服务人员对服务对象的一种最基本的尊重。在注视他人时，可将身体正面朝向对方，与之正面相向，以表重视对方。即使受服务环境的限制，不能与服务对象正面相向，也要将面部与上身转向对方。扭过头去注视他人，是不礼貌的。服务人员在注视服务对象时，视角要相对保持稳定。即使需要有所变化，也要注意过渡自然。

2. 平视对方

即在注视他人时，身体与其处于相似的高度。平视与正视，一般并不矛盾。因为在正视他人时，往往要求同时平视对方。在服务工作之中平视服务对象，可以说是一种常规要求。这样去做，可以表现出双方地位的平等与本人的不卑不亢。

3. 仰视对方

即在注视他人时，自身所处的位置较对方低，需要抬头仰望对方。在服务过程中，仰视对方可给予对方重视及信任感。例如，高铁乘务员在服务特殊重点旅客时，可以采用蹲姿，并仰视对方进行服务。相反，俯视服务对象则是不可取的，往往带有自高自大、不屑一顾之意。服务人员站立或就座时，不得高于服务对象，主要就是为了防止俯视对方。

（三）注视的时间

在和对方交谈时，注视对方时间的长短，也是十分重要的。通常情况下，和对方目光接触的时间应占和对方相处总时间的三分之一，这样会让人感觉自然舒服。在向对方表示关注和重视或对对方的话题比较感兴趣时，也可以延长注视时间，但需要注意的是，不能始终盯着对方或者反复打量对方，偶尔也需要将目光移开。这种扫视的做法往往会使对方感到被侮辱、被挑衅。

双方交谈时，听的一方通常应该多注视说的一方。要经常保持双方目光的接触，长时间回避对方目光，或者目光时常游离于对方而左顾右盼，是“心不在焉”或“不感兴趣”的表现，也会被对方视为轻视，令人不安。如果双方都沉默不语时，应将目光移开，以免双方都因为一时没有话题而感到尴尬或不安。不允许对对方上上下下反复进行打量。

二、目光礼仪的注意事项

（1）与人交流时，不要没有目光交流；也不要目光躲躲闪闪、飘忽不定。

（2）与人交流时，不能一直盯着对方看或上下打量。

（3）与人交流时，须注意眼睛转动幅度不能过快或过慢。

（4）在与女性交流时，注意不能注视敏感部位。

（5）避免眯视、斜视、瞟视、瞪眼和白眼等不礼貌的眼神。

（6）避免冷漠、呆滞、疲倦、轻视、左顾右盼的目光。

（7）当对方说了错误的话或拘谨害羞时，不要马上转移自己的视线。

（8）与多人交流时，要巧妙地运用自己的目光，对每一位服务对象予以兼顾。具体的做法就是要给予每一位服务对象以适当的注视，使其不会产生被疏忽、被冷落之感。

（9）正确运用目光礼仪的同时，还应当学会“阅读”对方的目光语言。从对方的目光变化中，分析他的内心活动和意向。

实训

一、实训准备

1．一间礼仪实训室，墙面装有长度及地的镜子，能从头到脚照到训练人员。

2．播放器等。

二、实训背景

在工作情景中，按照目光礼仪规范正确表达服务目光。

三、实训步骤

1．学生以 2 人为一个单位，进行分组，并进行目光礼仪练习。

（1）注视角度练习：

每组的 2 名学生，互相交替注视。练习不同注视角度的目光礼仪。分别练习平视、仰视和俯视，并认真思考一下在什么情况下使用。重点练习平视，目光须亲切自然。

（2）眼皮开合练习：

每组的 2 名学生，互相交替注视。练习不同开合大小的目光礼仪。观察对方开合不同大小时，面部表情如何变化，从而观察情绪被带动变化的情况，如开心、欢畅、惊愕、欣赏、快乐、狡诈等。

（3）眨眼速度练习：

每组的 2 名学生，互相交替注视。练习不同眨眼速度的目光礼仪。观察对方眨眼的速度变化时，面部表情如何变化，从而观察情绪被带动变化的情况，如不解、调皮、幼稚、活力、深沉、老练、稳当或可信等。

（4）目光集中程度练习：

每组的2名学生，互相交替注视。练习不同注视集中程度的目光礼仪。观察对方目光集中、分散、和游移时所表现出来的状态，如认真、动脑思考、漠然、木讷、不定、心不在焉等。

（5）注视时间练习：

每组的2名学生，互相交替注视。练习不同注视时间的目光礼仪。分别练习三分之一和三分之二注视时间的目光礼仪，思考不同注视时间的使用场景。并互相交流一下，不同注视时间的目光礼仪给人的不同感受，如深情、喜欢、欣赏、重视、疑惑、轻视、讨厌、害怕或撒娇。

（6）注视部位练习：

每组的2名学生，互相交替注视。练习不同注视部位的目光礼仪。可拟定情境进行练习，如问询与答询（注视双眼）、长时间交谈（注视面部）和茶水递送（注视局部）等。

2. 情境模拟。

（1）学生以5人为一个单位，进行分组，选出组长。

（2）在组长的带领下，学生按照之前讲解的目光礼仪的要点，自拟场景，进行目光礼仪练习。需要注意的是，训练时须配合眉毛和面部表情，并结合微笑。

（3）同组同学互换角色训练。

①抽签排序，按组逐一进行模拟展示。

②当本组学生进行模拟展示时，其他小组的同学进行观摩，并指出问题。

四、训练总结

1. 以小组为单位，进行评选活动。由教师进行综合评价，撰写实训报告。

2. 对照学习评价表，为自己的训练成果打分。

学习评价表

被考评人					
考评地点					
考评内容	目光训练				
考评标准	考评内容	分值/分	自我评价/分	小组评议/分	实际得分/分
	注视部位	20			
	注视角度	20			
	眨眼速度	10			
	目光集中度	20			
	注视时间	10			
	神态	10			
	整体仪态	10			
合计		100			

注：考评满分为100分，85分以上（包含85分）为优秀；75 ~ 84分为良好；60 ~ 74分为及格。

情境十一　微笑礼仪

情境导入

飞机在跑道上滑行，准备起飞。这时，一位乘客请空姐给他倒一杯水吃药。空姐很有礼貌地说："先生，为了您的安全，请稍等片刻，等飞机进入平稳飞行状态后，我会立刻把水给您送过来，好吗？"

20 分钟后，飞机早已进入平稳飞行状态。突然，乘客服务铃急促地响了起来，空姐猛然意识到：糟了，由于太忙，忘记给那位乘客倒水了！当空姐来到客舱时，看见按响服务铃的果然是刚才那位乘客。她小心翼翼地把水送到那位乘客眼前，面带微笑地说："先生，实在对不起！由于我的疏忽，延误了您吃药的时间，我感到非常抱歉。"这位乘客抬起左手，指着手表说道："怎么回事？有你这样服务的吗？你看看，都过了多久了？"空姐手里端着水，心里感到很委屈，但是无论她怎么解释，这位挑剔的乘客都不肯原谅她的疏忽。

接下来的飞行途中，为了弥补自己的过失，每次去客舱给乘客服务时，空姐都会特意走到那位乘客面前，面带微笑地询问他是否需要帮助。然而，那位乘客余怒未消，摆出一副不合作的样子，并不理会空姐。

临到目的地前，那位乘客要求空姐把留言本给他送过去，很显然，他要投诉这位空姐。此时，空姐心里很委屈，但她仍不失职业道德，非常有礼貌且面带微笑地说："先生，请允许我再次向您表示真诚的歉意，无论您提出什么意见，我都会欣然接受您的批评！"那位乘客脸色一紧，准备说些什么，却又没有开口。他接过空姐递过来的留言本，开始在本子上写了起来。

飞机安全降落后，所有的乘客陆续离开。这位空姐十分紧张地打开留言本，她意外地发现，那位乘客在本子上写下的并不是投诉信，而是一封热情洋溢的表扬信。

在表扬信中，空姐读到这样一句话："在整个服务的过程中，你始终露着笑脸，虚心接受乘客的意见。你来过我的座位 12 次，也微笑了 12 次。这 12 次的微笑深深地打动了我。你的服务态度使我最终决定将投诉信写成表扬信！下次我还将乘坐你们这趟航班。"。

【思考】

（1）在日常生活中，微笑有什么功能性？

（2）服务人员如何把握好"微笑服务"的重要性？如何运用？

学习目标

- 熟练掌握微笑服务的基本要领。
- 培养服务人员微笑服务意识。
- 培养服务人员良好的服务态度和职业形象。

相关知识

微笑是交往活动中最有魅力、最富有吸引力、最有价值的面部表情。它能充分体现一个人的热情、修养和魅力，是沟通双方心灵的润滑剂，是参与社交的通行证，也是待人处世的“法宝”。微笑是不用翻译的世界语言，是最能打动人的无声语言。它传递着亲切、谦恭、友好、愉快的信息，同时也是向他人传递理解、宽容、信任的信号。

一、微笑的作用

（一）融洽气氛

微笑有一种天然的吸引力，是人际关系的黏合剂。微笑是发自内心的对人友好的一种情感传达，它能使人感到愉悦、融洽、平和，能够使人们心灵相通、相近、相亲，产生净化情绪、氛围的作用。微笑还能表现自己的谦虚、随和。微笑是善意的标志、友好的使者、礼貌的表示。正确运用微笑，可以摆脱窘境、化解僵局，能有效地缩短交往双方的心理距离，打破交际障碍，为进一步的沟通与交往提供真诚、融洽、温馨的良好氛围。

（二）减少摩擦

微笑是一种特殊的情绪语言，它可以起到有声语言所起不到的作用，能给人以亲切、友好的感受，帮助对方驱散笼罩在心头的阴云，消除误解、疑虑和隔阂。

在人际交往中，不同的微笑表达着不同的心态和感情。表示友善、欢迎、亲切时，要面带微笑，这样更容易使人们的距离拉近，从而更融洽地相处；表示请求、道歉，也要面带微笑。向他人道歉时边微笑边说“对不起”，可以消除对方的怒气，从而更快地得到原谅；拒绝他人时，更要面带微笑，可以免去对方的尴尬，使拒绝让人容易接受，不伤和气地解决问题。

（三）美化形象

微笑体现着一个人的美感，给人以亲切、甜美的感受。善于微笑的人，往往会赢得他人的好感和信赖。微笑作为一种表情，不仅是人的形象的外在表现，也是人的内在精神的反映。一个善于微笑的人，一定是一个心地善良、心胸豁达、乐观向上的人，是一个热爱工作、奋发进取、充满自信的人。

二、微笑的原则

（一）自然真诚

微笑要发自内心，要真诚、得体，不能强作欢颜。微笑时，面部肌肉要放松，嘴角两端微微向上翘起，为使双颊肌肉向上抬，口里可念着普通话的“一”字音。同时，适当地露出牙齿，且不发出笑声。在服务过程中，微笑的关键在于善用眼睛来笑。如果一个人的嘴角上翘时，眼神仍是冷冰冰的，就会给人以虚假的感觉，虚假做作的微笑只能令人反感。

微笑是发自内心地对他人表达美好情感的一种方式，保持乐观、积极进取的精神状态，让笑发自内心深处。一个心地善良、乐于助人、对生活充满着热爱的人，才能在服务过程中完美地掌握这种最能打动人的服务手段。

（二）声情并茂

微笑时，做到口到眼到、笑眼传情、情绪饱满，这样的微笑才能亲切、动人而富有感染力，如图 2-40 所示。

服务过程中，服务人员必须注意微笑服务的四个结合。

（1）微笑和眼睛的结合。在微笑中，眼睛的作用十分重要，眼睛是心灵之窗，具有传神送情的特殊功能。只有笑眼传神，微笑才能扣人心弦、情真意切。

（2）微笑和神、情的结合。“神”就是笑出自己的神、神态，做到精神饱满；“情”就是要笑出感情，做到亲切友善。

（3）微笑和语言的结合。语言和微笑都是传播信息的重要因素，只有做到二者的有机结合，才能相得益彰，微笑服务才能发挥出其特殊功能。

图 2-40　微笑礼仪

（4）微笑和形体的结合。微笑与形体的有机结合，会形成完整和谐的美，给人以享受。

（三）适度地笑

笑要讲究分寸，要因时、因地制宜，否则毫无美感且令人生厌。当笑则笑，不当笑的时候就不要笑，这是发挥微笑功能的关键。

交往过程中，遇到具体问题时还是要灵活处理。例如，打破尴尬之前先露出笑容，这样会营造一个良好的氛围，而等对方笑后自己再露出笑容就显得很被动。服务过程中，微笑必须视服务对象的具体情况而具体运用。例如，在客人处于尴尬状态时，客人处于生气、悲伤的场合时等，此时的微笑一定要适宜，否则只会弄巧成拙。

【实例一】

小赵在一家五星级酒店的餐厅工作，负责前台接待服务。她为人活泼开朗，从小就爱笑。一遇到开心的事就禁不住大声笑出来，有时自己也不知道为什么会笑起来。一次，小赵与一位客人交谈甚欢，谈到高兴时竟忍不住放声大笑起来，笑声充满了整个酒店大堂，周围的人不知道究竟发生什么事情，都不约而同地转过头来看她，弄得客人很是尴尬。当天，她也受到了酒店领导的严厉批评。

【分析】

领导的批评使她明白了，在服务客人的过程中，微笑服务要适度。笑必须根据不同的时间、场合掌握分寸，没有节制的乱笑无疑会产生不良后果。

三、微笑服务的重要性

服务人员是企业形象的“窗口”。在当今旅客对自我权益维护、被尊重的需求、服务行业竞争越来越加大的情况下，展现良好、规范、人性化服务的“微笑服务”，越来越被人们所重视。因此，“微笑服务”是一种高附加值的、被认为有一定档次的服务规范。服务人员自然地面露微笑，会给人一种宾至如归的感觉。

（一）带来良好的首因效应

首因效应又称第一印象，是指第一次交往过程中形成的最初印象。它具有先入为主的特点，对双方今后的交往有着较大的影响。在服务接待过程中，第一印象不仅影响着宾客的心理活动，而且影响着服务交往，有时甚至影响服务工作能否顺利进行。一旦宾客对服务人员产生了不良的第一印象，要改变它是十分困难的，往往要付出比先前多出几十倍的精力。因此在与宾客初次交往时，微笑迎客是相当必要的，能够快捷地融洽与宾客的关系，收到事半功倍的效果。

（二）提高服务的工作效率

用微笑服务宾客，有利于服务工作的顺利进行。在服务交往中，微笑对宾客的情绪有着主动诱导的作用。它不仅能让宾客对服务人员产生好感与信任，还可以稳定焦虑急躁的情绪。同时，微笑也容易给服务人员自身带来热情、主动、自信等良好的情绪氛围，这样工作效率也会随之提高。

服务人员的微笑服务，可以从情感上拉近与宾客的距离。当宾客遇到问题时，就会很自然、很及时地向服务人员提出，有助于服务工作有的放矢地开展。一些看似很小的问题，如果不能及时地被发现和解决，就会直接影响到工作效率。所以要将工作做得细致、周到，就能赢得宾客的信任，从而及早发现问题并解决，而微笑服务可以说是一个很好的切入点。

（三）树立良好的企业形象

随着社会的发展，人们的思想观念有了很大的变化，宾客享受服务的意识越来越强，企业要想在竞争中求生存、求发展，就必须争取以微笑服务和特色服务赢得更多宾客的青睐。所以说，微笑服务对企业形象的塑造来说，是非常重要的。

服务人员既充当个人角色又代表服务企业，这两种角色彼此依赖又相互联系，也就是说，企业的形象是通过每位具体的服务人员来体现的。如果每位服务人员都能做到微笑服务，宾客不仅会感到这里的服务人员有良好的素质，而且还会将这一具体的感受升华到对整个企业形象的认可。反之，如果个别服务人员表情冷漠，不够主动、热情，宾客会认为这里的服务人员态度不好，同样会影响到企业形象。

【实例二】

1919 年，希尔顿把父亲留给他的 1.2 万美元，连同自己赚来的几千美元一并投资出去，他雄心勃勃地开启了经营旅馆的生涯。

当他的资产从 1.5 万美元奇迹般地增值到 5 100 万美元的时候，他欣喜自豪地把这一成就告诉了他的母亲。母亲却淡然地说："依我看，你跟以前根本没有什么两样！事实上，你必须把握好比 5 100 万美元更值钱的东西：除了对顾客忠诚之外，还要想办法使在希尔顿旅馆住过的客人还想再来住，你要想出这样简单、容易、不花本钱而行之久远的办法来吸引顾客。这样你的旅馆才有前途。"

母亲的忠告使希尔顿陷入迷惘：究竟什么办法才能实现母亲所说的呢？他冥思苦想不得其解。于是他逛商店、住旅店，以一个顾客的身份来亲身感受，得出了"微笑服务"这一准确的答案。

从此，希尔顿实行了微笑服务这一独创的经营策略。每天他对服务员说的第一句话是："你对顾客微笑了没有？"他要求每位员工不论如何辛苦，都要对顾客投以微笑。

1930 年，经济危机爆发，美国经济严重萧条，全美旅馆倒闭了 80%。希尔顿的旅馆也一家接一家地亏损不堪，曾一度负债 50 亿美元。希尔顿并不灰心，而是充满信心地对旅馆员工说："目前正值旅馆亏空，靠借债度日的时期，我决定强渡难关，请各位记住，千万不可把愁云挂在脸上，无论旅馆本身遭遇的困难如何，希尔顿旅馆服务员的微笑永远是属于顾客的阳光。"因此，经济危机中纷纷倒闭后幸存的 20% 的旅馆中，经济萧条刚过，希尔顿旅馆便率先进入了繁荣时期，跨入了黄金时代。

【分析】

希尔顿是世界上非常有名气的酒店从业者，在从 1919 年到 1976 年的 57 年时间里，美国希尔顿旅馆从一家店扩展到 70 家，遍布世界五大洲的各大城市，成为全球规模最大的旅馆之一。希尔顿旅馆生意如此之好，财富增加得如此之快，其成功的秘诀之一，就在于服务人员微笑的魅力。

实训

一、实训准备

1. 一间礼仪实训室，墙面装有长度及地的镜子，能从头到脚照到训练人员。

2. 播放器等。

二、实训背景

在工作情景中，按照微笑礼仪标准正确表达服务微笑。

三、实训步骤

1. 配乐训练。

（1）对镜训练法：

站在镜前，整理仪容仪表，放松心情，调整呼吸自然顺畅。静心 3 秒后，开始练习微笑，双唇轻闭，嘴角微微上扬，舒展面部肌肉，同时要注意目光的配合，使之达到眉目舒展的微笑面容。如此反复，多次练习。

（2）模拟微笑训练法：

①轻合双唇。

②两手食指伸出（其余四指自然并拢），指尖对接，放在嘴前 15 ～ 20 厘米处。

③让两食指尖以缓慢匀速分别向左右移动，使之拉开 5 ～ 10 厘米的距离。同时嘴唇随两食指移动速度而同步加大唇角的展开度，并在意念中形成美丽的微笑；并让微笑停留数秒。

④两食指再缓慢匀速向中间靠拢，直至两食指相接；同时，微笑的唇角开始以两指移动的速度，同步缓缓收回。如此反复开合训练 20 ~ 30 次。

（3）情绪记忆法：

设法寻求外界物的诱导、刺激，以求引起情绪的愉悦和兴奋，或将自己过去那些最愉快、最令人喜悦的情景从记忆中唤醒，使这种情绪重新袭上心头，从而唤起微笑。

（4）观摩欣赏法：

以 2 人为一个单位进行分组练习，互相观摩、议论，互相交流，互相鼓励，互相分享微笑方法。观察他人的微笑，进行模仿。

（5）咬筷子法：

道具是选用一根洁净、光滑的圆柱形筷子，横放在嘴中，用牙轻轻咬住，以观察微笑状态。

（6）口型对照法：

通过一些相似性的发音口型，找到适合自己的最美的微笑状态。如“一”“茄子”“呵”“哈”等。

（7）牙齿显露法：

体验笑不露齿、露上排牙齿、露上下八颗牙齿的不同笑容感受。需要强调的是在微笑时，面部应平和自然。不管牙齿不露或露，都要发自内心，自然大方。

（8）眼睛结合法：

取厚纸一张，遮住眼睛下边部位，对着镜子，心里想着那些最使你高兴的事情，使笑肌抬升收缩，嘴巴两端做出微笑的口型。这时双眼就会十分自然地呈现出微笑的表情。

（9）仪态结合法：

将微笑与站姿、坐姿、行姿及蹲姿相结合，进行训练。

2. 情景模拟。

（1）学生 5 人一组，进行分组，选出组长。在组长的带领下，对下面情景进行分析。

一位客人入住了一家五星级酒店，第二天，这位客人外出参加重要会议。这天下午，他的妻子和孩子到达酒店，比原计划提前 2 小时，要求进入房间等待。由于客人事先没有留言，总台服务员没有答应这个要求，导致这位妻子带孩子在大堂等了很久。客人回来后十分不悦，来到总台与服务员争执起来。

大堂经理闻声赶来，刚要开口解释，看见怒气正盛的客人，正在言词激烈地指责酒店的服务问题。心想：在这种情况下，进行任何解释都是毫无意义的，反而会招致客人情绪更加冲动。于是她连声说“抱歉”，同时脸上始终保持一种友好的微笑。一直等到客人平静下来，大堂经理才心平气和地告诉客人酒店的有关规定，并再次表示歉意，客人便接受了大堂经理的道歉，并且表示自己也有言行过激的地方。

后来这位客人离店前，还专门找到这位酒店大堂经理辞行，激动地说：“你的微笑征服了我，希望我有幸再来酒店时，能再次见到你的微笑。”

（2）根据以上情景，结合微笑服务礼仪的要点，进行微笑服务情景模拟练习。演练过程中，要注意微笑服务的四个结合：

①微笑与眼睛的结合。

②微笑与神、情结合。

③微笑与语言的结合。

④微笑与形体的结合。

四、训练总结

1. 以小组为单位，进行微笑评选活动，每个小组选出一位微笑之星，与其他小组的同学进行比赛，最终选出三位微笑之星。由教师进行综合评价，撰写实训报告。

2. 对照学习评价表，为自己的训练成果打分。

学习评价表

被考评人					
考评地点					
考评内容	微笑训练				
考评标准	考评内容	分值 / 分	自我评价 / 分	小组评议 / 分	实际得分 / 分
	微笑基本要领	20			
	与眼睛的结合	20			
	与神、情结合	20			
	与语言的结合	20			
	与形体的结合	20			
合计		100			

注：考评满分为 100 分，85 分以上（包含 85 分）为优秀；75 ~ 84 分为良好；60 ~ 74 分为及格。

单元三　服务人员基础服务礼仪

服务礼仪是各服务行业人员必备的素质和基本条件。为表达对服务对象的尊重与友好，在服务过程中不仅要注重仪表、仪容、仪态礼仪规范，也要注重语言服务规范与沟通技巧。同时，服务人员也要掌握见面、招呼、介绍、接待等基础服务礼仪规范，从而才能热忱地向客人提供专业、规范、周到的服务，表现出服务人员的良好风度与职业素养。

情境一　语言礼仪

情境导入

在北京开往上海的 G102 次列车一等座车厢里，胡先生激动地与客户通着电话，有些坐立不安，毕竟此次生意的成败关系到公司的兴衰。“先生，请您把脚放下来，好吗？”当训练有素的乘务员一边往胡先生杯子里添加开水一边委婉地轻声提醒时，胡先生才发现自己竟不经意地把脚搭在前排的椅背上摇晃，并引起了其他旅客的频频注视。极为烦躁的胡先生带着怨气盯着乘务员，未加思索，一字一句地说：“我就不放下，你能怎么样？”片刻的沉默后，乘务员微笑着轻声说：“先生，您真幽默！出这样的题目来考我，真的难到我了！我来给您收一下小桌板的垃圾好吗？”说完，她弯下腰来动作轻柔地开始收拾垃圾，胡先生借拿起水杯喝水的刹那，把脚轻轻地放了下来。

【思考】

（1）案例中高铁乘务员如何恰到好处地巧妙恭维，从而缓解了与旅客的紧张气氛？

（2）说一说客运服务过程中掌握语言艺术与随机应变能力的重要性。

学习目标

- 熟练掌握服务用语规范和要求。
- 熟练掌握化解矛盾冲突的语言技巧。
- 提高服务人员的服务效能。

相关知识

语言是社会交际的工具，是人们进行沟通的主要表达方式，是人们表达意愿、思想情感的媒体、符号。服务工作离不开语言，语言礼仪是服务礼仪的重要组成部分，掌握标准的语言规范对于改善和提高服务质量具有重要意义，也能表现出服务人员良好的职业素质和文化修养。

铁路客运服务人员的语言礼仪规范，要求客运服务人员准确地运用文明礼貌、高雅清晰、称谓恰当、标准柔和的语言。

一、服务语言的基本原则

（一）语言合乎标准

掌握标准的语言，是客运服务人员进行语言交际的前提。一方面，服务过程中要使用普通话，避免方言、土语；另一方面，要发音标准。发音直接决定了交谈的顺畅性，主要表现为口齿清楚、字正腔圆、平实明朗，无太多的尾音，每个音节之间要有恰当的停顿。发音不标准会增加交流的难度。服务语言的标准与否，决定着能不能让服务对象听懂自己所表达的意思。服务人员使用不标准的语言，甚至会引发一些不必要的误会，从而直接影响到服务质量。

（二）态度诚恳亲切

客运服务人员在与旅客交谈时的态度，是决定服务成功与否的重要因素。交谈过程中首先必须做到态度诚恳和亲切，也就是让服务对象体会到语言和情感的一致。积极、真诚、亲切的态度在谈话时代表对服务对象的肯定与尊重，要“以情动人”。在服务过程中要把握“以旅客为中心”的原则，不要在谈话中多次使用“我”这类第一人称，以免突出了自己，忽略了旅客。

（三）用词谦恭文雅

服务人员在与服务对象交谈时，要尽量选用雅语、谦语和敬语。用词用语要力求谦恭、敬人、高雅。在避免咬文嚼字、词不达意的同时，在交谈用词上应当有意识地采用雅词雅语，少用脏词脏话，多用褒义词，少用贬义词，多用肯定句，少用否定句。这样做，可以展示自己的良好教养。

（四）语音优美柔和

在服务过程中，语音不仅仅是词语信息的传递，同时还包含着服务人员的情感表达和服务态度。语音的优美柔和包括语调、语气、语速等几个方面。语调，一般指的是人们说话时的具体腔调。服务人员语调柔和，主要体现在语音的高低、轻重、快慢方面。语气往往被人们视为具有某种言外之意，因为它往往会真实地流露出交谈者一定的感情色彩。服务人员在与服务对象口头交谈时，在语气语调上要亲切柔和、诚恳友善，表现出热情、亲切、和蔼和耐心。不要在有意无意之间，使自己的语气显得急躁、生硬和轻慢，更不要以教训人的口吻谈话或摆出盛气凌人的架势。

二、客运服务人员的文明用语

文明用语是指在语言的选择、使用之中，应当既表现出其使用者良好的文化素养、待人处世的态度，又能够令人产生高雅、温和、脱俗之感。文明用语适用于社会生活的方方面面，是文明社会的缩影。文明的语言不仅用来沟通交流，也反映了个人的思想道德和文化修养水平。

俗话说：“良言一句三冬暖，恶语伤人六月寒。”文明用语是文明社会中人际交往所必需的，同时也关系到沟通效果。尤其对从事服务工作的人员能否做好服务工作具有重要的影响。文明当先，是客运服务人员在工作岗位上使用语言时应当遵守的基本礼仪规范之一。专业的文明用语表达了客运服务人员对旅客的尊敬、欢迎之意。

（一）称呼语

无论是在社会交往中还是在服务过程中，客运服务人员都应该掌握得体的称呼。称呼要求正式、庄重、规范。

1. 职务性称呼

在工作环境中，最常见的称呼方式是以交往对象的职务相称，以示身份有别、敬意有加，这是一种最常见的称呼方法。以对方的职务相称，具体可分为三种情况：

（1）仅称职务。如“部长”“经理”“校长”“主任”等。

（2）可加姓氏。如“张市长”“陈处长”“刘委员”等。

（3）可加姓名。在职务之前加上姓名，这仅适用于极其正式的场合。

2. 职称性称呼

对于具有职称者，尤其是具有高级、中级职称者，可以在工作中直接以其职称相称，以表尊重。以职称相称，可分为以下三种情况：

（1）仅称职称。如“教授”“法官”“工程师”等。

（2）可加姓氏。如“张编审”“孙研究员”等。

（3）可加姓名。在职称之前加上姓名，这仅适用于极其正式的场合。

3. 学衔性称呼

在社会交往中，以学衔作为称呼，可增加被称呼者的权威性，有助于增强现场的学术气氛。以学衔称呼，可分为以下四种情况：

（1）仅称学衔。如“博士”。

（2）可加姓氏。如“杨博士”。

（3）可加姓名。在学衔前加上姓名。如“王 ×× 博士”。

（4）将学衔具体化，说明其所属学科，并在其后加上姓名，适用正式的场合，如“史学博士周 ××”等。

4. 行业性称呼

在社会交往中，有时也可按行业进行称呼。可分为以下两种情况：

（1）仅称行业。如“老师”“教练”“会计”等。

（2）可加姓氏，如“杨老师”“张医生”等。

5. 姓名性称呼

在工作环境中，姓名称呼一般仅限于同事、熟人之间。可分为以下三种情况：

（1）可直呼姓名。

（2）只称呼姓。但要在它前面加上“老”“大”“小”。

（3）只称呼名。通常限于熟人、上下级之间、长辈称呼晚辈时使用。

6. 泛尊称

泛尊称是铁路客运服务人员在服务过程中对旅客、货主最常用的称呼方式。可分为以下三种情况：

（1）可以直呼。可统称为“旅客们”“各位旅客”“旅客朋友”，也可单独称呼“先生”“女士”

"小朋友""同志"等。

（2）可加姓氏。如"张女士""刘先生"等。

（3）可加姓名。如"克林顿先生""玛格丽特·撒切尔夫人"。

除以上常用的称呼外，服务人员在社会交往中，还有以"你""您"相称的"代词称"和亲属之间的"亲属称"。社会交往中，称呼要与称呼对象的身份、地位相称。如果处于众人交谈的场合，要注意称呼时的顺序。一般要求先长后幼，先上后下，先女后男，先疏后亲。

（二）问候语

问候语是指铁路客运服务人员接待旅客时，应根据时间、场合和对象的不同，向对方询问安好、致以敬意或者表达关切之意所使用的规范用语。在服务岗位上，一般要求客运服务人员对旅客的问候用语勤用不怠。一般情况下，适用于服务人员采用的问候用语，主要分为下列三种：

1. 标准式问候语

所谓标准式问候，即服务人员直截了当地向服务对象问候。其具体做法是在问好之前，加上适当的人称代词，或者其他尊称。例如："先生您好！""旅客您好！""各位旅客，大家好！"等。标准式问候用语一般可用于以下几种情况：

（1）主动服务于旅客时。

（2）当旅客需要服务时。

（3）当旅客进入服务区域时。

（4）当旅客与自己距离过近或四目相对时。

（5）主动与旅客进行交流时。

2. 时效式问候语

时效式问候用语，即根据时间、节日的变化而进行问候的用语。其具体做法是问好之前加上具体的时间、节日，或是在二者之前再加以尊称。例如，"早上好！""中午好！""下午好！""先生，晚上好！""新年好！""祝您新春快乐！"等。

3. 关切式问候语

关切式问候用语，即根据具体服务情况，对服务对象进行关心、提示的问候用语。例如，当旅客若患病或身体不适时，则应该主动表示关心，可以说"先生，请多保重！""祝您早日康复！"等慰问语；当气候发生变化时，应主动提醒："旅客，请按气温添加衣服，当心感冒。""先生，请带好雨具。"

（三）迎送语

迎送用语主要适用于客运服务人员在工作岗位上欢迎或送别服务对象。服务人员掌握得体、规范的欢迎用语与送别用语，才能使服务有始有终。

1. 欢迎用语

（1）与旅客见面时，应主动说："欢迎您乘坐本次列车。""欢迎光临！""祝您旅途愉快！"

（2）根据具体服务需要，在使用欢迎用语时，通常应当同时使用问候语，并向服务对象主动施以见面礼，如注目、点头、微笑、鞠躬、握手等。如"旅客您好！欢迎光临！请问您需要什么帮助？""早上好！先生，欢迎您的到来！"这样就会使对方倍感自然、亲切。

2. 道别用语

在使用道别用语时，客运服务人员通常也要同时采用适当的道别礼，如注目、点头、微笑、鞠躬、握手等。向旅客道别或给旅客送行时，最为常用的道别用语主要有："再见！""慢走！""欢迎下次光临！""欢迎再次乘坐本次列车。""一路平安！""多多保重！"等。

（四）征询语

询问在客运服务工作中是十分重要的，起到解释、引导和提示的作用。在服务过程之中，客运服务人员往往需要以礼貌的语言主动向服务对象进行征询。服务人员在使用征询用语时，务必要把握好时机，掌握提问的技巧，并且还须兼顾服务对象态度的变化。一般情况下，服务人员应用最广泛的征询用语主要有以下四种。

1. 直接式征询用语

直接式征询方式是指客运服务人员可以直接向旅客提出问题，请求旅客给予回答。主要适用于主动向服务对象提供帮助时。例如，对旅客说："您好，请问您需要什么帮助？""请问，我能帮您什么忙？"这种提问方式比较直截了当，简单明了，节省时间，能方便快捷地得到答案。其缺点则是如果把握不好时机，便会令人感到唐突、生硬。

2. 封闭式征询用语

封闭式征询用语多用于向服务对象征求意见或建议时。通常情况下，只给对方一个选择方案，以供对方及时决定是否采纳。例如，"女士您好，您觉得这个温度合适吗？""先生您好！您需要一杯温水吗？""旅客，您需要我为您调节一下座椅靠背吗？""您不介意我来帮助您吧？"。

3. 选择式征询用语

选择式征询方式指客运服务人员在向旅客提出问题时，将预计的两种或两种以上的方案一并提出，以供对方选择。选择式征询一般用于征求对方的意见。例如，"请问您需要橙汁还是咖啡？""午餐为您提供三杯鸡米饭套餐、咖喱鸡肉米饭和牛肉面套餐，请问您比较喜欢哪一种？""女士，您是需要把空调出风口风量调小，还是需要毛毯？"

4. 提示型征询用语

在不便直接向旅客提出建议或要求的情况下，客运服务人员可以采用提示型询问的方式去暗示旅客。提示型询问是一种比较委婉的交流方式，可以让旅客避免尴尬，比较轻松地达到了解某些问题的目的。如"先生，如果您把椅背角度稍微再调整一下的话，这样您和后排旅客都会舒服些。""这位家长，列车行进时让孩子坐在坐椅上会更安全。"

（五）应答语

应答用语是客运服务人员在回答旅客问话时的礼貌用语。

（1）接受旅客服务要求时应说："好的，明白了！""好的，马上就来！""好，听清楚了，请您放心！""好的，知道了！"

（2）引导旅客时说："请您跟我来。""这边请。""请这边走。"

（3）听不清或未听懂顾客问询时应说："对不起，请您再说一遍。""抱歉，我没有听清，请重复一遍，好吗？"

（4）不能立即接待旅客时应说："对不起，请您稍候。""抱歉，请稍等一下。""麻烦您稍等一下。"

（5）对稍等后的顾客打招呼时应说："抱歉，让您久等了。"

（6）接待失误或给旅客造成麻烦时应说："实在对不起，给您添麻烦了。""很抱歉，由于我的疏忽给您造成了麻烦，今后一定注意不再发生此类事。"

（7）当顾客表示感谢时应说："不用谢，这是我应该做的。""别客气，我很高兴为您服务。"

（8）当得到旅客理解或赞扬时应说："先生，谢谢您的理解！""十分感谢您对我们工作的理解与支持！""谢谢您，过奖了。""承蒙夸奖，谢谢您。""谢谢您的夸奖，这是我应该做的。"

（9）当旅客提出过分或无礼要求时，应婉言拒绝，表现出教养和风度。可以说："很抱歉，我无法满足您的要求。""对不起，请您理解我们的工作。"

三、客运服务用语技巧

（一）多使用礼貌用语

1．"请"字开头

客运服务人员在服务过程中用"请"字是一种礼貌，更是一种姿态。当服务人员说"请"时，已用谦恭的姿态将"尊贵"传递给了服务对象，工作人员应多用"请"这个美好的词语来表达自己对旅客行为的希望和要求。

2．"谢谢"不离口

"谢谢"就是在对方为自己做出一些善意言行以后，自己的言辞上所做的一种情感回报。"谢谢"有下列几种功能：一是表达自我情感。人们在接受别人的善意言行后，都会产生一种感激之情，情动于衷，发乎言辞。二是强化对方的好感。人际关系学认为，人际交往是一个互动的过程，一方的善意行为必然引起另一方的酬谢，而这种酬谢又将进一步使对方产生好感，并发出新的善意行为。三是调节双方距离。

3．学会说"对不起"

在服务过程中，服务人员难免会出现服务失误而给旅客带来不便，甚至使旅客利益受到损失。但有些服务人员在对旅客说"对不起"时心存疑虑，担心一声"对不起"为自己带来不必要的麻烦。值得注意的是，"对不起"并不是责任的划分，而是服务人员对旅客歉意的表达。及时、得体的一声"对不起"，可以平息旅客因不满意的服务而产生的怒气，调节服务与被服务的和谐关系。

（二）做到"待客三声"、"四个不讲"。

"待客三声"、"四个不讲"是全体客运服务人员在服务岗位上必须做到的基本礼貌，使旅客高兴而来，满意而归，才能以文明规范的服务树立良好的企业形象。

所谓待客三声是指客运服务人员在服务过程中要做到："来有迎声，问有答声，去有送声。"这三声是文明服务中每一位服务人员都应该具有的基本功。同时，客运服务人员面对旅客也要做到"四个不讲"：不讲不尊重对方的语言；不讲不友好的语言；不讲不客气的语言；不讲不耐烦的语言。

（三）注意语言表达方式

在为旅客服务的过程中，客运服务人员的服务语言使用要恰当、得体，使用过于生硬、命令口气的语言会引起旅客的反感或逆反情绪，不利于服务工作的顺利开展。所以，服务人员向服务对象进行语言表达时，应当注意恰当的表达方式。一般情况下，服务语言的表达可分为以下四种方式：

1. 征求式

征求式语气是客运服务人员在服务工作中最常用到的表达方式。征求式的语气常用于需要旅客配合工作的情况，当需要向旅客提出要求时，服务人员应该用征求意见的语气去询问，语气温柔和蔼，让旅客感到自己得到应有的尊重，自然就会配合服务人员的工作。如："先生，请您不要在候车室内吸烟，好吗？""我能帮您把行李放到行李架上吗？"在询问过程中，客运服务人员要灵活运用。当得到的询问结果不理想时，应当及时更换恰当的交谈方式，不要生搬硬套、只拘泥于一种交谈方式，以免造成与旅客的关系僵化，不利于事情的解决，甚至造成更大的麻烦。

2. 商讨式

商讨式语气是客运服务人员在进行协调时经常用到的一种交谈方式。用商量的语气与旅客交谈时，能够让旅客得到充分的尊重，使其愿意配合服务工作或协助完成解决问题。如"旅客您好！如果您方便的话，能不能与后排的一位旅客换一下座位呢？"在使用商讨方式交谈时，一定要注意意思的表达，不要让旅客理解为"我没有其他旅客重要"、"我就应该这样做"，从而造成旅客的不满。交谈过程中，应先对商讨的对象加以肯定，然后再提出需要商讨的问题，要让旅客感受到自己被尊重的同时，觉得自己也做了件助人为乐的好事。

3. 委婉式

在服务过程中，客运服务人员常常会遇到一些不能直面劝解的问题，对于此类问题，可以用委婉式语气与旅客进行交谈。如："非常抱歉，现在列车停靠站台，卫生间不能正常使用。""请您原谅，安全锤是在紧急的情况下才使用的，所以您不要随意玩弄。"在交谈时，如果遇到不听劝阻、无礼取闹的旅客，客运服务人员需要有更多的耐心，用委婉的语气进行劝导。

4. 恳求式

客运服务人员在服务过程中有时也会遇到难于解决的问题。当服务人员处于弱势时，可以使用恳求式语气进行交谈。通过恳求的言语和态度，达到"以情动人"，来缓和对方的情绪，从而提高解决问题的效率。

四、服务言谈禁忌

（1）语言平淡、气氛沉闷、声音表露倦怠。口齿含糊，令人难以理解。

（2）语气粗鲁、声音刺耳、呼吸声音过大时，会使人感到局促不安和犹豫。

（3）说话语速过慢或过快。过慢，使听的人感觉沉闷；过快，容易使人思维跟不上。

（4）与旅客交谈时，不可边走边讲或不停地看表，手不可放在口袋里，或双臂放在胸前。

（5）对旅客提出的意见和要求，不要有厌烦的情绪和神色，更不可使用责备的口吻甚至粗暴的言语。

（6）不要打断旅客的讲话，如不得已打扰时，应等对方讲完一句话后，说声"对不起"，再进行说明。

（7）服务过程中，不得与旅客嬉笑玩闹，更不可对旅客评头论足。

（8）对旅客提出的要求应尽量满足，如不能做到，要耐心解释，不可怠慢；应允的事情一定要落实，不能言而无信。

实训

一、实训准备

1. 一间礼仪实训室，墙面装有长度及地的镜子，能从头到脚照到训练人员。
2. 路服、桌椅、杯子、车票等。

二、实训背景

在工作情景中，铁路客运服务人员正在对旅客进行日常服务。

三、实训步骤

1. 学生以 3 ~ 5 人为一个单位，进行分组，并选出组长。
2. 教师讲解客运服务人员在与旅客进行交流时的语言技巧和注意事项，并加以示范。
3. 在组长的带领下，对下面的情景进行分析，并加以模拟训练。

（1）情景一：

停止检票后，几位旅客匆匆赶来，要求检票进站，请问该如何处理？

（2）情景二：

一名儿童在车站内声称走失，并且身边没有大人陪同，请问该如何处理？

（3）情景三：

一位持其他特快车次车票旅客因在站台购物没有及时上车，并声称携带品及小孩都在上一趟车上，要求乘本次列车追赶，请问该如何处理？

（4）情景四：

一位旅客要求购买盒饭，但车上盒饭已经销售完了，请问该如何处理？

（5）情景五：

两名旅客在列车餐车就餐，收餐具时，餐服人员不小心弄脏了旅客衣服，请问该如何处理？

（6）情景六：

一名旅客在无烟车厢两端连接处吸烟，请问应该如何劝阻?

（7）情景七：

列车上有位特殊旅客需要调换座位，请问该如何说服另一位将被调换座位的旅客配合调换?

4. 确定模拟活动情景角色。
5. 分组训练，同组同学互换角色训练。

（1）抽签排序，按组逐一进行模拟展示。

（2）当本组学生进行模拟展示时，其他组同学进行观摩，并指出问题。

四、训练总结

1. 以小组为单位，进行评选活动。由教师进行综合评价，撰写实训报告。
2. 对照学习评价表，为自己的训练成果打分。

学习评价表

被考评人					
考评地点					
考评内容	语言礼仪				
考评标准	考评内容	分值 / 分	自我评价 / 分	小组评议 / 分	实际得分 / 分
	语言标准规范	5			
	态度诚恳亲切	5			
	用词谦恭文雅	5			
	语音优美柔和	5			
	称呼语	10			
	问候语	10			
	欢送语	10			
	征询语	10			
	应答语	10			
	礼貌用语	10			
	语言技巧	10			
	服务禁忌语	10			
合计		100			

注：考评满分为 100 分，85 分以上（包含 85 分）为优秀；75 ~ 84 分为良好；60 ~ 74 分为及格。

情境二　见面致意

情境导入

小张是 A 公司的一名业务员，刚刚大学毕业的他，勤奋好学、活泼开朗，和同事关系相处融洽。这天，小张在公司遇到了总经理，为了表示自己的热情与尊重，他立即三步并作两步地跑过去向总经理问好。跑到总经理面前后，他立即伸出手紧紧地握住总经理的双手，上下摇了起来，说："总经理您好！很高兴见到您！"但这时，总经理微蹙眉头，面露不悦之色。小张感觉到了总经理的不悦，就尴尬地放开了自己的双手。但是，令他费解的是为什么自己主动热情地上前打招呼，会让总经理面露不悦。他一直纳闷不解，不知道自己哪里做错了。

【思考】

（1）小张和领导在握手时有何不妥之处，应该如何处理？

（2）见面礼仪中，致意方式有哪些？分别适用于什么场合？

学习目标

- 熟练掌握致意礼仪的动作要领。
- 熟练掌握不同类型致意礼的使用场合。

• 准确地将见面致意礼仪规范运用到服务中。

相关知识

致意礼仪是指借由行为举止来向他人表达问候、尊重和敬意，通常在迎送、拜访或被他人引见时作为见面的礼节。服务人员礼貌、得体的致意，不仅会给服务对象以友好、友善的印象，而且会让对方感受到良好的职业修养和企业形象。致意礼仪主要包括点头礼、鞠躬礼、握手礼和拱手礼。

一、点头礼

（一）点头礼的基本要求

视 频

点头礼的基本要求

在公共场合与相识者相距较远时、在一个场合多次见面时或与不太相识的人见面时，均可微笑点头向对方致意，以示问候。在服务场合，客运服务人员对旅客视而不见、不理不睬是极不礼貌的。

点头礼的具体做法是：抬头挺胸，背部挺直，目视对方，头部向下轻轻一点，同时面带笑容。注意不要反复点头不止，点头的幅度也不宜过大。

（二）点头礼适用的范围

（1）路遇熟人或与熟人、朋友在会场、剧院等不宜交谈之处见面，以及遇上多人而又无法一一问候时，可以点头致意。

（2）在一些公共场合遇到领导、长辈，一般不宜主动伸出手去握手。合适的做法是点头致意，这样既不失礼，又可以避免尴尬。

（3）和交往不深的认识者见面，或者遇到陌生人又不想主动接触，通过点头致意，表示友好和礼貌，同时可以避免一些不必要的交往和纠缠。

（4）一些场合不宜握手、寒暄，就应该用点头致意。如会议的迟到者，就不适宜与其他与会人员握手、打招呼。与落座较远的熟人无法握手致意时，只能采用点头致意的方式。

（5）一些非正式的场合，如在会前会间的休息室、在上下班的班车上、在办公室的走廊上，是不必握手致意甚至鞠躬的，只需轻轻点头致意。

二、鞠躬礼

鞠躬礼是人们在人际交往中对别人表示恭敬的一种礼节，既适用于庄严肃穆、喜庆欢乐的仪式，也适合于一般的社交、服务场合。

（一）鞠躬礼的基本要求

视 频

鞠躬礼

行鞠躬礼时，面向受礼者立正站好，保持身体端正，并拢双脚，目视对方，面带笑容。视线从对方面部落至于自己脚前方，鞠躬时必须伸直腰，保持头、颈、背一条直线。行鞠躬礼时上身须前倾弯腰，下弯的幅度可根据施礼对象和场合决定鞠躬的度数。一般为15°～60°，而90°的大鞠躬常用于特殊情况。鞠躬时可同时表示：“您好”、“谢谢”、“欢迎光临”、“请多多关照”等，如图3-1所示。

15° 鞠躬　　30° 鞠躬　　60° 鞠躬　　90° 鞠躬

图 3-1　鞠躬礼

1. 男士鞠躬要求

右手握空拳且大拇指内扣，左手四指并拢、虎口张开，左手握住右手手腕处，双臂自然下垂放置体前；脚跟靠拢，双脚尖处微微分开，如图 3-2 所示。

2. 女士鞠躬要求

右手搭握在左手手指部分，使左手四指不外露，左右手大拇指内收在手心处，四指并拢，双手虎口合实，稍向上提，叠置于小腹处。足跟靠紧，脚尖略微张开，或双脚呈丁字步，两脚尖稍稍展开，一只脚略向前，另一只脚略向后，前脚的脚后跟稍稍向后脚的脚背靠拢，后侧的膝盖向前方腿部靠拢，双膝并拢，两腿夹紧，如图 3-3 所示。

图 3-2　男士鞠躬礼

图 3-3　女士鞠躬礼

（二）鞠躬礼适用的场合

（1）鞠躬适用于庄严肃穆、喜庆欢乐的仪式场合。

（2）日常生活中学生对老师、晚辈对长辈、下级对上级、表演者对观众等都可行鞠躬礼。

（3）领奖人上台领奖时，向授奖者及全体与会者鞠躬行礼。

（4）演员谢幕时，对观众的掌声常以鞠躬致谢。演讲者也用鞠躬来表示对听众的敬意。

（5）遇到客人或表示感谢或回礼时，可行鞠躬礼。

（三）鞠躬礼的礼仪准则

（1）受到他人向自己行鞠躬礼时，应该立即还以鞠躬礼。

（2）地位较对方低的人要先鞠躬。当对方是长辈、师长或领导时，应该先鞠躬；当以主人的身份欢迎客人时，也要先鞠躬，表示尊敬或欢迎。

（3）地位较低的人鞠躬要相对深一些。这也是行鞠躬礼需要讲究的。如在日本，尤其在商界，了解你所接触的人的地位很重要，就连对方公司的地位级别也同样重要。例如，一家有实力的大公司的中层经理，比一家实力较小的小公司的部门经理地位高。行鞠躬礼时，地位较低的人不仅要首先鞠躬，而且要相对深一些。面对你的人地位越高，你的鞠躬就要越深。

三、握手礼

握手是日常交往的一般礼节，多用于见面时的问候与致意，也用于告别时的致谢与祝愿。人与人之间、团体之间、国家之间的交往都赋予这个动作丰富的内涵。一般说来，握手是一种表示友好的交流方式。看起来简单的握手，却蕴涵着繁多的礼仪细节，承载着丰富的交际信息。握手可以沟通原本隔阂的情感，可以加深双方的理解、信任，可以传达出热情的问候、真诚的祝愿、殷切的期盼、由衷的感谢，也可以传达出虚情假意、敷衍应付、冷漠与轻视。

（一）握手的姿态

1. 真诚专注

除悲伤的场合外，握手时，应该面带微笑，注视对方的双眼，以表诚意。可以边握手边说“你好”或者“欢迎光临”“请多多关照”等。倘若人多，也要真诚专注、逐一握手，切不可握着对方的手，眼神却瞟望其他人，这是很不礼貌、非常忌讳的动作。

2. 平等适度

行握手礼时，通常站立面向受礼者约一步的距离，双目要注视着对方的眼睛，上身稍向前倾，微笑致意，大方地伸出右手，四指并齐，虎口撑开与对方相握，手掌和手指稍用力，上下微微抖动 2 ～ 3 次，并且问候对方。握手要适度，握手的时间不能过长，一般以 3 ～ 5 秒为宜，关系亲近可以相握时间长些，如图 3-4 所示。

图 3-4 握手礼

与关系亲近者握手时，可稍加力度和抖动次数，甚至双手交叉热烈相握。与异性握手应该落落大方，大可不必“拘谨”、“矜持”，否则会有敷衍了事冷落对方之嫌。匆匆握一下就松手，让人感觉是在敷衍；久久地握着不放，也会让人感到尴尬，男士尤其不能长时间地握着女士的手。

【实例】

一天，王先生遇见一位他仰慕已久、十分敬重的学者。这时，这位学者正和其他的人在谈话。王先生心想，在这么多人面前，应该更加表示出对学者的敬重。于是，他走上前去打招呼。在与学者握手时，小王难以掩饰激动的心情，又连忙用左手盖握在对方的手背上，一直握住学者的手不放，并且寒暄了几分钟的时间。想一想，王先生的行为是否有不妥之处？

【分析】

将左手盖在对方手背上，属于“拥抱式握手”，主要用于特别亲密的老朋友之间。这位学者是王先生很尊敬的人，这样与其握手并不符合礼仪规范，不但不能表达热切与激动之情，还会适得其反。而且，握手时要控制时间，不要太长时间地握住他人的手不放，特别是这位学者还在和其他人谈话，王先生行礼更不该用较长的时间。

3. 先后有序

在社交活动中，握手代表了一定的情感态度，表示对对方的友好尊重。行握手礼时，握手的顺序应遵循“位尊者掌控局面”、“位高者先行”的原则，可表现在以下几个方面：

（1）长辈与晚辈之间，应当等长辈先伸手，晚辈再及时伸手接握。

（2）上级与下级之间，下级应该待上级主动伸手后再伸手。

（3）男士与女士之间，应让女士先主动伸手，男士才能伸手相握，如果女士没有握手的意思，男士可用点头礼表示礼貌。

（4）老师与学生之间，应该老师先伸手，然后学生再伸手接握。

（5）主人与客人之间，主人对前来拜访的客人，不论长幼、上下级或男女，均应先伸手，向来客表示热烈的欢迎。但客人道别时，应客人先伸手，意思是告诉主人“到此为止，请留步”；如果此时主人先伸手就成了“逐客令”了。

（6）一人与多人握手时，在熟悉的情况下应该按照由尊而卑的顺序一一握手。在不熟悉交往人员的情况下，如果对方是一字排开的话，要由近及远地逐个相握；如果对方是围成圈的，应该沿着顺时针方向与各人握手。

（二）握手的时机

（1）遇到较长时间未曾谋面的熟人，应与其握手，以示为久别重逢而万分欣喜。

（2）在被介绍与人相识，双方互致问候时，应握手致意，以示为相识而感到荣幸与高兴，愿与对方建立友谊与联系。

（3）当对方取得很大的成绩或重大的成果、获得奖赏、被授予荣誉称号或有其他喜事时，见面应与之握手以表示祝贺。

（4）在自己领取奖品时，应与发奖者握手以表示感谢。

（5）向他人表示恭喜、祝贺之时，如祝贺他人结婚、生子、升学、乔迁、事业成功或获得荣誉、嘉奖时，应与之握手，以示贺喜之诚意。

（6）应邀参加社交活动，如宴会、舞会、音乐会前后，应与主人握手，以表达谢意。

（7）参加友人、同事或上下级的家属追悼会，在离别时，应和死者的主要亲属握手，表示劝慰。

（三）握手的注意事项

（1）不要用左手握手。在对外交往中，尤其是在涉外场合，不要用左手与对方相握，因为有些国家和地区的人认为左手是不洁的，不能随便碰其他人。即使是左撇子，尽管写字可能用左手，握手也一定要用右手。

（2）要分清先后顺序。在正式场合，握手必须遵照“长者优先”、“女士优先”、“位高者优先”的原则。如果是两对夫妻见面，先是女性相互致意，然后男性分别向对方的妻子致意，最后是男性互相致意。

（3）不要戴手套握手。在社交活动中，如果女士佩戴的是搭配服装的薄纱手套，允许戴着手套和他人握手，但男士必须在与他人握手前脱下手套。在寒冷的冬季户外，或者因时间仓促来不及脱掉手套时，可以在握手时向对方表示歉意。

（4）不要戴着墨镜或戴着帽子与人握手，这是不合适的。

（5）不要交叉握手。在社交场合，如果要握手的人较多，可以按照一定的顺序进行，或由近及远或从左到右依次与人握手。多人同时握手时，注意不要交叉握手，这会相互影响，可以待别人握过之后再去握。

（6）握手时不要将另外一只手插在口袋里，应将之自然地放在身体的一侧，否则会有对交往对象不屑一顾之嫌；握手时另外一只手依旧拿着香烟等不放下、东张西望、左顾右盼等心不在焉的做法都是错误的。

（7）不要坐着与人握手。不能坐着与站着的人握手，这是对人的不尊重。如果你是坐着的，有人走过来和你握手，你必须站起来。一方面，起身握手要比坐着握手更有力度；另一方面，起身握手可以表现出对他人的尊重，同时表现出对自己的尊重。除非本身有不便或有疾病在身不方便起身，此时要向对方表示歉意。

（8）应注意双手的卫生。与对方握手之前，应该保持手部洁净。手部有灰尘或很脏，是对对方的不尊重。同时，要避免与他人握手后马上用手帕擦手，这是不礼貌的。

四、拱手礼

拱手致意在我国是一种传统的见面礼，是人们表示祝贺、祝愿、祝福的一种施礼方式。

（一）拱手礼的姿态

拱手礼自古男女有别。其姿势是起身站立，上身挺直，两臂前伸，双手在胸前高举相抱。男子姿势为右手呈空拳状，左手包住右手，因为右手是攻击手，包住以示善意。女子则左右相反，但不抱拳，只是用右手压左手。拱手的位置齐眉，上下略摆动几下，如图 3-5 所示。

图 3-5 拱手礼

（二）拱手礼的使用场合

（1）凡遇重大节日，如春节等，亲朋好友、街坊邻居、同事之间见面时，人们常常喜欢拱手为礼，以表祝愿；在为欢庆节日而召开的团拜会上，大家欢聚一堂，互相祝愿，也常用拱手礼以表敬意。

（2）凡遇婚礼、生日、庆功等喜庆场合，来宾也可以向新郎、新娘及其父母，或向寿星和当事人等行拱手礼表示祝贺和祝福。

（3）当双方告别、互道珍重时，或向对方表示歉意等时，也可用拱手礼表示。拱手致意时，往往与寒暄语同时进行，如可以说“恭喜、恭喜”“节日快乐”“久仰、久仰”“请多多关照”“后会有期”等。

（三）拱手礼的优越性

1. 干净卫生

因为我们的手每天都要接触各种各样的东西，无法时时保持手部干净卫生，一旦遇见有传染病的熟人，当对方热情地伸出手时，你虽然心里恐惧，但碍于情面可能也不得不“舍命陪君子”。如果双方行拱手礼，就不至于遇到这样的尴尬了。

2. 方便自如

当多位客人同时到访时，主人用拱手礼表示欢迎，可以避免一时应接不暇或者厚此薄彼的场面。

3. 灵活机动

拱手礼不受行礼距离的约束，在较远处或较大的范围内都能起到施礼的效果。

实训

一、实训准备

1. 一间礼仪实训室，墙面装有长度及地的镜子，能从头到脚照到训练人员。
2. 播放器、椅子、小纸片等。

二、实训背景

在服务情景中，按照见面致意礼仪规范正确表达见面致意。

三、实训步骤

1. 点头致意。

（1）教师向学生示范讲解点头礼的动作要领，并观看点头礼的礼仪视频。

（2）学生 2 人一组，进行分组配乐训练。

①站立，面带微笑，正视对方。

②屈颈，收颏，上身可以微微前倾。

2. 鞠躬礼。

（1）学生以 3 ~ 5 人为一个单位，进行分组，选出组长。

（2）在组长的带领下，学生按照之前讲解的鞠躬礼知识，展示自己的鞠躬礼。

①鞠躬基本要求：

a. 站立，须脱帽、立正、并拢双脚，目视对方、面带笑容。

b. 背直，伸直腰，头、颈、背保持在一条直线上。

c. 幅度，按照场合需要，进行幅度调整。

d. 目光，从对方面部移至地面斜前方。

②手位：

a. 双手置于身体两侧。

b. 右手搭在左手上叠放于体前。

③脚位：

a. V 字形。

b. 丁字步。

④基本鞠躬礼：

a. 男士站姿。

b. 女士站姿。

⑤鞠躬的注意事项。

（3）教师纠正错误的鞠躬礼，并示范和讲解标准的鞠躬礼。

（4）配乐训练。

①对镜训练法：

站在镜前，整理仪容仪表，轻松心情，调整呼吸至自然顺畅。练习不同角度的鞠躬礼，分别练习 15°、30°、45°、60° 和 90° 鞠躬礼。训练时，重点强调鞠躬时要保持上身挺直，面带微笑。眼神随着鞠躬的角度自然移动到地面斜前方。如此反复，多次练习，形成肌肉记忆。

②服务用语法：

学生每 2 人一组，分组练习。重点练习 15°、30° 和 45° 鞠躬礼。练习鞠躬礼时，同时伴随文明服务用语。例如“您好！”“早上好！”“您辛苦了！请稍作休息！”“欢迎光临！”“见到您很高兴！”“欢迎下次再来！”等。

③情景设定法：

鞠躬练习的过程中，思考 15°、30° 和 45° 鞠躬礼分别适用于什么时间和场合？

④微笑结合法：

将微笑服务与鞠躬礼相结合，进行训练。

3．握手礼

（1）配乐训练。

①教师向学生示范讲解握手礼的动作要领，并观看握手礼的礼仪视频。

②学生 2 人一组，进行分组练习。

a. 姿态：站立，面带微笑，双目平视对方。

b. 距离：约一步的距离。

c. 右手：伸出右手，四指并齐，虎口撑开，与对方相握。

d. 力度：手掌和手指稍用力。

e. 动作：上下微微抖动 2 ~ 3 次。

f. 时间：一般以 3 ~ 5 秒为宜。

g. 顺序：“尊者掌控局面”、“位高者先行”的原则。

h. 语言：语言根据场合变化，要得体。

（2）情景模拟。

①教师介绍本次模拟实训的情景，向学生示范讲解握手的礼仪要领。

②学生以 5 ~ 8 人为一个单位，根据模拟活动情景分组，对以下情景进行模拟练习。

a. 情景一：

王先生是 A 公司的销售经理，将应邀参加一项新产品的发布会，在会面时王先生应该如何得体地与他人行握手礼？

角色：

A 公司销售经理——王先生；

B 公司副总经理——赵先生；

B 公司销售总监——年长的刘女士；

C 公司总经理——董先生；

C 公司的总经理秘书——年轻的郑女士；

会议主持人——中年的郝先生。

b. 情景二：

在一家大型房地产公司的会议室里，一场营销人员的招聘会马上就要进行。有 10 位应聘者坐在会议桌的一侧，等待公司招聘人员的到来。10 位应聘者中，除小季来自国内某名牌大学外，其他人都是普通大学的毕业生。这时，公司人力资源部总监大步来到会议室，径直走向应聘者的座位前，先同求职者进行目光接触，然后微笑，同时伸出右手与应聘者一一握手示意。当该总监走到小季面前握手时，小季坐在椅子上也微笑着伸出手来握手致意。第一次面试后，有 50% 的人落选了，小季也在其中。小季有些想不通，凭学校的品牌和当场沟通的能力，自我感觉都不错，为什么会落选呢？

请帮助小季改正应聘时错误的握手礼做法，并加以模拟示范。

c. 情景三：

秘书小张是刚刚毕业的大学生，参加工作后，他虚心好学，把公司前辈接待来访的过程认真记在笔记中学习。在接待方面，特别注意迎客、待客、送客这三个环节，力求使来访者满意。

一天，办公室来了一位下级单位的工作人员。刚听到叩门声，小张就赶忙放下手中的工作，说声“请进”，同时起身相迎。来客进屋后，小张并未主动与对方握手，而是热情地招呼对方：“您好！请坐！您有什么事需要我帮忙吗？”小张的热情接待给对方留下了深刻的印象。

试分析此案例中秘书小张的做法是否符合接待礼仪的要求？请模拟小张接待下级单位工作人员的场景进行练习。

③确定模拟活动情景角色。

④分组训练，同组同学互换角色训练。

a. 抽签排序，按组逐一进行模拟展示。

b. 当本组学生进行模拟展示时，其他小组的同学进行观摩，并指出问题。

4. 拱手礼

（1）教师向学生示范讲解拱手礼的动作要领，并观看拱手礼的礼仪视频。

（2）学生 2 人一组，进行分组配乐训练。

①起身站立，上身挺直。

②两臂前伸，双手在胸前高举抱拳。

③拱手的位置齐眉，上下略摆动几下。

四、训练总结

1. 以小组为单位，进行评选活动。由教师进行综合评价，撰写实训报告。

2. 对照学习评价表，对自己的训练成果打分。

学习评价表

被考评人						
考评地点						
考评内容	见面致意训练					
考评标准	考评内容		分值 / 分	自我评价 / 分	小组评议 / 分	实际得分 / 分
	点头礼		20			
	鞠躬礼	15°	10			
		30°	10			
		60°	10			
	握手礼	姿势	10			
		表情	10			
		顺序	10			
	拱手礼		20			
合计			100			

注：考评满分为 100 分，85 分以上（包含 85 分）为优秀；75 ~ 84 分为良好；60 ~ 74 分为及格。

情境三　介绍与名片

情境导入

小王是 A 公司的业务经理，一次到 B 公司拜访，与 B 公司销售部经理就一批商品的采购事宜进行洽谈。在初次见面时，B 公司的销售部经理主动地进行了自我介绍后，便拿出名片恭敬地递上。A 公司业务经理小王接过名片后，一眼都没看就把名片随意放在了桌子上，匆忙地用手指了指旁边的助理，说："您把带来的资料给小陈就行了。"说完就着急与 B 公司的销售部经理开始洽谈起商品采购的业务。在洽谈过程中，A 公司的业务经理小王多次喝茶后，把茶杯放回桌子上时压在了 B 公司销售部经理的名片上，名片上面留下了茶叶的痕迹。B 公司销售部经理看在眼里，最后决定不与 A 公司合作。

【思考】

（1）B 公司销售部经理不与 A 公司合作的原因是什么？

（2）正式场合中，如何得体地进行介绍？

（3）使用名片时应该注意哪些礼仪规范？

学习目标

- 熟练掌握介绍形式与礼仪要求。
- 熟练掌握递接、索要名片的礼仪技巧。
- 将介绍与名片礼仪灵活运用到实际中去。

相关知识

一、介绍礼仪

在人际交往中，人们需要主动地与其他人进行必要的沟通，以寻求理解、帮助、合作与支持。互相不认识的双方需要彼此认识，并进一步合作交往时，首要的环节就是介绍。介绍是指个人或单位在相互交往过程中，为了使交往对象彼此互相有所了解而说明情况，从而增进了解、建立联系的一种最基本、最常规的方式。所以说，介绍是交际的桥梁，也是人们有效交往中的“见面礼”。

在接待工作中，服务人员如能正确地利用介绍，不仅可以得体地完成接待工作，而且有助于进行必要的自我展示和企业宣传。因此在接待场合中，服务人员必须熟练掌握有关介绍的相关礼仪。

（一）自我介绍

自我介绍是在必要的社交场合，由自己担任介绍人将自己介绍给他人，以便使对方认识自己的一种重要的、有效的社交方式。根据会面礼仪的具体规范，接待人员进行自我介绍要做到恰到好处、不失分寸，应注意以下几个方面：

1. 知晓途径

自我介绍一般除了口头介绍之外，可以用辅助社交工具，如用名片作自我介绍；也可以用辅助人员，即请一位既熟悉自己又熟悉需要相识对象的人，为自己引见。

2. 了解顺序

自我介绍的顺序，要遵循“位低者先行”、“位尊者有优先知情权”的礼仪原则，即地位低者与地位高者之间，地位低者应先向地位高者作自我介绍。如：晚辈与长辈之间，晚辈应先向长辈作自我介绍；男士与女士之间，男士应先向女士作自我介绍；职务低者与职务高者之间，职务低者应先向职务高者作自我介绍；学生与老师之间，学生应先向老师作自我介绍；主人与客人之间，主人应先向客人作自我介绍等。

3. 掌握方式

根据自我介绍的具体内容、实际需要、所处场景及具体对象，自我介绍的方式主要可分为以下四种：

（1）应酬式。应酬式的自我介绍，内容最为简洁，主要适用于某些公共场合和一般性的社交场合。如在旅行途中、宴会厅里、舞场上结识的一般性接触的交往对象，介绍内容要少而精，例如：“您好！我叫某某。”

（2）工作式。工作式的自我介绍，主要适用于工作之中。以工作为自我介绍的中心，因工作而交际。介绍内容应当包括本人姓名、供职的单位及其部门、担任的职务或从事的具体工作等。例如：“我叫陈某某，是某某公司销售部经理。”

（3）交流式。交流式的自我介绍，主要适用于社交活动中。这是一种刻意寻求与交往对象进一步交流与沟通，希望对方认识自己、了解自己并与自己建立联系的自我介绍。具体内容可包括姓名、工作、籍贯、学历、兴趣以及与交往对象的某些熟人关系等。例如：“我名叫张 ××，在 ×× 公司工作。我是中国人民大学商学院毕业的，咱们是校友，对吗？”

（4）礼仪式。礼仪式的自我介绍，适用于讲座、报告、演出、庆典、仪式等一些正规而隆重的场合。这是一种意在表示对交往对象友好、敬意的自我介绍。内容包含姓名、单位、职务等，还需加入适当的谦辞、敬语，以表示对交往对象的尊重。

4. 把握时机

自我介绍一般在较为正式的场合中进行，要选择适当的时机介绍自己。如：应选择与对方初次见面时、对方有兴趣时、对方有空闲时、对方情绪好时、对方有要求时，或者选择对方对自己比较专注的时候、选择外界干扰比较少的时候等。当对方休息用餐或正忙于私人交往之时，不宜进行自我介绍。

5. 掌握时间

在进行自我介绍时要掌握好时间，力求简洁。进行自我介绍时，应尽可能地节省时间，并以半分钟左右为宜。如无特殊情况，最好不要长于1分钟。为了节省时间，在进行自我介绍时，还可利用名片、介绍信加以辅助。

6. 讲究态度

进行自我介绍时，态度务必自然、友善、亲切、随和。既不要小里小气、畏首畏尾，又不要虚张声势、轻浮夸张、矫揉造作。在进行自我介绍时，要充满信心和勇气，要敢于正视对方的双眼，显得胸有成竹、不慌不忙。这样做，将有助于自我放松，并使对方对自己产生好感。在自我介绍的具体过程中，语气要自然，语速要正常，语音要清晰。

7. 实事求是

与人交往必须讲诚信，介绍自己时理应实事求是，自我介绍的内容要真实可信。不可自吹自擂、弄虚作假、夸大其词，否则定会得不偿失。也没有必要妄自菲薄、过分谦虚、一味贬低自己去讨好别人。应让对方了解一个真实的自我，诚实交往才能赢得对方尊重。

（二）介绍他人

介绍他人是指介绍者以第三者的身份，为彼此不相识的双方引荐、介绍的一种介绍方式。介绍他人是替他人作介绍，又称为第三者介绍。这种介绍通常都是双向的，即将被介绍者双方均进行介绍。有时根据具体情况，也可以进行单向的介绍，即只将被介绍者中的某一方介绍给另一方。

介绍他人应遵循以下几个方面的礼仪规则：

1. 谁来介绍

根据礼仪原则，不同的场合需要不同的人来替他人介绍。如：在宴会上，可由主办方的人员作介绍；去私人寓所作客时，由熟悉双方的女主人作介绍；在聚会场合，由与被介绍双方相识者作介绍；在公务往来中，由双方的专业人士，如办公室主任、领导秘书、前台接待、公关人员等人士作介绍。

2. 为谁介绍

作为介绍人，应事先熟悉具体情况，不要盲目介绍。应为互相不认识的双方作介绍，为有相识愿望的双方作介绍。千万不要主观臆断、自作主张，以免弄巧成拙。介绍者为被介绍者作介绍之前，不仅要尽量征求一下被介绍者双方的意见，而且在开始介绍时还应再打一下招呼，切勿开口即讲，显得突如其来，让被介绍者措手不及。

3. 介绍手势

在服务过程中，无论是自我介绍还是为他人作介绍时，服务人员的手势动作都应该文雅、大方。介绍时的姿态应当是使被介绍者面向对方，伸出手做出介绍手势。

视频
介绍手势

介绍手势的具体做法是:手掌向上，五指并拢，手掌抬至肩的高度，并指向被介绍的一方。切忌不可以用手指点或拍打被介绍一方的肩和背，这样做太粗俗无礼。当别人介绍到你或对方向你自我介绍后，应以微笑、点头或握手的方式作出回应。如果你正坐着，应该立即起立。如有些不便,则面带微笑点头示意,或者稍起欠身,以示礼貌,如图3-6所示。

图 3-6　介绍手势

4. 介绍顺序

在为他人作介绍时,应遵循“位尊者有优先知情权”的礼仪原则。也就是说，在为他人作介绍前，应先确定双方地位的高低。在进行介绍时，首先介绍位低者，然后介绍位高者。这样做，可以使位高者优先了解位低者的情况，以便在交际应酬中掌握主动权。

为他人作介绍时，顺序大致有如下几种情况：

（1）介绍年长者与年幼者时，应先介绍年幼者，后介绍年长者。

（2）介绍长辈与晚辈时，应先介绍晚辈，后介绍长辈。

（3）介绍老师与学生时，应先介绍学生，后介绍老师。

（4）介绍女士与男士时，应先介绍男士，后介绍女士。

（5）介绍已婚者与未婚者时，应先介绍未婚者，后介绍已婚者。

（6）介绍同事、朋友与家人认识时，应先介绍家人，后介绍同事、朋友。

（7）介绍来宾与主人认识时，应先介绍主人，后介绍来宾。

（8）介绍上级与下级认识时，应先介绍下级，后介绍上级。

（9）介绍职位、身份高者与职位、身份低者认识时，应先介绍职位、身份低者，后介绍职位、身份高者。

5. 介绍内容

在为他人作介绍时，介绍者对介绍的内容应当字斟句酌，准确得当。根据实际需要的不同，为他人作介绍时的内容也会有所不同。通常有如下五种形式：

（1）标准式。适用于正式场合，内容以双方的姓名、单位、职务等为主。

（2）简洁式。适用于一般的社交场合，内容只包含双方姓名，其他内容由被介绍双方进行进一步交流。

（3）引见式。适用于气氛比较轻松的社交场合。介绍者将被介绍者双方引导到一起，不需要介绍任何具有实质性的内容。

（4）推荐式。适用于比较正规场合，一般是介绍者有备而来，有意要将某人举荐给某人，因此在内容方面，通常会对被介绍者的优点加以重点介绍。

（5）礼仪式。适用于正式场合，是一种最为正规的他人介绍。内容包含双方的姓名、单位、职务等。须加入适当的谦辞、敬语，语气、表达、称呼上应更为礼貌、谦恭。

（三）团体介绍

团体介绍是他人介绍的一种特殊形式。是指两个交往团体之间，或者交往者个人与团体间的双向或单向的介绍。一般都在比较正式的场合进行。团体介绍应注意以下几个方面内容：

1. 介绍类型

（1）团体与个人间的介绍。如贵宾、专家、领导等个人到某单位参观、指导等，被造访的机构需要多人（即团体）出面时，就需要进行团体与个人间的介绍。

（2）团体与团体间的介绍。如某单位组织代表团到另一个单位进行交流访问，或者上级领导部门到下级单位检查督导，且在两个团体之间并不熟悉的情况下，需要团体之间的相互介绍。

2. 介绍顺序

（1）“位低者先行”。

进行团体介绍时，若被介绍者双方地位、身份之间存在明显差异，要遵循“位尊者有优先知情权”、“位低者先行”的礼仪原则，即把地位低的团体先介绍给地位高的另一团体。每个团体内部人员的介绍顺序要遵循“自尊而卑”的礼仪原则，即团体内部人员的介绍顺序是先介绍地位高者，再介绍地位低者。如果遇到外单位团体来参观访问，作为东道主的接待方，应该先把本团体的成员逐个向客人团体介绍。如果是上级部门莅临指导或检查工作，作为下级单位的团体，理应先向上级部门的团体介绍参与接待的每一位成员。

（2）“少数服从多数”。

当被介绍者双方地位、身份大致相似，或者难以确定时，应当使人数较少的一方礼让人数较多的一方，一个人礼让多数人。即先介绍人数较少的一方或个人，后介绍人数较多的一方或多数人。

3. 介绍内容

团体介绍的内容，基本上与他人介绍的内容相同，不过要求更正式、更准确、更清晰。应注意以下两方面内容：

（1）不使用有歧义的简称。

在正式场合进行团体介绍时，简称切勿乱用。例如，不要讲“人大”、“消协”，而应讲全称“中国人民大学”、“消费者协会”。至少要在首次介绍时使用准确的全称。

（2）不随意开玩笑。

进行介绍时，要庄重、亲切。切勿刻意为营造轻松气氛，随意拿被介绍者开玩笑，这绝对是失礼的。

二、名片礼仪

名片是社交活动中与他人初次见面时使用的一种最为实用的介绍性媒介，是人们用作交际、联系业务、结交朋友或送给他人作为纪念的自我的“介绍信”，它就像一份个人简单的履历表。名片，是一个人身份、地位的象征，也是使用者要求社会认同，获得社会理解与尊重的一种方式。

名片使用起来简便、灵活、文明、易于保存，而且不讲尊卑、不分职业，无性别限制均可使用，因此很受职场人士的欢迎。在职场交往中，使用好自己的名片，让你的名片受到重视；管理好他人的名片，这是职场人际关系管理中重要的资源。在现代社会，人们越来越重视名片的使用。

（一）名片的设计

1. 尺寸

一般长 9 cm，宽 5.5 cm。

2. 排版

名片上的字体一般是横向排版的，有时也可竖排。

3. 双面

一面用中文，另一面则可以用英文。

4. 内容

一张标准的商务名片，通常包含姓名、职务、公司名称、公司地址、电话号码、传真号码以及公司标志、商标等，如图 3-7 所示。

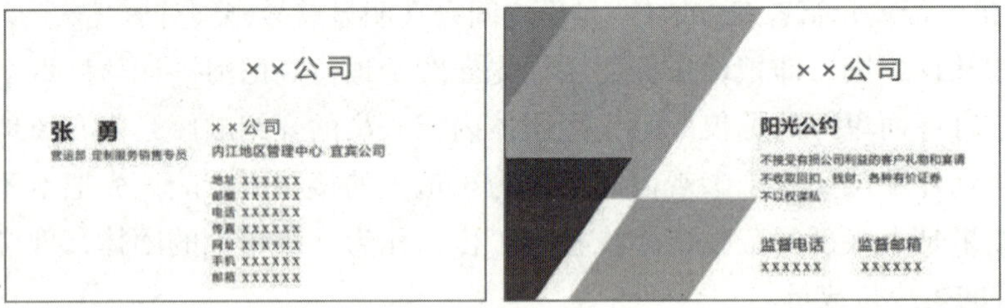

正面　　反面

图 3-7　名片

（二）名片的功用

（1）名片便于商业宣传。在与客户初次见面时，商务人士运用名片是自我宣传与企业宣传的一种手段。

（2）名片便于社交活动。在社交场合，名片用作自我介绍的媒介，可以打破无人介绍的僵局，展现热情。

（3）名片便于保存信息。光靠头脑记忆，容易忘记。这样可以方便初识的人们交流思想情感，不必忙于记忆对方的有关信息。

（三）名片的妙用

（1）当与对方第一次见面时，一般要赠送一张名片，这是十分得体的礼仪。出示名片，表明你有与对方继续保持联络的意向。

（2）在非正式邀请中，把注有时间、地点和内容的名片装入信封发出，可以代替请柬，这比口头和电话邀请更正式。

（3）拜访客户的时候，如果客户不在，可留下一张名片，让客户知道你曾来拜访过。

（4）向客户赠送礼物和鲜花时，如本人不能亲自前往，让人代为转交，可以附上名片一张，留上祝贺之语。

（5）送交工作材料、邮寄商业信函时，可附上一张便笺和一张名片以便日后继续联络。

（6）在名片上可以印制公司的业务范围、地址、联系电话等，具有类似广告宣传的作用，可以让别人了解自己所从事的业务，有助于业务宣传。

（7）在宾客较多的会议场合，对宾客的姓名、职务不太清楚的情况下，索要名片可帮助你及早了解来客的身份，也可以把名片摆放在桌上当座位图使用。

（四）名片的递接

1. 递送名片

递送名片时，应以站立的姿态，面带微笑，正视对方。用双手的大拇指和食指夹名片两角，名片上的文字正面朝向对方，如图 3-8 和图 3-9 所示。千万不要用食指和中指夹着名片，这样不礼貌。

图 3-8　递送姿态

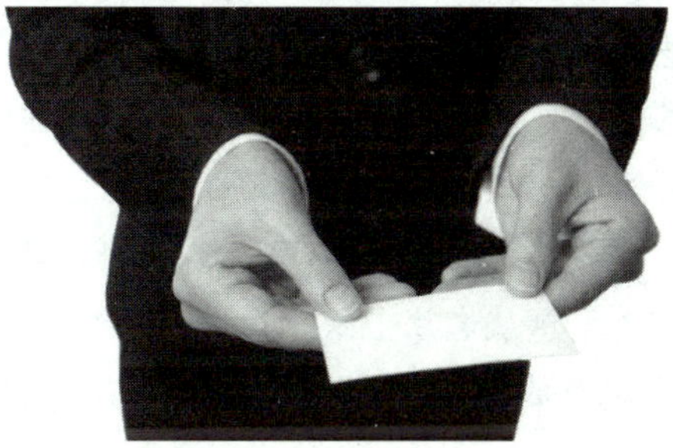

图 3-9　递送手势

如果双方同时递名片，自己的名片应从对方的稍下方递过去。对名片的保管应该使用精致的名片夹，或者精巧的名片盒。名片不可如同传单滥发。

2. 位低者先行

一般情况下，递送名片给对方的先后次序要遵循“尊者有优先知情权”、“位低者先行”的礼仪原则。如：职位低的人先向职位高的人递名片；男性先向女性递名片；当对方不止一人时，应先将名片递给位高者或年长者；如果地位高低和年龄大小界限不明显时，则可先和自己对面左侧方的人交换名片，然后按“从左至右”的顺序进行。

3. 接过名片要欣赏

对方递过来的名片，应该用双手接过，以示尊重。接过名片后要仔细地看一遍，可对名片上的内容作赞赏式的简要评价。对名片上的有不认识的，要及时请教对方，以免造成以后的尴尬。

4. 语言要得体

向对方出示名片时，可以说:“这是我的名片，如果您有别的问题，请随时拨打上面的电话给我。”当职位或通信方式有变化时，可以说：“您好！这是我的新名片。”

接受名片时要说“谢谢！”，还可以边看边稍加评论，可以说：“陈总，您好！贵公司近期研发的新产品，受到消费者的一致好评，恭喜！”

5. 收管好名片

在与对方交谈的过程中，收到名片后不要立刻放进名片夹里，应放在面前的桌上。交谈结束后，不能将名片随意遗忘在桌上或地上，应该将名片保管好，放在名片盒或名片夹、公文包里，不可随意塞入口袋。如果名片过多，要做好分类收藏，方便查找。

6. 要回赠名片

接过别人的名片后，要拿出自己的名片递给对方，如果自己没有名片或者没带名片，应该首先对对方表示歉意，并说明理由。

【实例】

A公司新建的办公大楼需要添置一批办公家具，总价值数百万元。公司的总经理已做了决定，向B公司购买这批办公用具。

一天，B公司的销售部负责人打来电话，要上门拜访这位总经理。总经理打算，等对方负责人来了，就签合同定下这笔生意。不料B公司负责人比预定的时间提前了2小时到达A公司，原来是由于B公司听说A公司的员工宿舍也要在近期内落成，希望员工宿舍需要的家具也能从B公司购买。为了洽谈此事，销售负责人还带来了一大堆的资料，摆满了台面。总经理没料到对方负责人会提前到访，就匆忙出门迎接，自我介绍后递送了名片，告之等忙完手边的事情再与其商谈采购相关事宜，便让秘书请对方稍作休息。可是，这位销售员等了不到半小时，就开始不耐烦了，一边收拾起资料一边说："我还是改天再来拜访吧。"

这时，总经理发现对方在收拾资料准备离开时，将自己刚才递上的名片不小心掉在了地上，对方却并没发觉，走时还无意从名片上踩了过去。这个不小心的失误，令总经理改变了初衷，B公司不仅没有机会与A公司商谈员工宿舍的设备购买，连几乎到手的数百万元办公用具的生意也"告吹"了。

【分析】

B公司销售部负责人的失误，看似很小，其实是巨大而不可原谅的失误。名片在商业交际中是名片主人"自我的延伸"，因此接过他人名片要妥善保存。B公司销售负责人弄丢了A公司总经理的名片，已经是对他人的不尊重，更何况还踩上一脚，顿时让这位总经理产生反感。此外，更改预约到访时间，要提前通知对方。B公司销售负责人没有按预约的时间到访，不曾提前通知，又没有等待的耐心和诚意，丢失了这笔生意也就不是偶然的了。

（五）名片的索要

1. 平等法

在主动递上自己的名片后，对方按常理会回给自己一张名片。如果对方没有回送，需要向对方索要时，可以在递上名片时说明："能否有幸与您交换一下名片？"

2. 暗示法

用含蓄的语言暗示对方，如果你向长辈、尊者索要名片时，可以说："请问今后如何向您请教？"平辈或晚辈表达此意时，可以说"请问以后怎样与您联系？"

（六）递送名片的注意事项

（1）在交际场合中，如需要名片，则应事先预备好，不要在使用时再临时翻找。不要发送破损或者脏污的名片。

（2）用餐时不要发送名片。无论参加私人或商业餐会，名片都不可以在用餐时发送，而应等到用餐结束。在私人宴会上，除非有人索要，否则不要散发名片，那样会混淆商务与社交的界线。

（3）对于陌生人或者巧遇的人，不要在谈话中，很早地送出自己的名片，因为太过热情，一方面会打扰别人，另一方面有推销自己的嫌疑。

（4）在多人社交场合，不要到处散发自己的名片，要有所选择，搞宣传、拉业务的意图太明显并不好。

（七）名片的管理

（1）随身携带的名片，最好放在专用的名片夹里。不要把名片随意放在裤兜、提包、钱包里，这样做既不正式，也显得杂乱无章。在公文包以及办公桌抽屉里，也应经常备有名片，以便随时使用。

（2）对名片进行分类管理。可以按地域分类，如按省份、城市划分；也可以按行业分类；还可以按人际关系资源的性质分类，如同学、客户、专家等。

（3）有效利用好名片的功能。在工作的间隙，养成经常翻看名片的习惯，给对方打一个问候的电话，发一个祝福的短信等，让对方感觉到你的存在和对他的关心与尊重。

（4）定期对名片进行清理。对所有的名片与相关资源数据进行全面性的整理，依照关联性与重要性、长期互动与使用概率、数据的完整性等因素，将其分类。对确定不需要的名片应及时销毁。

实训

一、实训准备

1. 一间礼仪实训室，墙面装有长度及地的镜子，能从头到脚照到训练人员。
2. 播放器、椅子、名片等。

二、实训背景

在不同情景中，按照介绍与名片礼仪规范进行正确表达。

三、实训步骤

1. 配乐练习。

（1）教师向学生示范讲解递接名片的动作要领。观看名片递接的礼仪视频。

①姿态：站立的姿态，面带微笑，正视对方。

②双手：用双手递接，以示尊重。

③手位：用双手的大拇指和食指夹名片两角。

④朝向：名片上的文字正面朝向对方。

⑤顺序："尊者有优先知情权"、"位低者先行"、"从左至右"。

⑥欣赏：仔细看名片，对名片上的内容进行赞赏式的简要评价。

⑦语言：递接语言要得体。

⑧保管：将名片保管好，放在名片盒或名片夹中。

（2）学生 2 人一组，配合音乐，进行分组练习。

（3）在小组练习过程中，教师对错误的手势进行纠正，并示范和讲解正确的手势。

2. 知识拓展。

（1）学生以 5 ~ 8 人为一个单位，进行分组。

（2）启发学生思考以下问题：

①在进行介绍他人和团体介绍时，介绍者应如何运用手势？

②介绍者在介绍过程中，应该注意哪些礼仪细节？

③社交场合中，如何进行名片的同时递接？有哪些注意事项？

（3）教师就介绍手势与名片递接进行讲解，并加以示范。

①介绍手势：

a. 规范站姿，面带微笑。

b. 手掌向上，五指并拢。

c. 手掌抬至肩的高度，并指向被介绍的一方。

②单手递接名片：

a. 站立，面带微笑，正视对方。

b. 大拇指和食指夹名片一角，名片上的文字正面朝向对方。

c. 遵循“左递右接”的顺序原则。

③双手递接名片：

a. 站立，面带微笑，正视对方。

b. 手大拇指和食指夹名片两角，名片上的文字正面朝向对方。

c. 遵循“尊者在上”、“上递下接”的顺序原则。

3. 情景模拟。

（1）学生以 5 ~ 8 人为一个单位，进行分组，并选出组长。

（2）教师介绍本次实训的内容和模拟实训的情景。

①情景一：

赵先生是 A 公司新上任的业务经理，将去参加某一新产品的研讨会，在会面时赵先生应该如何灵活恰当地与他人交换名片？

②情景二：

张先生是 A 公司营销经理，将去参加本公司一项新产品的发布会，在发布会上，张先生应该如何灵活、恰当地向他人介绍自己？

③情景三：

小韩是 A 公司的总经理秘书，在一次与 B 公司的签约活动中负责接待工作。A 公司的总经理与销售经理出席签约活动，B 公司前来参加签约活动的领导有副总经理、业务经理及助理小杨，为了能够顺利地完成本次接待任务，请问秘书小韩在介绍双方出席活动领导时，应该如何介绍才符合礼仪规范？

（3）确定模拟活动情景角色。

（4）分组训练，同组同学互换角色训练。

①抽签排序，按组逐一进行模拟展示。

②当本组学生进行模拟展示时，其他小组的同学进行观摩，并指出问题。

四、训练总结

1. 以小组为单位，进行评选活动。由教师进行综合评价，撰写实训报告。

2. 对照学习评价表，为自己的训练成果打分。

学习评价表

被考评人						
考评地点						
考评内容	介绍与名片训练					
考评标准	考评内容		分值 / 分	自我评价 / 分	小组评议 / 分	实际得分 / 分
	介绍礼仪	自我介绍	10			
		介绍他人	20			
		团体介绍	20			
	名片礼仪	名片递送	20			
		名片接取	20			
		名片妙用	5			
		名片保存	5			
合计			100			

注：考评满分为 100 分，85 分以上（包含 85 分）为优秀；75 ~ 84 分为良好；60 ~ 74 分为及格。

情境四　陪同引导

情境导入

小丁刚参加工作不久，公司正筹备举办一次科技创新学术交流会，国内很多知名学者、著名企业高管都将应邀前来出席会议。小丁和几位同事被安排负责参加会议人员的接待工作。

接待当天，小丁早早地来到机场。当等到来参加会议的领导时，他热情地上前迎接，便开口说：“您好！您是来参加 ×× 公司举办的科技创新学术交流会的吗？请报上您的单位及姓名，以便我们安排好您的就餐与住宿问题。”对方见小丁上前询问，便告之个人信息。小丁有条不紊地做好了记录后，便安排客人乘车前往会场。到达会场后，小丁为客人引路。小丁一路小心翼翼，很怕自己出了什么差错。虽然自己一向走路很快，但是他这次特意放慢步伐，一路带着客人，为客人细心服务。不管是上下楼梯，还是进出电梯，小丁一直都保持走在客人的前面，做好带路工作。

接待工作结束后，小丁原本以为圆满完成了本次接待任务，可是，却受到了上级领导的批评。

【思考】

（1）为什么小丁的这次接待服务会受到了上级领导的批评？

（2）在接待过程中，服务人员引导礼仪应该注意哪些方面？

学习目标

- 熟练掌握接待礼仪中引导手势规范要领，并运用到实际中去。
- 熟练掌握行进中、宴请、会议、乘车引导礼仪的要点。
- 熟练掌握区分并运用会议、合照座次中“内外有别”的原则。

相关知识

在接待过程中，服务人员作为带领客人到达目的地的引导者，其一言一行都直接影响着服务对象对企业服务的印象，因此服务人员应懂得基本的引导礼仪，掌握正确的引导方法和接引姿势，从礼节上多多注意，不可失礼于人而有损自己和企业的形象。

一、服务手势

（一）“请”的手势

1. 横摆式

视频

横摆式手势

（1）用于指示行进方向时：具体做法是：五指并拢，手掌自然伸直，手心向上，肘微弯曲，腕低于肘。开始做手势应从腹部之前抬起，以肘为轴轻缓地向一旁摆出，到腰部并与身体正面成 45° 时停止。头部和上身微向伸出手的一侧倾斜，另一手下垂或背在背后，目视宾客，面带微笑，表现出对宾客的尊重、欢迎。同时使用“请这边走！”等礼貌用语，如图 3-10 所示。

（2）用于指引楼梯上行时：具体做法是：五指并拢，手掌自然伸直，手心向上，右手从右侧抬起，指向楼梯上行方向，大臂与小臂成 120°，右手心在与地面平行的基础上向上翻 45°，手腕与肩在同一条直线上，目光朝向右手尖所指方向。同时使用“请这边走！请您注意台阶！”等礼貌用语，如图 3-11 所示。

（3）用于指引楼梯下行时：具体做法是：五指并拢，手掌自然伸直，手心向上，右手从右侧抬起，指向楼梯下行方向，大臂与小臂成 160°；右手心在与地面垂直的基础上向上翻 45°，目光朝向右手尖所指方向。同时使用“请这边走！请您注意台阶！”等礼貌用语，如图 3-12 所示。

视频

曲臂式手势

2. 曲臂式

曲臂式手势适用于请人进门。在使用曲臂式手势引导旅客时，客运服务人员要言行并举。具体做法是：五指并拢，手掌伸直，以肘关节为轴，手臂弯曲，从身体的侧前方，由下而上抬起，上臂抬至离开身体 45°的高度，然后以肘关节为轴，手臂由体侧向体前左侧摆动成曲臂状，手臂高度保持在胸以下。目视来宾，面带微笑，同时使用“请”“请进！”等礼貌用语，如图 3-13 所示。

图 3-10　指示行进方向

图 3-11　指引楼梯上行

图 3-12　指引楼梯下行

图 3-13　曲臂式

3. 双臂横摆式

当来宾较多时，表示“请”可以动作大一些，采用双臂横摆式。具体做法是：两臂从身体两侧向前上方抬起，两肘微曲，向两侧摆出。指向前进方向一侧的臂应抬高一些、伸直一些，另一手稍低一些、弯曲一些。也可以双臂向一个方向摆出。同时使用“诸位请”等礼貌用语。

视 频

直臂式手势

4. 直臂式

在服务过程中，为旅客指引方向或具体位置时，可采用直臂式手势。具体做法是：五指伸直并拢，手心斜向上，手臂向外侧横向摆动，曲肘由腹前抬起，向目标方向摆去，手臂抬至肩高时停止，肘关节基本伸直。同时使用“请您朝 ×× 方向看！”“请您对照后方列车时刻表！”等礼貌用语。在指引方向时，身体要侧向来宾，眼睛要兼顾所指方向和服务对象，如图 3-14 所示。

5. 斜臂式

服务旅客并请其入座时采用斜臂式手势。具体做法是：用双手扶椅背将椅子拉出，然后一只手曲臂由前抬起，再以肘关节为轴，前臂由上向下摆动，使手臂向下成一斜线，表示请来宾入座。同时使用“您请坐！”“请入座”等礼貌用语，如图 3-15 所示。

图 3-14　直臂式

图 3-15　斜臂式

视 频

斜臂式手势

（二）鼓掌的手势

鼓掌意在欢迎、欢送、祝贺、鼓励他人。作为一种礼节，鼓掌应当做得恰到好处。在鼓掌时，标准的动作是：面带微笑，抬起两臂，抬起左手手掌至胸前，掌心向上，以右手除拇指外的其他四指轻拍左手中部。此时，节奏要平稳，频率要一致。

至于掌声大小，则应与气氛相协调为好。例如，表示喜悦的心情时，可使掌声热烈；表达祝贺之时，可使掌声时间持续；观看文艺演出时，则应注意勿使掌声打扰演出的正常进行。通常情况下，不要对他人“鼓倒掌”，即不要以掌声讽刺、嘲弄别人。也不要在鼓掌时伴以吼叫、吹口哨、跺脚、起哄等做法，否则会破坏鼓掌的本来之意义。

（三）举手致意

有时看见相熟的同事、朋友，而自己正在忙碌，无暇分身相迎，常会举手致意。举手致意既可伴以相关的言词，也可代以手势表示。

举手致意的正确做法是：全身直立，面向对方，在目视对方的同时要面带微笑、略略点头。手臂轻缓地由下而上，向侧上方伸出，手臂可稍有弯曲，也可全部伸直。致意时伸开手掌，掌心向外面向对方，指尖指向上方。举手致意时，手臂的摆动应由下而上，有节奏地摆动，切记手臂不要向左右两侧来回摆动，如图 3-16 所示。

图 3-16　举手致意

（四）举手礼

铁路客运服务人员值乘时，有时会用到举手礼。行举手礼时，行礼者目光要注视受礼者，右手五指并拢平展，向内上方举手至帽沿右侧边沿，小臂形成45°，如图3-17所示。

图3-17　举手礼

视频
挥手道别

（五）挥手道别

挥手道别也是服务交往中的常规手势，采用这一手势的正确做法是：身体站直，不要摇晃和走动。目视对方，不要东张西望，眼看别处。可用右手，也可双手并用，注意不要只用左手挥动。手臂尽力向上前伸，不要伸得太低或过分弯曲。掌心向外，指尖朝上，手臂向左右挥动；用双手道别，两手同时由外侧向内侧挥动，不要上下摇动或举而不动。

视频
递接物品

（六）递接物品

服务人员在递送物品时，应该注意以下几个方面：

（1）双手为宜。递送物品时，保持站立姿势，身体微向前倾，双手递物最佳。不方便双手并用时，也要采用右手。以左手递物，通常被视为失礼之举，如图3-18所示。

（2）递于手中。递给他人的物品，以直接交到对方手中为好。不到万不得已，最好不要将所递的物品放在别处。

（3）主动上前。若双方相距过远，递物者理当主动走近接物者。假如自己坐着的话，应起身站立。

（4）方便接拿。在递物时，应为对方留出便于接取物品的地方，不要让其感到接物时无从下手。将带有文字的物品递交他人时，还须使之正面朝向对方。

（5）尖、刃内向。将带尖、带刃或其他易于伤人的物品递与他人时，切勿以尖、刃直指对方，应当使其朝向自己或是朝向他处。

接取物品时，服务人员应当起身而立，主动走近对方，用双手或右手，不宜单用左手。接取物品时要目视对方，而不要只顾注视物品，并要在对方递过物品时，再伸出手前去接取，切勿急不可待地直接从对方手中抢取物品，如图3-19所示。

图3-18　递送物品

图3-19　接物姿态

二、行进中引导的方法

（一）走廊引导

引导前应先礼貌邀请对方：“您好！请这边走。”或“您好！请随我来。”行进中，接待人员应走在客人左侧前方两三步（约1米距离）的位置进行引导，配合客人的步调，不能只顾自己径直前行，也不宜停下脚步与人闲聊，而应当视与客人的相识程度，微微侧身把头部和上身转向客人，与其寒暄、交谈，以示友好、热情。在拐角转弯处，应该让客人走在内侧，并伸手指明方向。

（二）楼梯引导

引导客人上楼时，应请客人走在前面，接待人员走在后面，若客人中有女性身穿裙装，接待人员则应该走在女性客人前面进行上楼引导；引导客人下楼时，应该由接待人员走在前面，请客人走在后面。引导并说："请这边走。""请从这里上（下）楼。"上下楼梯时，接待人员应该注意客人的安全。

（三）电梯引导

引导客人乘坐电梯时，接待人员应在电梯侧面按住门，以防电梯门夹碰客人，应请客人先进入，接待人员随后跟入，站在离电梯按钮近的位置，并按到达楼层的开关。在电梯内不能盯视客人，电梯停稳后，要招呼："×楼到了，请注意安全。"然后，请客人先走出电梯，接待人员再走出电梯，如图3-20所示。

图3-20　电梯指引

（四）会客厅引导

到达会客室或办公室门口，要向客人说明："您好！已到达会客室（办公室）。"进入房间要先敲门，敲门的方法是将右手的手指弯曲，用食指或中指不轻不重、有节奏地敲2～3下，里面有应答声后再开门进入。应主动为客人开门，如果门是朝外开的，要先将门拉向自己一边，请客人先入；如果门是朝里开的，要先推门进入，然后扶住门，侧身请客人进入。

引导客人进入会客厅后，接待人员应该请客人入座，并将室内的最佳位置让给客人。引客人入座时，要对客人说："您请坐！"并以手示意。待客人落座后，接待人员应行点头礼示意，然后离开。离开时可以伴随"请您稍等"、"旅途劳顿，请您稍作休息"等礼貌接待用语。客人落座后，应及时提供茶水或饮料。

三、宴请引导的方法

宴请宾客时，座次安排不仅使参加宴会者入席时井然有序，更能体现出对宾客的尊重。举行正式宴会时，一般都事先安排座次，餐桌上要摆桌次牌和姓名标志牌。而举行非正式宴会时，虽然有时桌次和席位不预先排定，但就座也有主次之分。服务人员要按照正确的座次，对服务对象进行入座引导。

（一）关于宴请桌次的安排

1．两桌宴请桌次排序

当两桌按横排放置时，应遵循"以右为尊"的原则。因此，右侧为1号桌，左侧为2号桌。这里所说的"右"，依据的是进入房间后，面对正门时的位置来确定的，如图3-21所示。

当两桌按竖排放置时，应遵循"居远为上"的原则。这里所说的远，依据的是与正门间的距离。因此，远离门的位置为1号桌，靠门的位置为2号桌，如图3-22所示。

2. 多桌宴请桌次排序

多桌宴请桌次的安排，应遵循“居中为上”“居远为上”“以右为尊”的原则。1 号桌在离门最远处的中央位置，1 号桌的右侧是 2 号桌位置，左侧是 3 号桌位置。如果在多排排列的情况下，其他桌位按此规律依次排列，如图 3-23 和图 3-24 所示。

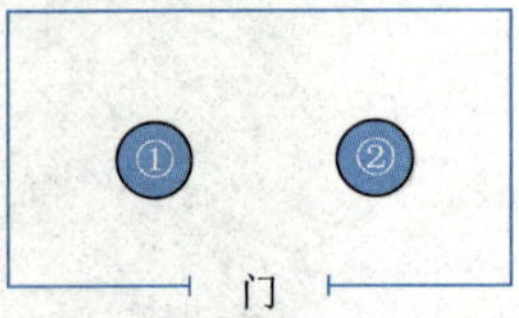

图 3-21　横排桌次

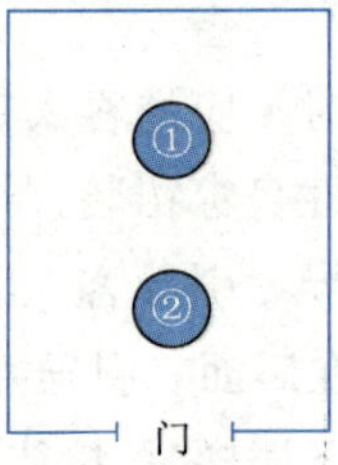

图 3-22　竖排桌次

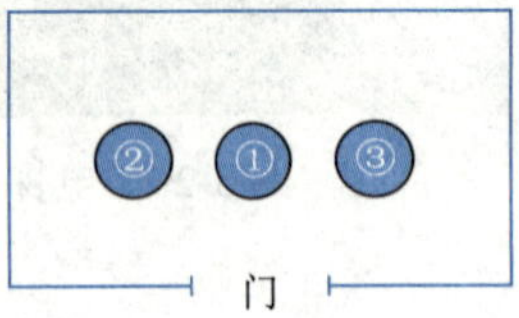

图 3-23　三桌次序

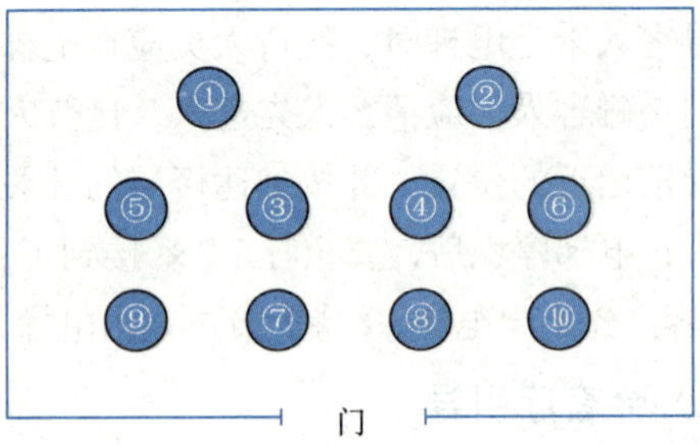

图 3-24　多桌次序

（二）关于席位次序的安排

宴请时，主客席次的具体安排应遵循“面门为上”“居中为上”“居远为上”“以右为尊”“靠墙为上”“观景为上”的原则。

安排座次时，首先要进行“主位定位”，确定主人 1 号位的位置。这时，应该考虑面门居中者为上，一般坐房间正对门中央位置的人是主人 1 号位。主人 1 号位右侧位置为宾客 1 号位，左侧位置为宾客 2 号位。在主方有两人或两人以上的情况下，主方位低者应该背门而坐，其他宾客则应按照“以右为尊”的原则，按“Z”字排列在主方人员两侧，如图 3-25 和图 3-26 所示。

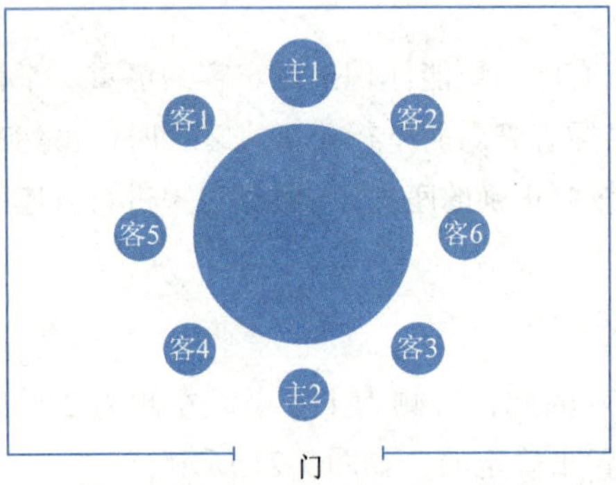

图 3-25　主方两人情况

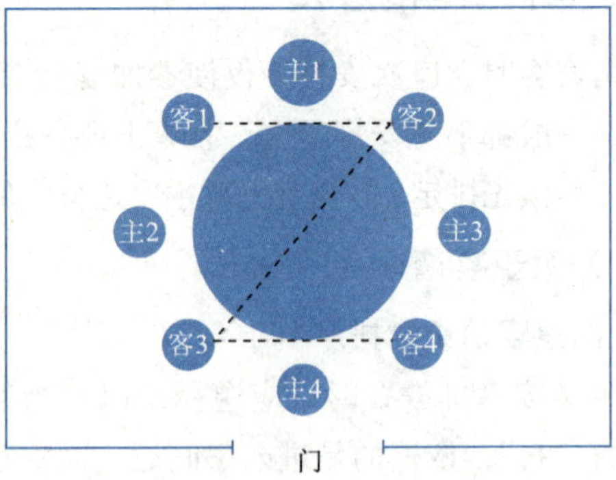

图 3-26　主方多人情况

在就餐房间的门不是正开的情况下，应该优先考虑“背墙为上”的原则。主人 1 号位的确定，要以背靠主体墙面的位置为准；即使有的餐厅门是正开的，但有特殊装饰物的主体墙面不与正门相对时，此时应根据实际情况，以主体墙面为主要参照物确定主人 1 号位。宾客位置的确定，再根据“以右为尊”的原则依次排列。在就餐房间为观景房的情况下，应该优先考虑“观景为上”的原则。主人 1 号位的确定，要以观景视野最佳的位置为准。宾客位置的确定，再根据“以右为尊”的原则依次排列。

四、会议引导的方法

（一）关于会议主席台座次的安排

主席台的座次排列，要遵循“居中为上”、“以左为尊”、“中外有别”的原则。会议前必须排好座次并放置名签，以便与会人员对号入座，避免上台之后互相谦让的尴尬。

在国内举行大型会议时，在主席台就座人数为奇数的情况下，主席台正中央位置为 1 号位，1 号位左侧位置为 2 号位，右侧位置为 3 号位，其他成员按照此规律依次排列；主席台人数为偶数时，主席台正中央两个位置为 1 号位和 2 号位，2 号位在 1 号位的左侧位置，1 号位的右侧位置为 3 号位，其他人员按此规律依次排列，如图 3-27 和图 3-28 所示。

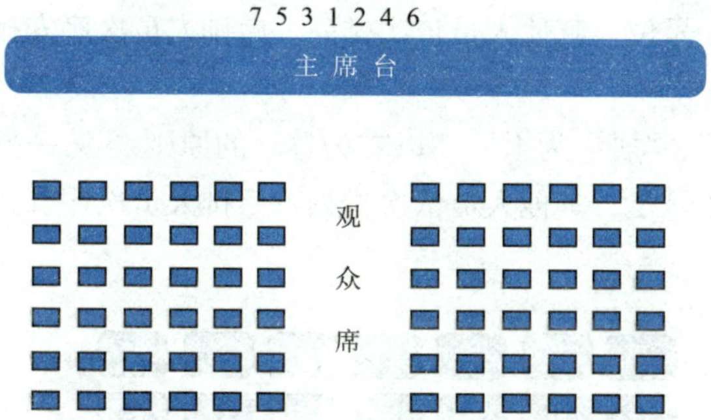

图 3-27　国内主席台人数为奇数的座次安排

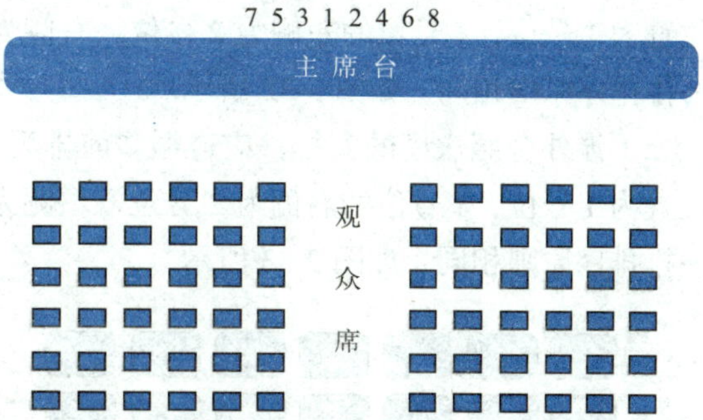

图 3-28　国内主席台人数为偶数的座次安排

在涉外会议中，主席台的座位安排应遵循“以右为尊”的国际惯例。主席台人数为奇数时，主席台正中央位置为 1 号位，1 号位右侧位置为 2 号位，左侧位置为 3 号位，其他成员按照此规律依次排列；主席台人数为偶数时，主席台正中央两个位置为 1 号位和 2 号位，2 号位在 1 号位的右侧位置，1 号位的左侧位置为 3 号位，其他人员按此规律依次排列，如图 3-29 和图 3-30 所示。

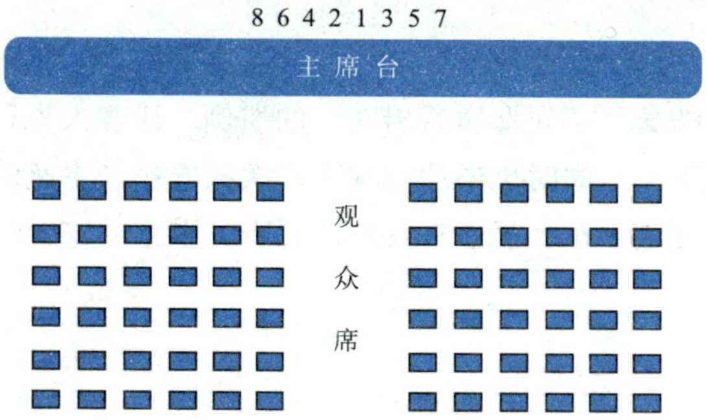

图 3-29　涉外主席台人数为奇数的座次安排

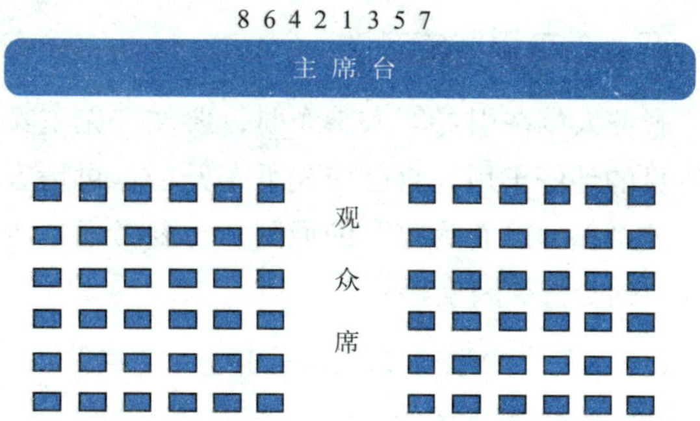

图 3-30　涉外主席台人数为偶数的座次安排

（二）关于座谈会座次的安排

座谈会或茶话会的座次安排，一般情况下，应遵循“面门为上”、“居中为上”、“以左为尊”的原则。与会双方的座次安排为，尊方人员面门而坐，另一方背门而坐。与会双方各自座次安排按照“居中为上”、“以左为尊”的原则排列。

例如，B 方邀请 A 方进行双边会谈，这时，A 方作为宾客出席会议，即为尊方。因此，A 方的最高领导应坐在面门正中央 A1 位置，其左侧位置为 A2，右侧为 A3，其他 A 方人员按照“以左为尊”的原则依次排列。B 方为会议的主办方，则应背门而坐，其成员座位排列依然按照“居中为上”、“以左为尊”的原则进行排序，如图 3-31 所示。

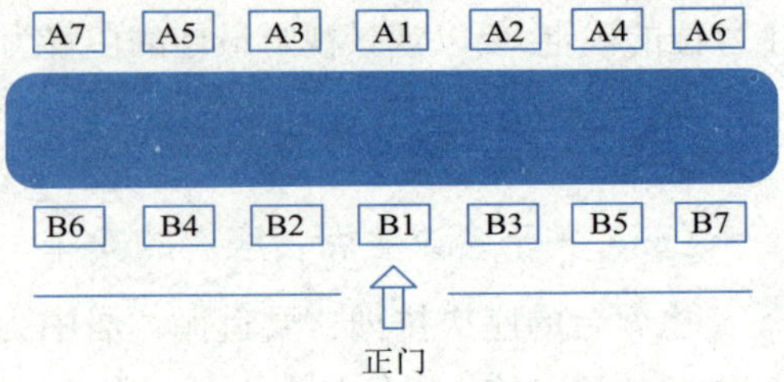

图 3-31　会议室座次

（三）关于商务合照的站位

在安排商务合照的具体次序时，关键要注意“内外有别”，对国内合照的排序与涉外合照排序加以区分。

（1）国内合照次序的安排，应遵循“前排为上”、“居中为上”、“以左为尊”的原则。第一排中央位置为 1 号位，1 号位的左侧为 2 号位，右侧为 3 号位，其他人员依次排列。后排人员次序安排和第一排排序原则相同，如图 3-32 所示。

（2）涉外合照次序的安排，应遵循“前排为上”、“居中为上”、“以右为尊”的原则。第一排中央位置为 1 号位，1 号位的右侧为 2 号位，左侧为 3 号位，其他人员依次排列。后排人员次序安排和第一排排序原则相同，如图 3-33 所示。

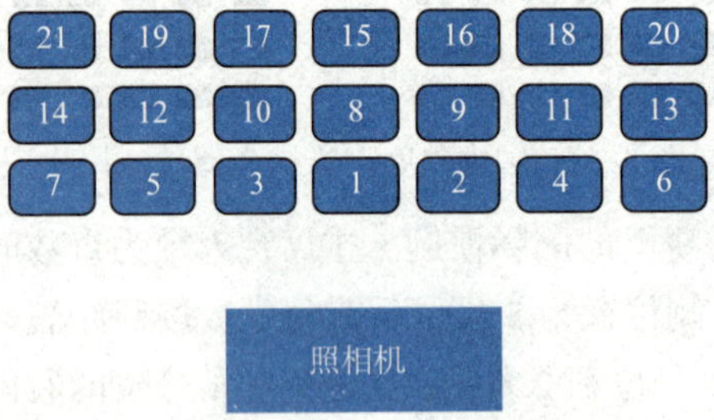

图 3-32　国内合照次序

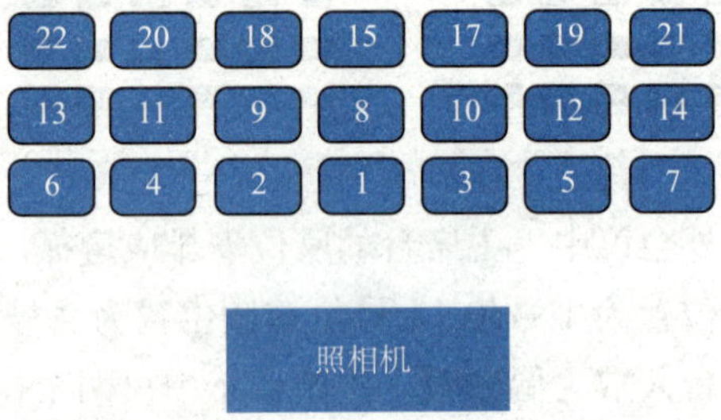

图 3-33　涉外合照次序

五、乘车引导的方法

服务人员在引导客人乘车时，要按“先主宾后随员”、“先女宾后男宾”的惯例，让客人先行。到达目的地停车后，自己应先下车开门，再请客人下车。同时也要注意乘车座次的安排，主座的确定应该遵循“以右为尊”的原则，也要考虑是否方便上下车、是否有良好的视野、乘车的安全性、驾驶员的身份等因素。

（一）关于小轿车的座次安排

1. 四座小轿车座次安排

（1）若驾驶员的身份是司机时，后排右座（副驾驶后方）为 1 号位，后排左座（驾驶员后方）

为 2 号位，副驾驶座为 3 号位，如图 3-34 所示。

（2）若驾驶员的身份是主人时，副驾驶座为 1 号位，后排右座（副驾驶后方）为 2 号位，后排左座（驾驶员后方）为 3 号位，如图 3-35 所示。

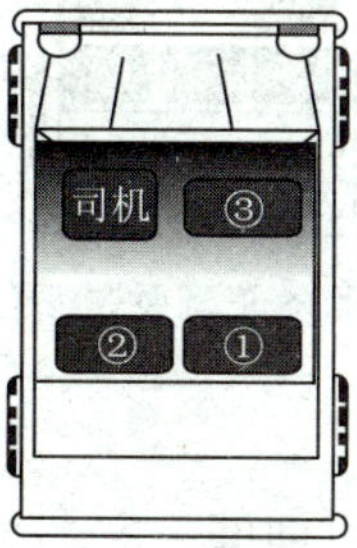

图 3-34　四座车驾驶员身份为司机

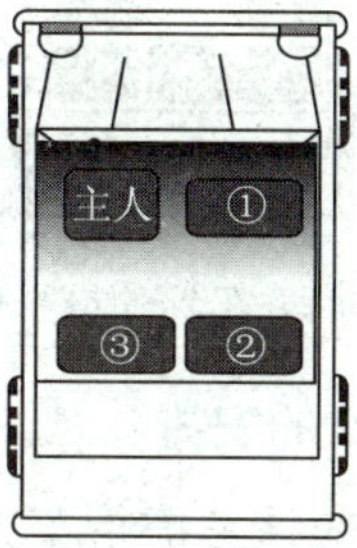

图 3-35　四座车驾驶员身份为主人

2. 五座小轿车座次安排

（1）若驾驶员的身份是司机时，后排右座（副驾驶后方）为 1 号位，后排左座（驾驶员后方）为 2 号位，后排中座为 3 号位，副驾驶座为 4 号位，如图 3-36 所示。

（2）若驾驶员的身份是主人时，副驾驶座为 1 号位，后排右座（副驾驶后方）为 2 号位，后排左座（驾驶员后方）为 3 号位，后排中座为 4 号位，如图 3-37 所示。

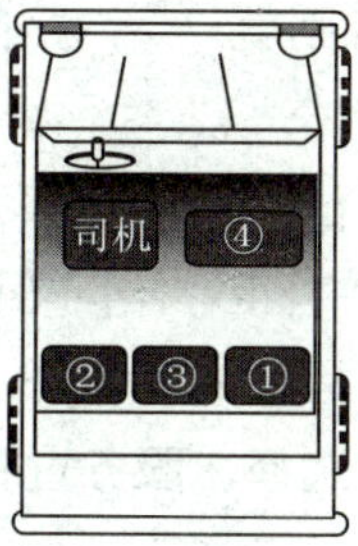

图 3-36　五座车驾驶员身份为司机

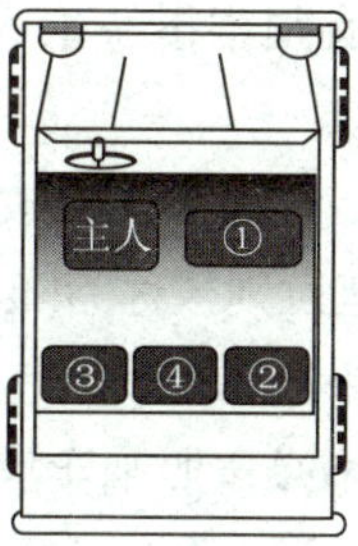

图 3-37　五座车驾驶员身份为主人

（二）关于吉普车座次的安排

乘坐吉普车时，无论驾驶员的身份是主人还是司机，都以副驾驶座为 1 号位，后排右座（副驾驶后方）为 2 号位，后排左座（驾驶员后方）为 3 号位，后排中座为 4 号位，如图 3-38 所示。

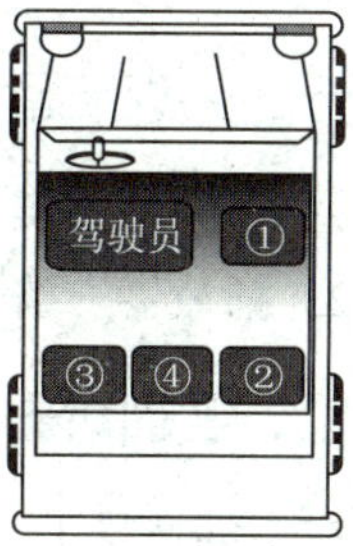

图 3-38　吉普车座次

（三）关于商务车座次的安排

（1）若驾驶员的身份是司机时，后排右座为 1 号位，后排左座为 2 号位，后排中座排为 3 号位，中排右座为 4 号位，中排左座为 5 号位，副驾驶为 6 号位，如图 3-39 所示。

（2）若驾驶员的身份是主人时，副驾驶为 1 号位，后排右座为 2 号位，后排左座为 3 号位，后排中座排为 4 号位，中排右座为 5 号位，中排左座为 6 号位，如图 3-40 所示。

图 3-39　商务车驾驶员身份为司机

图 3-40　商务车驾驶员身份为主人

（四）关于列车座次的安排

列车座次的安排，应该考虑行车方向和良好视野度两个方面的因素，即遵循“风景为上”、“行车方向为上”的原则。与列车方向同向并靠窗的位置为 1 号位，1 号位对面的位置为 2 号位，与列车方向同向并靠近过道的位置为 3 号位，3 号位对面为 4 号位，如图 3-41 所示。

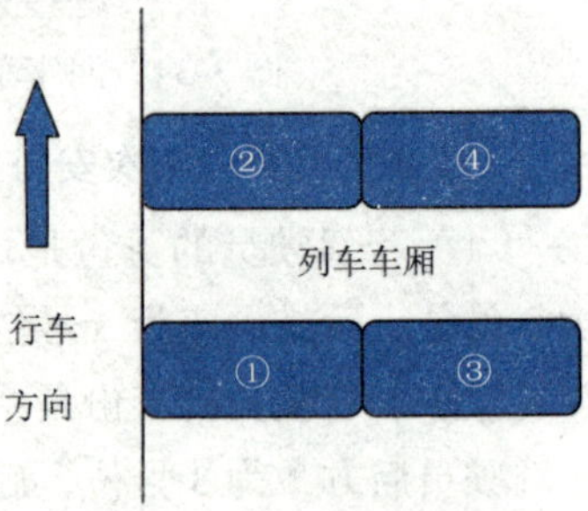

图 3-41　列车座次

（五）乘车座次安排的注意事项

（1）当主人亲自驾车时，若只有一人乘车，则必须坐在副驾驶座上；若多人乘车，则必须推举一个人在副驾驶座上就座，否则就是对主人的失敬。

（2）在社交场合中，考虑乘车的安全性问题，副驾驶的座位不宜请妇女、儿童、老人就座；在公务活动中，副驾驶的座位则被称为随员座，专供秘书、翻译、警卫、陪同等随从人员就座。

（3）接待礼仪中，乘车的座次也应因人而异、因时而异。标准的做法是：客人选择坐在哪里，哪里就是尊位。所以，不必按照乘车座次原则，来纠正客人的选择。服务过程中，尊重服务对象就是尊重他人的选择。

实训

一、实训准备

1. 一间礼仪实训室，墙面装有长度及地的镜子，能从头到脚照到训练人员。

2. 播放器、椅子等。

二、实训背景

在不同情景中，按照陪同引导礼仪规范进行正确表达。

三、实训步骤

1. 配乐练习。

（1）基础手势练习。

①练习不同类型手势礼。伴随音乐，分别练习横摆式、曲臂式、直臂式、斜臂式、双臂横摆式

引导手势。训练时，注意头部和上身都要向伸出手的一侧微微倾斜的角度，注视宾客。

②练习引导手势时，加入服务用语。例如“您好！请这边走。”“您好！请进。”“您好！请入座！”“您好！会议室在二楼，请这边走。”等。

③两人一组，相互练习横摆式、曲臂式、直臂式、斜臂式、双臂横摆式引导手势。在练习过程中，思考不同的引导手势适用于哪些情况。

（2）行进中手势练习。

①练习转弯处引导手势。训练时，注意接待人员应走在客人左侧前。在拐角转弯处，应该让客人走在内侧，并伸手指明方向。同时使用“请这边走！请您注意台阶！”服务用语。

②练习楼梯上、下行时引导手势。训练时，注意上楼时，应请客人走在前面，下楼时，请客人走在后面。同时使用“请这边走！请您注意台阶！”、“请从这里上（下）楼。”服务用语。

③练习电梯引导手势。训练时，注意进电梯时，请客人先进入，电梯停稳后，请客人先走出。同时使用“× 楼到了，请注意安全。”服务用语。

④练习会客厅引导手势。训练时，注意敲门方法、开门方式、请入座手势等。同时使用“您好！已到达会客室（办公室）。”“您请坐。”等服务用语。

2. 知识拓展。

（1）小组讨论。引导学生思考以下问题：

①为什么接待礼仪中，要求服务人员应在客人左侧前方两三步（约 1 米的距离）位置进行引导？怎么理解正式场合中的“距离有度”？

②接待人员与服务对象彼此之间的空间距离可分为哪几种？思考后加以示范。

（2）理论知识。人与人之间不同的空间距离，实际上与彼此之间的心理距离直接相关。因此，“距离有度”，已成为接待礼仪的基本准则之一。在接待过程中，服务人员与服务对象共处时，应保持与双方关系相适应的空间距离。若相距过近，会令服务对象产生其私人空间被“侵犯”之感；若相距过远，则又会令服务对象感到被有意冷落。

在正式场合中，接待人员与接待对象彼此之间的空间距离，大体上可以划分为下列四种：

①私人距离：是指交往双方之间的空间距离在 0.5 米之内。主要适用于家人、恋人和至交之间，因此，又被称为“亲密距离”。也可以用于对特殊服务对象（包括老、弱、病、残、孕）进行必要的照顾之时。

②交际距离：是指交往双方之间的空间距离保持在 0.5 ～ 1.5 米。主要适用于一般性的人际交往，因此，又被称为“常规距离”。在接待过程中，接待人员与服务对象均应自觉地与对方保持此种距离。

③礼仪距离：是指交往双方之间的空间距离应当大于 1.5 米，小于 3 米。主要适用于较为隆重的场合，如庆典、仪式、会见、会议等。表达对交往对象的敬意。因此，又被称为“敬人距离”。

④公共距离：是指交往双方之间的空间距离大于 3 米。主要适用于接待人员在公共场所中与素不相识者共处之时。在公共场所中，陌生人之间绝对不宜相距过近，否则就会令彼此都感觉不快。因此，也被称为“有距离的距离”。

3. 情景模拟。

（1）学生以 5 ~ 8 人为一个单位，进行分组。

（2）教师介绍本次模拟实训的情景，向学生示范讲解陪同引导的礼仪要领。

①情景一：

小蔡是公司的一名新员工，她和同事小张一同在前台负责接待来访客人和转接电话工作。每天上班后的前两小时是业务最忙的时候，电话不断，来访客人很多。一天，有一位与销售部陈经理预约好的客户，提前 20 分钟到达公司。小蔡马上通知销售部，销售部助理说，陈经理正在接待一位重要的客人，请对方稍等。小蔡转告客人说："陈经理正在接待一位重要的客人，请您坐下等一会儿。"正说着，电话铃响了，小蔡匆匆用手指了指旁边的椅子，赶快去接了电话。客人听完后，面有不悦。小张在旁边接完电话，赶快为客人递上一杯水，与客人闲聊了几句，以缓解客人的不满情绪。

a. 小蔡在这次接待服务中出现了什么问题？

b. 请帮助小蔡改正错误，并进行接待场景模拟演练加以示范。

②情景二：

时间：某周二的上午 9:30。

地点：办公室。

人物：胡总经理、何秘书、前台小张、接待员小宋。

（胡总经理与何秘书从大门方向走来，何秘书站在胡总经理的右后方，当他们走到接近前台的地方时，胡总经理放慢了脚步，何秘书走向前台咨询。）

前台小张：（起身鞠躬，面带微笑注视对方）您好，请问有什么可以帮助您的吗？

何秘书：你好，我们是 B 公司前来赴约，见你们王总经理的。

前台小张：二位请稍等，我们的接待人员马上引领你们过去。

何秘书：好的，谢谢。

前台：不客气！两位请这边坐，稍等一下。（斜臂式手势引导二人落座）

（胡总经理与何秘书走到旁边的接待椅前，入座。过了一会儿，接待员小宋到来，二人离座）

接待员小宋：（30° 鞠躬，面带微笑）两位好，这边请。请注意台阶！

（行进中引导二人上下楼梯，来到会客厅门外。这时，会客厅的大门是关着的，王总经理因会议还没有结束，此时没有到达会议室。）

何秘书：好的，谢谢（开门，横摆式手势引导二人进门）您好！两位请进！

胡总经理、何秘书：谢谢！

接待员小宋：（斜臂式手势引导入座）两位请坐！请稍作休息，王总经理开完会后马上过来。

胡总经理、何秘书：谢谢！

③情景三：

华丰公司是国内一家上市电器公司，近期，正和德国一家手机公司进行项目合作。今天，华丰公司派销售部的王经理、翻译小杨和司机老张前去机场迎接从德国远道而来的客户，分别是对方公司的总经理格林先生和总经理助理布莱尔先生。

到达机场后，销售部的王经理与翻译小杨提前到达出站口，等待接机。双方会面后，王经理与翻译小杨主动上前热情问候，与总经理格林先生、助理布莱尔先生双方相互介绍。相互认识后，由司机老张开车，前往客户下榻的酒店。

请为这五位安排一下乘车座位次序，并模拟接机现场，进行接待礼仪演练。接待细节必须包括称呼、握手、名片的递接、陪同引导的手势、得体的交谈与乘车礼仪规范。

④情景四：

在前往酒店的途中，王经理和格林先生一路上谈得甚是投缘。在酒店安顿好行李之后，又驾车陪同客户前往预定好的民族特色餐厅，与华丰公司的其他领导共进晚餐。出发前，王经理提议，要亲自开车前往餐厅。

请再次为这五位安排一下乘车座位次序，并模拟酒店现场，进行接待礼仪演练。接待细节必须包括行进中的引导、上下楼梯与进出电梯引导、得体的交谈与乘车礼仪规范。

⑤情景五：

晚上 6 点，华丰公司的总经理与副总经理，早已在预定好的包房等候。宾客到达后，双方热情地相互打招呼。互相认识后，落座共进晚餐。

请为华丰公司的总经理、副总经理、王经理、翻译小杨与外宾总经理格林先生、助理布莱尔先生六人安排就餐席位，并模拟宴请现场，进行接待礼仪演练。接待细节必须包括称呼、握手、陪同引导的手势、得体的交谈与宴请座次礼仪规范。

⑥情景六：

第二天，双方准备在华丰公司会议室，进行正式签订合作协议仪式，销售部王经理作为公司代表负责签约仪式，助理小张负责接待工作。小张引导总经理格林先生与助理布莱尔先生到达会议室，双方入座后，顺利地进行了签订合作协议仪式。

请为华丰公司的销售部王经理、助理小张、翻译小杨与外宾总经理格林先生、助理布莱尔先生五人安排会议座次。并模拟会议现场，进行接待礼仪演练。接待细节必须包括称呼、握手、行进中的引导、上下楼梯与进出电梯引导、得体的交谈与会议室座次礼仪规范。

（3）确定模拟活动的情景角色。

（4）分组训练，同组同学互换角色训练。

①抽签排序，按组逐一进行模拟展示。

②当本组学生进行模拟展示时，其他小组的同学进行观摩，并指出问题。

四、训练总结

①以小组为单位，进行评选活动。由教师进行综合评价，撰写实训报告。

②对照学习评价表，为自己的训练成果打分。

学习评价表

<table>
<tr><td>被考评人</td><td colspan="6"></td></tr>
<tr><td>考评地点</td><td colspan="6"></td></tr>
<tr><td>考评内容</td><td colspan="6">陪同引导训练</td></tr>
<tr><td rowspan="11">考评标准</td><td colspan="2">考评内容</td><td>分值 / 分</td><td>自我评价 / 分</td><td>小组评议 / 分</td><td>实际得分 / 分</td></tr>
<tr><td rowspan="6">服务手势</td><td>横摆式</td><td>10</td><td></td><td></td><td></td></tr>
<tr><td>曲臂式</td><td>10</td><td></td><td></td><td></td></tr>
<tr><td>斜臂式</td><td>10</td><td></td><td></td><td></td></tr>
<tr><td>直臂式</td><td>10</td><td></td><td></td><td></td></tr>
<tr><td>双臂横摆式</td><td>10</td><td></td><td></td><td></td></tr>
<tr><td>其他</td><td>10</td><td></td><td></td><td></td></tr>
<tr><td rowspan="4">引导方法</td><td>行进中引导</td><td>10</td><td></td><td></td><td></td></tr>
<tr><td>宴请引导</td><td>10</td><td></td><td></td><td></td></tr>
<tr><td>会议引导</td><td>10</td><td></td><td></td><td></td></tr>
<tr><td>乘车引导</td><td>10</td><td></td><td></td><td></td></tr>
<tr><td colspan="3">合计</td><td>100</td><td></td><td></td><td></td></tr>
</table>

注：考评满分为 100 分，85 分以上（包含 85 分）为优秀；75 ~ 84 分为良好；60 ~ 74 分为及格。

情境五　茶水服务

情境导入

小黄是公司的一名新员工，刚刚大学毕业，勤快好学。公司要举办新款电子产品发布会，安排小黄负责接待前来与会的 A 公司客户代表。他认真地做起接待的前期准备工作：确定来访人员的人数、性别、年龄及职务，熟悉接待流程、整理接待过程中所需注意的事项等。

发布会当天，A 公司的副总经理张先生、总经理助理小范、业务部经理蔡女士及技术部副总经理刘先生出席会议，比原定时间提前来到了公司。小黄连忙热情地上前招呼客人，一路谨慎行事，很怕自己哪个环节出了什么差错。距离发布会还有一段时间，小黄引导客人到会客室稍作休息，连忙前去茶水间为客人准备茶点。一会儿，只见小黄从茶水间出来，两手各端着一杯刚沏泡好的茶水，一路小碎步跑到了客人面前。由于茶水太烫、倒得太满，他有些拿不住，就赶忙"咣当"一声将两杯茶水放在离自己较近的桌子上，茶水溅了出来，弄湿了桌子。小黄跟坐在桌旁的助理小范说了句："请用茶！"就连忙转身又跑去茶水间为其他两位客人取茶水。助理小范见此状，皱了皱眉头，连忙起身把另一杯茶水递给了坐在旁边桌子旁的副总经理。

【思考】

（1）小黄在这次接待服务中出现了哪些问题？

（2）服务人员在茶水服务过程中应该注意哪些礼仪规范？

学习目标

- 熟练掌握茶水服务的流程。
- 熟练掌握茶水服务的技巧与注意事项，并拓展了解茶知识。
- 理解接待过程中茶水服务的意义。

相关知识

接待过程中，茶水服务是常用来表达对到访客人的欢迎的方式。茶水服务可以解决到访者的口渴问题，也可以缓解紧张的气氛。做好茶水递送服务，会给客人留下良好的服务印象与企业形象。

一、茶水的准备

（一）检查仪容仪表

服务人员按规定着装，保持服装整洁，无破损，无污迹。女性服务员按要求盘头、化淡妆。注意个人卫生，尤其手部清洁。

（二）准备茶具

备齐服务所需物资和用具，并保证干净整洁、完好和有效。

（三）泡茶

待客时我们常常忽略了一些该有的泡茶礼仪，这可能会让客人觉得不够礼貌，甚至有可能让别人误认为是一种常识的缺失。泡茶前，服务人员先向客人说出准备好的茶的种类，询问客人喝什么茶，然后再进行泡茶。

（1）温杯、烫壶。在冲茶、倒茶之前最好用 90 ℃以上的开水冲烫茶壶、茶杯。这样，既讲究卫生，又显得彬彬有礼。不仅要温茶壶，还要温杯。用左手拿起碗盖，注满盖碗，接着右手拿壶，注入茶杯。

（2）夹取茶叶。将茶筒中的茶叶放入茶壶或茶杯中时，最好使用竹或木制的茶匙取茶，若没有茶匙，可将茶筒倾斜对准茶壶或茶杯，轻轻抖动使适量的茶叶落入茶壶或茶杯中。放置的茶叶不宜过多，也不宜太少。茶叶过多，茶味过浓；茶叶太少，泡出的茶就会没有味道。假如客人主动介绍自己喜欢喝浓茶或淡茶的习惯，那就按照客人的口味把茶泡好。切忌用手抓茶叶，以免细菌或杂味混入。

（3）洗茶。洗茶，也称为浸茶。是将沸水冲入茶壶或茶杯中，滚水注入使茶叶翻滚，达到温润和清洗茶叶的目的，有利于茶叶的舒展和茶汁的浸出。

（4）冲泡。向茶壶内加入热水冲泡第一泡茶，待茶叶充分泡开后，拿起茶壶缓慢倒入茶杯。倒茶时无论是大杯还是小杯，都不宜倒得太满，通常倒至杯子的七八分满为宜。冲泡第二次时，时间要比第一泡时增加 20 秒，以免影响茶的浓淡。

（四）摆盘

泡茶后，分别把茶杯、茶托和干净的抹布放在托盘上。摆放时重心应在托盘的中心部分，摆放均匀。托盘内放上洁净的花垫或布垫，垫布的大小和托盘相适应，外露部分均匀。这样既美观又整洁，还可防止因托盘内东西滑动而发生意外。如在端茶、递茶过程中不小心将茶水溅出，要及时擦拭干净。

二、茶水的递送

茶水准备好后，由服务人员为服务对象上茶。在工作单位待客时，要由秘书、接待人员为来宾上茶。

（一）端茶

茶水的递送很有讲究，上茶时要将茶杯放在托盘上端出。托盘用左手，端放在左手掌上为宾客服务。具体方法是：左手向上弯曲，小臂垂直于左胸前成 90°，肘与腰部的距离是 15 cm，大臂垂直，掌心向上，五指分开，用手指和掌托住盘底，手掌形成凹形，使之平托于胸前，掌心不与盘底接触，托起前左手与左肘在同一平面上，用右手紧紧把盘拉到左手和左肘上。先用左手、左肘把盘放于平肘上，再用右手调整好盘内的物件。确保托盘平衡，使之平托于胸前，如图 3-42 所示。

图 3-42　托盘姿态

端茶入室时，头正臂平、上身挺直，同时要注视前方、脚步轻缓。托盘时手腕转动轻松、灵活，使托盘随走动的步伐自然摆动。切记不可出现僵硬和托盘摆动幅度太大而显得不美观、不高雅的动作。到达客人座位旁，用右手扶在盘边，略弯腰，左手位于与桌面平齐位置，将托盘前沿一端搁在桌面上，用右手握住托盘边沿，双手同时轻轻地将托盘平稳推至桌面上，托盘边沿不露于桌面之外，双手松开，直起身体。

（二）递茶

上茶时用双手奉上，面带微笑，眼睛注视对方。杯子的拿法应该是右上左下，即用右手握住杯耳或杯身 1/2 处，左手托着杯子底部。应该从客人的右后方双手将茶杯递到客人面前。茶杯应放在客人右手的前方，且应把杯耳朝向客人，便于取放。尽量避免从客人的正前方上茶，这样不礼貌，更不要单手上茶，切忌将手指搭在茶杯杯口上，或是将其浸入茶水，这些动作都是不礼貌的，如图 3-43 所示。

图 3-43　递茶姿态

双手将茶水递给客人时，要做出“请”的手势，同时一定要轻声提示一句：“请您用茶。”以免客人突然向后转身，碰翻茶杯。如果自己在上茶的时候客人正在聊天或者可能有所打扰的情况下，应先道一句“对不起”，再说句“请您用茶”。

服务多位客人时，上茶顺序应该遵守“尊者优先”的原则。即要先给坐在上座的重要宾客倒茶，然后按顺序给其他宾客倒茶。如先为客人上茶，后为主人上茶；先为主宾上茶，后为次宾上茶；先为女士上茶，后为男士上茶；先为长辈上茶，后为晚辈上茶。如果来宾人数比较多，那么就采取以进入客厅之门为起点，按顺时针方向依次上茶最为妥当。

上茶后，把托盘的内部靠近身体夹在手臂与身体之间，说一句“请慢用”，并同时行点头礼离开，退出时不要背对着客人。

（三）续茶

在客人聊天喝茶时，要注意及时续茶，以体现对客人的关怀和尊重，不要让杯子里的茶水见底。

及时整理台面卫生，具体做法是：左手托盘，从客人右侧，右脚向前斜跨一步侧身，右手持纸巾夹将台面上废纸屑、果皮等其他废弃物夹起放入托盘内撤走。台面上如有撒落的水渍时，应用干净的毛巾及时擦拭干净。

实训

一、实训准备

1. 一间礼仪实训室，墙面装有长度及地的镜子，能从头到脚照到训练人员。
2. 播放器、桌椅、茶杯、托盘、抹布等。

二、实训背景

在不同情景中，按照茶水服务礼仪规范进行正确表达。

三、实训步骤

1. 配乐练习

（1）教师向学生示范讲解茶水服务的程序和动作要领，观看茶水服务礼仪视频。

（2）学生 2 人一组，进行分组练习。

①端茶动作要领：

a. 左手向上弯曲，小臂垂直于左胸前成 90°。

b. 肘与腰部的距离是 15 cm。

c. 大臂垂直，掌心向上，五指分开。

d. 手指和掌托住盘底，平托于胸前。

e. 掌心不与盘底接触，托起前左手与左肘呈同一平面。

②递茶动作要领：

a. 双手奉上，面带微笑，眼睛注视对方。

b. 右手握住杯耳或杯身 1/2 处，左手托着杯子底部。

c. 从客人的右后方递送。

d. 茶杯放客人右手的前方，杯耳朝向客人。

e. 做出“请”的手势，提示：“请您用茶。”

（3）在练习过程中，教师及时纠正学生动作。

2. 知识拓展

（1）教师引发学生思考以下问题：

用托盘端托物品时，有几种行走步法？

（2）学生进行分组讨论，总结发言，并加以示范。

（3）教师总结行走步法。

①常步：步伐均匀而平缓。端托一般物品时使用常步。

②快步：步伐稳、快，且动作协调。端送急需物品时，在保证茶、汤不洒的前提下，以最快的

速度走路。

③碎步：步距小而快的中速行走。适用于端送重托物品。

④垫步：侧身过时，右脚侧一步，左脚跟一步。适用于端送茶水等物品到客人面前，先将所端物品放于桌子上时。

3. 情景模拟

（1）学生以 5 ~ 8 人为一个单位，进行分组，并选出组长。

（2）教师介绍本次模拟实训的情景，向学生强调茶水递送的礼仪要领。

①模拟客人、领导、长者等各种不同身份的人，在会场、办公室等各种不同工作场合，练习商务接待及茶水服务等礼节。

②模拟去同学家、尊者（如老师、长辈、领导等）家中等私人场合，练习家庭接待及茶水递送等礼节。

（3）确定模拟活动情景角色。

（4）分组训练，同组同学互换角色训练。

①抽签排序，按组逐一进行模拟展示。

②当本组学生进行模拟展示时，其他组同学进行观摩，并指出问题。

四、训练总结

1. 以小组为单位，进行评选活动。由教师进行综合评价，撰写实训报告。

2. 对照学习评价表，为自己的训练成果打分。

学习评价表

<table>
<tr><td>被考评人</td><td colspan="6"></td></tr>
<tr><td>考评地点</td><td colspan="6"></td></tr>
<tr><td>考评内容</td><td colspan="6">茶水服务训练</td></tr>
<tr><td rowspan="8">考评标准</td><td colspan="2">考评内容</td><td>分值 / 分</td><td>自我评价 / 分</td><td>小组评议 / 分</td><td>实际得分 / 分</td></tr>
<tr><td rowspan="4">茶水准备</td><td>仪容仪表</td><td>10</td><td></td><td></td><td></td></tr>
<tr><td>茶具准备</td><td>10</td><td></td><td></td><td></td></tr>
<tr><td>泡茶</td><td>20</td><td></td><td></td><td></td></tr>
<tr><td>摆盘</td><td>10</td><td></td><td></td><td></td></tr>
<tr><td rowspan="3">茶水递送</td><td>端茶</td><td>20</td><td></td><td></td><td></td></tr>
<tr><td>递茶</td><td>20</td><td></td><td></td><td></td></tr>
<tr><td>续茶</td><td>10</td><td></td><td></td><td></td></tr>
<tr><td colspan="3">合计</td><td>100</td><td></td><td></td><td></td></tr>
</table>

注：考评满分为 100 分，85 分以上（包含 85 分）为优秀；75 ~ 84 分为良好；60 ~ 74 分为及格。

情境六　电话礼仪

情境导入

一位消费者新买的品牌计算机出了故障，她忘记了该计算机的客服维修电话，于是从查号台问到该公司的电话后，打了过去。

铃声响了很长时间后，一位工作人员接了电话，说了句："喂！你找谁？"得知情况后，他犹豫了一会儿，说道："我帮你联系一下相关的技术人员，您等一会儿吧。"于是，就把电话随手扔在了桌子上。可是，谁知这一等就是好几分钟，这位消费者能清晰地听到办公室里几个人在聊天的声音，但就是没人再接电话，那位接电话的人不知了去向。当这位消费者再重新拨打电话时，就一直是占线的状态。这件事让她非常生气，从此对这个品牌印象大打折扣。

【思考】

（1）请指出该公司这名工作人员在接听电话时，有哪些不妥的地方？

（2）接打电话时，应遵循哪些礼仪规范？

学习目标

- 熟练掌握接打电话时的礼仪规范。
- 熟练掌握使用手机时的注意事项。
- 培养服务意识，将电话礼仪规范运用到实际中去。

相关知识

一、电话礼仪

电话礼仪不单单反映了每位接听者的情绪、文化修养和礼貌礼节，同时也反映了所在企业的整体职员素质。当今的服务行业，就应将服务意识融入到电话礼仪当中，以一种服务的态度接打电话，以一种热情、平和、积极、乐于助人的心态来尽最大努力为服务对象提供帮助。电话礼仪是每位员工都必须掌握的一门工作技能，每一次接打电话，都代表着所在企业的服务质量和企业形象。

（一）拨打电话

1. 择时通话

不要只选择自己方便的时候拨打电话，这实际上是对通话对象重视程度不够、尊重不够的表现。设身处地地考虑对方的情况，是选择通话时机的基本原则。

不论与他人有多熟，也最好不要在别人休息时打电话，比如用餐时间、午休时间，尤其是晚上的睡觉时间，有的人习惯早睡，晚上 10 点之后至第二天早上 7 点之前，没有什么特别的急事不要打电话。万一有急事打电话，要先说一句"抱歉，事关紧急，打搅了！"否则对方很可能会感到厌烦。

如果是公事，也尽量不要占用他人的时间，尤其是节假日。尽量不要在休息日打电话谈生意。

即使客户已将家中的电话号码告诉你，也尽量不要往客户家里打电话。如果是拨打国际长途电话，如美国、英国这样距离较远的国家，还要考虑到时差的问题。当然，秘书在工作中遇到紧急情况，可随时与有关部门和人员电话联络，但是也要注意把握分寸。

2. 通话前的准备

拨打公务电话之前，准备好笔和纸，以便记录必要的信息。最好事先把对方的姓名、电话号码、通话要点等内容列出一张清单。这样做可以避免通话者在谈话时出现现说现想、缺少条理的状况。

3. 注意语言与声调

语言应当简捷、明了、文明、礼貌。在通话时，声音应当清晰而柔和，吐字应当准确，句子应当简短，语速应当适中，语气应当亲切、和谐、自然。打电话时最好双手持握话筒。讲话时，嘴部与话筒之间应保持 3 厘米左右的距离，以防止通话音量过高或过低，或者造成沟通内容不清晰。

4. 说好“开场白”

规范的“开场白”有两种。第一种适用于正式的商务交往中，包括礼貌用语与双方的单位、职衔、姓名。例如：“您好！我是 ×× 进出口公司营销部副经理 ××，我要找 ×× 进出口分公司经理 ×× 先生。”第二种适用于一般性的人际交往，在使用礼貌性问候以后，应同时准确地报出双方完整的姓名。例如：“您好！我是 ××。我找 ×××。”

5. 要长话短说

打电话时要力求遵守“三分钟原则”。所谓“三分钟原则”是指，打电话时，拨打者应自觉地、有意以地将每次通话时间控制在三分钟内，尽量不要超过这个限定。此外，通话的基本要求应为宁短勿长，不是十分重要、紧急、烦琐的事务一般不宜通话时间过长。打电话时，如果要说的话已经说完，就应该果断地终止通话。话讲完后，如果仍然反复铺陈、絮叨，会让对方觉得你做事拖拉，缺少素养。

6. 尊敬代接电话者

如果电话是由总机接转或秘书代接，在对方礼节性问候之后，应当“礼尚往来”，使用“您好”、“劳驾”、“请”之类的礼貌用语回应对方。得知要找的人不在，可请代接电话者帮助叫一下，也可以过后再打。无论如何，都要表现出礼貌与尊重。

7. 处理好通话中的“突发事件”

在通话时，若电话中途中断，按礼节应由打电话者再拨一次。拨通以后，须稍作解释，以免对方产生误解，以至于以为电话是来电者由于不满而故意挂断的。如遇拨错电话的情况，应向对方道歉。

8. 礼貌结束通话

当通话结束时，应礼貌向对方道一声“再见”，或是“早安”、“晚安”。按照惯例，电话应由拨电话者挂断。挂断电话时，应双手轻放。

（二）接听电话

1. 接听前的准备

接听公务电话前，应准备好笔和纸，以便记录相关事宜。停止一切没必要的动作，调整姿态。最好的做法是走近电话，双手捧起话筒，以站立的姿势，面含微笑地准备与对方友好通话。讲话时，嘴部与话筒之间应保持 3 厘米左右的距离。态度应当殷勤、谦恭。

2. 接起电话

（1）讲好“开场白”。电话一般控制在铃响三声之内接听。否则，会被认为失礼，应向对方致歉。接听电话的第一句话应当自报单位名称或所属部门，不论内线或外线，应一律用统一的客套话应答。

接电话时所讲的第一句话，常见的有三种形式。第一种，是以问候语加上单位、部门的名称以及个人的姓名。这种做法最为正式。例如“您好！我是 ×× 集团公司人事部 ××。您请讲。”第二种，是以问候语加上单位、部门的名称，或是问候语加上部门名称。这种做法适用于一般场合。例如“您好！×× 公司广告部。请讲。”或者“您好！人事部。请讲。”后一种形式，主要适用于由总机接转的电话。第三种，是以问候语直接加上本人姓名。这种做法仅适用于普通的人际交往。例如“您好！××。请讲。”需要注意的是，在商务交往中，不允许接电话以“喂，喂”或者“你找谁呀”开场。

（2）注意接听态度。接听电话时要注意态度与表情，虽然通话时的态度与表情对方是看不到的，但实际上对于这一切对方其实完全可以从通话过程中感受得到。在办公室里接电话，尤其是外来的客人在场时，不要坐着不动，一把把电话拽过来，抱在怀里，夹在脖子上通话；不要拉着电话线，走来走去地通话；也不要坐在桌角、趴在沙发上或是把双腿高抬到桌面上，大模大样地与对方通话。在通话过程中，不要对着话筒打哈欠，或是吃东西。也不要同时与其他人闲聊。不要让对方由此产生不被尊重的感觉。

（3）礼貌对待转接与误拨。转接电话要礼貌、迅速。如遇对方误拨的电话，应当及时告之，耐心说明，口气要和善，不可恶语相加。如有可能，不妨询问对方，是否需要帮助他查一下正确的电话号码，这样可以借机宣传本单位以礼待人的良好形象。须搁置电话或让宾客等待时，应给予说明并表示歉意。

（4）认真对待代接与留言。帮他人代接电话时，对电话中传达的有关事宜，应重复要点，以免记录留言出错。留言需要确定五点内容：确定是谁致电，记录来电者清晰、准确的信息；确定来电致给谁，也就是给谁留的言；确定内容，对方需要转告什么样的信息；确定日期和详细时间，不仅要把有关事宜的日期记录清楚，同时也应写明留言的详细时间；最后，要加上记录者签名，以便对方可以联系接电话的人，能对留言不清楚的部分进行解释。

【实例 1】

有一天，办公室的张经理收到一条留言，上面这样写道：“张经理，刚才有一位姓陈的先生来电，让您晚上 8:30 在和平桥那里等他。”

试分析，如上的留言有哪些不妥当的地方？

【分析】

留言中所提及的陈先生，具体是哪位陈先生不得而知。每个人都有很多同姓的朋友，那么究竟是哪一个？无从知道。而且，留言并没有注明确切的日期，只写的是晚上，并不能确定是哪天的晚上 8:30 的约会。因此，代接电话时，应该向对方确认准确时间，问清姓名、工作单位，或至少也要知道对方的联络方式，如电话号码。

（5）礼貌结束通话。结束通话时，应认真地道别，确定对方已经挂断电话，才能轻轻挂上电话不宜“越位”抢先。在通话时，接电话的一方不宜率先提出中止通话的要求。万一自己正在开会、会客，不宜长谈，或另有其他紧急或重要的电话接进来，需要中止通话时，应说明原因，并告之对方“一有空闲，我马上回电话给您。”免得让对方觉得厚此薄彼。如遇对方不能适时地结束通话，我们应当委婉、含蓄地结束通话，不要令对方难堪。

二、移动电话礼仪

（一）公共场合移动电话使用礼仪

（1）在公共场合，特别是楼梯、电梯、路口、人行道等处，不可旁若无人地使用移动电话（手机）大声通话，应该把自己的声音尽可能地压低一下。

（2）在一些场合，如会场、影院、剧场、音乐厅、图书馆、展览馆等需要保持安静的场所，应主动关机或将移动电话置于振动、静音状态；如接到来电，应到不妨碍他人的地方接听。

（3）在餐桌上，关掉移动电话或把移动电话调到震动状态还是有必要的；不在驾驶汽车时或飞行过程中使用移动电话，不在加油站使用移动电话。

【实例2】

羊城晚报刊登过的一则消息中写道，深圳航空公司ZH9973航班从深圳机场起飞前往成都。飞机滑行途中，空乘人员发现一名乘客不停用移动电话给亲友打电话，对其制止时不听劝阻，并说出“明天你看新闻吧！”的语言，引起空乘人员警觉。为确保飞行安全，机组在飞机起飞后决定返航，于17时许返回深圳机场。公安机关依法将该名乘客带回调查，并请旁边的另4名乘客作为证明人协助调查。

警方查明，该乘客姓蒋，41岁，四川人。蒋某交代，他在深圳一建筑工地打工，难得坐一次飞机。途中因第一次乘坐飞机比较兴奋，不停用移动电话给亲友打电话炫耀。空乘人员第一次劝止反而让他萌生一个大胆的想法——上新闻为第一次坐飞机留念，才做出出格行为，并没有想到会连累他人。在弄清事实真相后，公安机关对蒋某作出了治安处罚，并安排蒋某和其他乘客乘坐当日航班飞抵成都。

（4）在公共场合，尤其是商务场合中，移动电话在没有使用的状态下，都要放在衣袋或随身携带的公文包里。不要在并没使用的时候一直放在手里，特别是不要拿着移动电话正对着对面正在聊天的客户。

（5）在跟对方通话时，注意从扬声器判断对方所处的环境。如果很静，应想到对方在会议上，以便调整自己的声量与控制通话时间。有了初步的判断，对能否顺利通话就有了准备。但不论在什么情况下，是否通话还是由对方决定为好。

（二）收发短信礼仪要求

（1）在需要保持安静的公共场所，或在与人交谈时，将短信接收提示音调至静音或振动状态。

（2）不在与人谈话时，查看或编发短信。

（3）编发短信用字用语规范准确、表意清晰。短信内容后最好署名，以使接收方知晓发送人，是对对方的尊重。

（4）不编发有违法规或不健康的短信，不随意转发不确定的消息。收到不良短信，可建议或告诫发送者停止发送。

（5）短信祝福一来一往足矣。现在每逢节日，人们都会发短信祝福。别人发来短信，可以回复一条短信。就祝福短信来说，一来一往足矣，二来二往就多了，三来三往就成了繁文缛节。

（6）一些重要电话可以先用短信预约。有时要给身份高或重要的人打电话，知道对方很忙，可以先发短信“现在是否方便给您打电话？”如果对方没有回短信，一定不是很方便，可以在较久的时间以后再拨打电话。

（7）定期清理过期短信，及时删除不能外泄的短信。手机里一些重要的商业信息和私密短信，应该及时删除，否则就可能引起麻烦或者不必要的误会。

（8）上班时间不要没完没了地发短信。上班时间每个人都在忙着工作，即使不忙，也不能没完没了地发短信。否则就会打扰对方工作。

（9）发短信的时间不能太晚。有些人觉得晚上 10 点以后不方便给对方打电话了，发个短信告知就行。短信虽然更加简短，但如果太晚，也一样会影响对方休息。

（10）提醒对方最好用短信。如果事先已经与对方约好参加某个会议或活动，为了怕对方忘记，最好事先再提醒一下。提醒时适宜用短信而不要直接打电话，打电话似乎有不信任对方之感，短信就显得非正式且亲切得多。短信提醒时语气应当委婉，不可生硬。

实训

一、实训准备

1. 一间礼仪实训室，墙面装有长度及地的镜子，能从头到脚照到训练人员。
2. 播放器、桌椅、电话、记事本、笔等。

二、实训背景

在不同情景中，按照电话礼仪规范进行正确表达。

三、实训步骤

1. 学生以 5 ~ 8 人为一个单位，进行分组。
2. 教师介绍本次模拟实训的情景，向学生示范讲解电话礼仪要领。

时间：某周三上午 10:00。

地点：公司总机办公室。

人物：接线员小唐、客户。

这时，电话铃响了（接电话前，接线员小唐准备好笔和纸）。

接线员小唐：您好！阳光电器，请问您找哪位？（三声以内接听电话，话筒距嘴 3 cm。）

客户：请问杨总经理在吗？

接线员小唐：请问您是哪里？

客户：我是京珠公司张总经理秘书。

接线员小唐：麻烦您稍等，我帮您转接。

客户：谢谢您！

接线员小唐：先生，很抱歉！杨总现在正在开会！请问您有什么事需要我转告吗？

客户：麻烦您帮我转告杨总，原计划今天下午的商务洽谈，时间改为本周五上午9点，地点不变。（做好记录）。

接线员小唐：好的。我已经记录下来了，我一定会尽快转告杨总。先生，您还有其他需要帮助的吗？

客户：没有了。谢谢您！

接线员小唐：不用客气！再见！祝您工作愉快！

客户：谢谢！再见！

（等客户挂了电话，接线员小唐放下话筒。）

（1）请说出接线员小唐的工作细节中，有哪些值得学习的地方？

（2）请进行模拟情景示范练习。示范所涉及的礼仪细节，必须包括接听电话前的准备、接电话的时机、姿势、态度和得体的语言。

（3）请根据上面的通话对话，写一张给杨总经理代接电话的留言条，要求留言信息记录完整。

3. 确定模拟情景展示的角色。

4. 分组训练，同组的同学互换角色训练。

（1）抽签排序，按组逐一进行模拟展示。

（2）当本组学生进行模拟展示时，其他组的同学进行观摩，并指出存在的问题。

四、实训总结

1. 以小组为单位，进行评选活动。由教师进行综合评价，撰写实训报告。

2. 对照学习评价表，对自己的训练成果打分。

学习评价表

被考评人						
考评地点						
考评内容	电话礼仪训练					
考评标准	考评内容		分值 / 分	自我评价 / 分	小组评议 / 分	实际得分 / 分
	电话礼仪	择时	10			
		态度	10			
		语气	10			
		开场白	10			
		代接留言	10			
		转接误拨	10			
		掉线回拨	10			
		挂断电话	10			
	手机礼仪		20			
合计			100			

注：考评满分为100分，85分以上（包含85分）为优秀；75 ~ 84分为良好；60 ~ 74分为及格。

单元四 铁路车站客运服务礼仪

铁路客运站是铁路网的重要组成部分，是铁路与城市的结合点。以往，铁路客运站主要是办理旅客乘降等客运业务和旅客列车到发整备等技术作业的场所，而今已发展成为城市和区域的综合交通枢纽和现代化客运中心，在城市发展中的地位、作用和影响发生了根本性的变化。伴随着动车组的开行，现代铁路客运站既要突出铁路功能，满足旅客的方便、快捷、舒适的乘车要求，又要满足城市发展需求和综合交通协调发展的要求。

铁路车站客运人员是指在车站的售票窗口、候车室、进站通道、旅客站台等场所为旅客提供服务、保障安全的铁路工作人员，其主要工作职责是指铁路客运人员对车站旅客购票、乘降、出站的安全、服务所承担的责任。因此，车站服务礼仪对于提升铁路服务质量、展示铁路良好形象、满足旅客需求具有重要意义。

车站服务礼仪包括售票处服务礼仪、安全检查服务礼仪、问讯处服务礼仪、候车室服务礼仪、站台服务礼仪、出站口服务礼仪等。

情境一　售票处服务礼仪

情境导入

"旅客您好！请问您要买到哪里的车票？"、"您是要购买今天到上海的 G107 次车票吗？请稍等。"、"对不起，今天 G107 没有票了，我帮您查一下明天的票好吗？"、"明天到上海的 G107 有票，请问您要吗？"北京东站的售票员小陈一边侧身与旅客交流，一边对着计算机快速地敲打着键盘查询车次信息。

早上 8 点，小陈已仪表整洁、仪容端庄地准时出现在岗位上，开启计算机，输入工号和密码，很快就进入了售票系统。春运期间客流量大，售票工作任务重。10 分钟的时间里，她已经售出了 15 张车票，每个购票旅客都要查询几次才能确定其购买的车票。除了信息查询、与旅客对话、出票、收款、找零钱等环节稍作停顿外，小陈双手始终在键盘上没有停过。在售票过程中，小陈始终面带笑容，态度和蔼地与旅客交流。"问、输、收、核、交"这五步售票流程已经十分熟练，所有车次的到站时间、基本票价也都烂熟于心。从旅客询问到成功购票，最快时不到 10 秒。

【思考】

（1）小陈在售票过程中，表现出铁路员工的哪些良好素质？

（2）车站售票人员的作业程序与标准有哪些？

学习目标

- 掌握车站售票人员的岗位职责。
- 掌握车站售票人员的作业程序与标准。
- 熟练掌握售票岗位服务礼仪规范。
- 培养车站售票人员良好的服务意识与精神风貌。

相关知识

售票处是客运车站的重点工作部门，小小的车票连着铁路与旅客的情感，渗透着铁路对旅客的责任。售票窗口虽小，却是车站服务的前沿阵地。曾经有过统计，旅客对于售票窗口的评价 90% 在于售票员的态度。伴随着电脑售票的应用，对售票窗口的服务提出了新的要求。售票员必须不断学习，提高自身技能，才能更好地为广大旅客提供服务。

一、窗口售票人员岗位职责

（一）售票值班员

（1）参加点名会，对班组人员仪容仪表进行检查，杜绝携带现金、提包、手机、银行卡等物品进入岗位的现象。

（2）负责本班组领导工作，根据车站工作布置，提出完成售票任务的具体措施，质量良好地完成任务。

（3）巡视票厅，确保设备设施正常使用，发现问题时及时妥善解决。

（4）监控各窗口售票、结账作业，杜绝违规售票，做好账款统计报进款室。

（5）负责监督、检查作业区域的保洁工作质量。

（6）认真执行规章、命令、指示，按照作业标准检查、指导班组完成售票任务，妥善处理班中发生的问题。

（二）售票员

（1）在售票值班员的领导下，根据旅客需求按规定发售车票，办理改签、退票等业务。

（2）按时参加点名会，上岗前检查当日售票设备设施、仪容仪表等是否达到标准。

（3）严格岗位作业标准，按规定时间上岗、开窗，坚守岗位。按售票作业程序切实做好窗口售票工作，正确、迅速地发售车票。

（4）严格按规定做好票据请领、保管、发放及使用工作。

（5）按规定办理中转、签证，正确统计中转、签证的流量流向。

（6）坚持全面服务、重点照顾原则，做好重点旅客中转签证，热情帮助旅客解决困难，耐心解答问题，语言规范，仪容整洁，标志明显。

（7）负责做好铁路乘车卡的发售、充值、退卡等工作。

（8）及时修改有关客运规章，按规定填写票据、报表，做到正确、清楚。

（9）熟练操作售票设备，检查自动售票机等售票设备情况，对发生的故障及时上报。

（10）熟练掌握非正常情况下的应急售票流程，及时处理本岗位的突发情况。

（11）严格执行交接制度，妥善保管票据、现金，正确结算账目，按时填报有关报表，做到票、款、账相符。

（12）严格执行交接制度，正确填写交接簿。

（13）负责完成售票值班员交办的其他工作。

二、窗口售票作业程序与标准

（一）班前准备

1．售票值班员

（1）参加点名会，接受命令和交办重点工作。

（2）与计划室联系了解客流变化、列车运行情况及超员列车车次。

（3）对班组人员的着装、标志、仪容仪表进行检查，查看是否存在携带现金、提包、手机、银行卡等物品进入岗位的现象，如有发现立即制止。

（4）整队上岗，对岗交接，查清各窗口工具备品，做到整班交接，确保交接无误。

（5）做好现金、票据封包和零款交接，及时汇总账款并上交到款室。

（6）检查各岗位卫生是否达标，备品是否齐备，做好交接。

2．售票员

（1）整理仪容仪表，着装整齐，仪容整洁。

（2）按时参加班前点名，了解列车运行情况等业务事项。

（3）列队上岗，对岗交接。接清票据票款、备用金。填写交接班簿，签字盖章。

（4）检查确认窗口售票及相关设备状况良好，售票资料备品齐全，卫生清洁整齐，符合标准。

（5）悬挂工号牌，按程序操作系统并确保准确无误。

（二）售票作业

1．售票值班员

（1）巡视票厅，检查票房显示屏及各窗口显示屏、卫生、消防器具等情况，确保正常使用，宣传广播正常播放。一旦发现问题，及时联系，妥善解决。

（2）接收银行所换零款，清点数目入库，留足本班组零钱，及时发放到各窗口，并收回现金，确保现金账目相符。

（3）重点时段，重点卡控。在票额管理上，看好关键岗，看好关键人，做好重点车次的去向登记。

（4）确保离岗窗口锁机、锁柜，对外显示屏切换至暂停状态，物品定置摆放。替班时，指定胜任人员，确保平稳有序。

（5）重点转票时段，重点监控各窗口售票作业，杜绝违规售票。

（6）及时处理旅客投诉，实行首问首诉负责制。

（7）巡视票厅，检查售票员文明用语情况，监控各窗口进行结账，做好账款统计报至款室。

2. 售票员

（1）准确按窗口功能及业务要求办理实名制售票、退票、改签、换票、取票、挂失补办、中转签证等业务，发售学生票、残疾军人票、乘车证签证等各种车票，支持现金、银行卡等支付方式。

（2）在售票处醒目位置公布售票时间和停售时间，开窗时间不晚于本站首趟列车开车前1小时，关窗时间不早于本站最后一趟列车办理客运业务后30分钟。

（3）票据、现金妥善保管，票面完整、清晰。票据填写规范，内容准确、无涂改，按规定加盖站名戳和名章。

（4）工作时间内暂停售票时设有提示。用餐或交接班时间实行错时暂停售票。

（5）执行首问负责制，解答问题耐心、态度和蔼，查询仔细，有问必答、答必准确。

（6）熟悉非正常情况下的应急预案，发现排队旅客超过预警数时应及时联系当班值班员。

（三）班后作业

1. 售票值班员

（1）对当班改签、退票口的封包进行签收，统一交接。

（2）交接班，认真总结当班工作情况，备品定置摆放，对出现的问题深入讨论，详细总结。

2. 售票员

（1）按规定时间进行结账作业，向旅客公示交接班时间。

（2）分类清点票款，填写交款单，做到账款相符。

（3）清理工作台面，整理资料，打扫卫生。按规定时间完成交接班内容。

三、售票服务礼仪规范

虽然售票时售票员与旅客只有几句简单的问答和几个简单的动作，但也要讲究售票艺术和礼仪规范。

（一）仪容仪表

上岗前，做好仪容仪表的自我检查。穿着统一制服，佩戴职务标志或工号牌，做到仪表整洁、仪容端庄，符合铁路总公司《铁路旅客运输服务质量规范》的要求。

（二）服务态度

上岗时，要精神饱满、思想集中，庄重大方。

旅客购票时，主动热情，表情自然，态度和蔼，面带笑容。

旅客问讯时，目视旅客，有问必答，回答准确，解释耐心。对到窗口求助的旅客一视同仁，耐心回答，解释到位。对重点旅客提供帮助，千方百计满足需求。遇有失误时，向旅客表示歉意。对旅客的配合与支持，表示感谢。

微笑必须贯彻全程。与旅客交流时首先就应露出微笑，而且决不会因为旅客的反应而被动地改变微笑的表情。

（三）行为举止

售票时，面带微笑，坐姿端正，双手自然放置于键盘。

回答旅客咨询时，声音平稳柔和，询问旅客时，应尽量平视对方。需要站立服务时，应精神饱满，面向旅客站立。

递接车票、有效证件、票款、零钱等物品时，应主动伸手，轻拿轻放。提示旅客时，应近前自然伸出右手，五指并拢，掌心向上，不能用手指点旅客，对旅客的要求或意见不得有厌烦情绪和不满表情。

（四）服务用语

运用服务语言时，要求使用普通话。语言表达要规范、准确，口齿要清晰，使用“您、您好、请、谢谢、对不起、不客气、再见”十四字礼貌用语。对旅客、货主称呼恰当，统称为“旅客们”“各位旅客”“旅客朋友”，单独称呼“先生、女士、小朋友、同志”等。

车站根据售票窗口操作流程，可以形成“三语两声”的语言规范，即“讲好开头语，坚持标准语，用好结束语，做到服务开头有问候声，服务结束有道别声。”

1. 礼貌问候、耐心询问

售票时，要主动热情、面带微笑地问候旅客，礼貌地询问旅客所要购买车票的日期、车次、起始站，并加以确认。对旅客表达不清楚的地方，要耐心仔细地询问清楚，以免出错。如“您好！请问您需要到哪里的车票？”“您好！请出示您的有效证件。”“您要购买的是 ×× 日 ×× 点 ×× 分，从 ×× 站到 ×× 站的 ××× 次 ×× 等座的车票吗？”等。

2. 稳妥出票

迅速查询票额情况，告知旅客票价，并经再次确认后出票，做到准确无误。

如“您好！车票价格为 ×× 元”“您购买的是 ×× 日 ×× 点 ×× 分，从 ×× 站到 ×× 站的 ××× 次 ×× 等座车票 ×× 张，共 ×× 元，请您核对。”等。

3. 礼貌告知、主动建议

如果旅客要购买的车票已经售完，应礼貌地告知旅客，并询问旅客是否需要其他车次的车票，也可视旅客情况为其提出建议。

如：“很抱歉，本车次车票已售完，您还需要购买其他车次吗？”“您还可以考虑购买 ××× 车次的车票，发车时间是 ×× 点 ×× 分。”等。

4. 礼貌道别

将车票和余额礼貌地递给旅客，并与旅客道别。

如“这是找给您的零钱，请核对。”“请保管好您的车票和有效证件。”“请慢走，再见！”等。

实训

一、实训准备

1. 一间礼仪实训室，墙面装有长度及地的镜子，能从头到脚照到训练人员。

2．对应工作岗位的制服，桌椅、车票、手机、零钱等。

二、实训背景

高铁站的售票大厅，售票人员正在进行窗口售票作业。

三、实训步骤

1．将学生6～8人分为一组，进行分组。每组选出1名售票员。

2．教师讲解售票作业标准及服务注意事项，并加以示范。

3．每组学生根据以下情景设定，按照情节需要增加角色，进行模拟演练。

（1）班前准备：

①整理仪容仪表，参加点名会。

②列队上岗，对岗交接。

③确认设备状况良好，备品齐全，卫生符合标准。

④悬挂工号牌，登录系统。

（2）售票作业：

①耐心解答旅客问题，态度和蔼，查询仔细。

②准确按照窗口功能及业务要求办理业务。

③严格按照“问、输、收、做、核、交”程序进行售票。

a.“问”：问清旅客乘车日期、车次、到发站、席别、票种、张数。

b.“输”：输入旅客乘车日期、车次，选择发到站、票种、数量及席别。

c.“收”：收取相关证件确认证件有效性。唱报车票票价，认真清点确认无假钞，唱报所收旅客购票款额，并根据计算机找零显示，点清找零款。

d.“做”：打印车票。

e.“核”：核对票面信息，发现废票时应加盖作废标志。

f.“交”：将证件、车票、发票及余款交给旅客，同时唱报车票到发站、张数、席别、找零。

（3）班后作业：

①进行结账作业，做到账款相符。

②清理工作台面，整理资料，打扫卫生。

4．同组同学互换角色，进行模拟演练。

5．每组按抽签顺序进行演练展示，其他组学生观摩。找出问题，并加以就纠正。

四、实训总结

1．以小组为单位，进行模拟演练评选活动，每个小组选出一位“最美售票员”。

2．对照学习评价表，对自己的训练成果打分。

学习评价表

被考评人						
考评地点						
考评内容	售票处服务礼仪训练					
考评标准	考评内容		分值/分	自我评价/分	小组评议/分	实际得分/分
	售票人员岗位职责		10			
	售票作业程序与标准		10			
	售票窗口服务礼仪规范	仪容仪表	20			
		服务态度	20			
		服务语言	20			
		行为举止	20			
合计			100			

注：考评满分为 100 分，85 分以上（包含 85 分）为优秀；75 ~ 84 分为良好；60 ~ 74 分为及格。

情境二 安全检查服务礼仪

情境导入

安检门前，一名安检员正一丝不苟地对旅客进行安检。“您好，请把手打开，请转身。”对于每一位旅客，安检员都要用探测器对其进行安全扫描检查，每检查一个人，至少要弯腰一次，一天下来，自己也记不清到底重复了多少遍“旅客您好”，弯了多少次腰。“您好！请您出示车票和有效证件。”不远处，实名制岗位的安检员，正引导旅客进行实名认证。“您好！请把携带的所有行李放至传送带。谢谢您的配合！”、“你好！请您配合开箱检查！”、“感谢您对我们工作的支持与理解！”每一名旅客进站时，安检员都要这样提醒旅客不要遗漏行李过安检仪，遇到旅客对安检某些程序表示不理解时，他们也总是耐心地向旅客解释。

值机、开箱检查、手检、引导是一名车站安检员一天工作的“四部曲”。正是这些看似普通的安检员，一年 365 天，每天都坚守在平凡的岗位上，取得了不平凡的成绩。

【思考】

（1）说一说车站安全检查的重要性？

（2）车站安检人员的工作程序与标准有哪些？应该符合哪些礼仪规范？

学习目标

- 掌握车站安检人员的岗位职责。
- 掌握车站安检人员的作业程序与标准。
- 熟练掌握安检岗位服务礼仪规范。
- 培养车站客运人员良好的服务意识与精神风貌。

相关知识

安全检查是乘车进站的必要环节。铁路发展日益迅速，服务与安全的共存就成了首要任务，也是重中之重。安检人员必须认真地做好日常安检查危现场作业工作，落实各项作业标准，重点做好旅客实名制车票查验和安检查危（危险品）工作，为旅客的生命安全、平安出行提供保障。

一、安检人员岗位职责

（一）客运值班员

（1）负责安检岗点的安检设备及人员的管理。

（2）认真组织安检岗点的安检人员，按照作业流程积极主动地进行安检，确保安检质量和效果的一致。

（3）明令禁止携带的物品且无须公安机关处理的，做好处置工作。指挥员无法处理的要及时移交驻岗执勤民警。

（4）监督、督促执机员按要求填写《违禁品登记簿》并做好统计上报工作。

（5）在确保安检点工作正常的前提下，合理安排和替换安检点人员的休息及用餐时间。

（6）在执岗过程中，严格执行“温馨提示”的要求。

（7）负责安排安检岗点的卫生清扫，坚持随脏随扫。加强对安检岗点安检人员的严格管理，认真落实各项安检工作规章制度。

（二）客运员

（1）遵守各项法律法规和各项安检规章制度，服从各级领导管理，对违反法律法规或安检规章制度的现象应予拒绝并及时向上级报告。

（2）认真履行岗位职责，严格遵守工作纪律，不擅离职守，不做与工作无关的事情。

（3）按规定着装上岗，佩戴标示规范，自觉维护安检人员岗位形象。

（4）熟练掌握各种安检设备的操作及识别方法。

（5）按照“逢包必检”的安检要求，负责宣传引导人员进入安检区域。

（6）对可疑物品进行针对性探测，确定可疑物品性质，及时移交现场民警处理并做好记录。

（7）文明值岗，态度和蔼，遇事讲究方式方法，做到以理服人。

二、安检作业程序与标准

（一）班前作业

1. 客运值班员

（1）参加点名会，接受命令指示，了解重点工作。做到命令清楚，当日工作全面掌握。

（2）分工布置本班组的工作任务，提出具体要求。做到分工合理、任务明确。

（3）检查仪容仪表，组织班组列队上岗。做到着装整齐、精神饱满。

（4）组织客运员列队上岗，检查服务区域人员上岗、保洁质量、服务设施、定置管理等情况。发现设备故障等情况，及时报告。

（5）进行对岗交接。做到交接清楚、卫生达标、备品齐全。

2. 客运员

（1）参加点名会，接受命令指示，了解重点工作。做到命令清楚、全面掌握情况。

（2）接受客运值班员布置的具体工作和要求，做到任务明确。

（3）整理仪容仪表，列队上岗。做到着装整齐、精神饱满。

（4）列队上岗，行举手礼。检查负责区域保洁质量、服务设施等情况。检查设备状态。

（5）进行对岗交接。不搞信用交接班，交接不清的由接者负责。

（二）安检作业

1. 客运值班员

（1）组织安检员列队上岗，检查立岗情况，了解重点工作，解答旅客问询。做到分工明确，组织有序。

（2）及时妥善处理突发情况。做到快速反应、密切配合。

（3）组织客运员列队撤岗，行动一致。

2. 客运员

（1）按实名制查验车票，核对进入站内作业人员的证件。提示进站旅客出示车票和有效证件。

（2）提示进站人员接受安全检查，引导其将携带的包裹、物品放置在安全检查仪上接受安检。

（3）合理组织进站人员有序通过安检通道，安检通道内同时接受安全检查的不超过两人。引导安检。

（4）在指定区域对进站人员进行身检，采取仪器检查与手工检查相结合。

（5）利用操作台式安检仪辨别危险品，对发现的疑似危险品通知相关人员处置。

（6）按身检岗、值机岗的提示进行开包检查。登记查扣的危险品。

（7）解答旅客的问讯，受理旅客的投诉。

（8）实施非正常情况下的应急处置预案并按规定时间和程序报告。

（三）班后作业

1. 客运值班员

（1）交班前，检查服务区域设备备品、卫生保洁质量、物品定位摆放等情况。对设备故障等情况及时报告并办理交接。

（2）召开班后总结会，填写值班日志。

2. 客运员

（1）交班前，检查服务区域设备备品、卫生保洁质量、物品定位摆放等情况。

（2）听取值班员的班后总结会，开展自我讲评。

三、安全检查服务礼仪规范

（一）仪容仪表

上岗前，做好仪容仪表的自我检查。穿着统一制服，佩戴职务标志或工号牌，做到仪表整洁、仪容端庄，符合铁路总公司《铁路旅客运输服务质量规范》的要求。

（二）服务用语

与旅客面对面宣传时，使用普通话。应做到声音温柔平和，态度和蔼亲切，并多使用“您”“您好”“请”“谢谢”“对不起”“不客气”“再见”十四字礼貌用语。不能蛮横粗野，更不能大喊大叫。

对旅客称呼得体。统一称呼时为“各位旅客”,单独称呼时为“同志”“小朋友”“先生”“女士”等。

（三）行为举止

旅客问讯时，面向旅客站立，目视旅客，有问必答，回答准确，解释耐心。遇有失误时，向旅客表示歉意。对旅客的配合与支持表示感谢。

立岗姿势规范，精神饱满。坐立、行走姿态端正，步伐适中，轻重适宜。在旅客多的地方先示意后通行；与旅客走对面时，主动让路，面向旅客侧身让行，不与旅客抢行。

列队出（退）勤时，按规定线路行走，步伐一致。多人行走时，两人成排，三人成列。

（四）注意细节

（1）实名制验票，要主动伸出双手接过旅客的车票和有效证件，并语气平和、亲切地说：“旅客您好！请出示您的车票和有效证件。”双手递还时要说：“谢谢配合！请收好您的车票和有效证件。”

（2）如果旅客比较多，应协助旅客进行检查，运用得当的引导手势，婉转地提示旅客加快速度，并提醒后一位做好准备，避免出现拥挤忙乱的现象。

（3）遇有安检门报警时，必须取出或判明金属物品后复检。要态度温和、动作力度适当地顺应身体自上而下、从左至右，通过触摸、按压，以及金属探测器报警的方法检查隐藏的物品。

（4）如须开包检查，开包前应表达“谢谢您的配合！”，查包时态度和蔼，使用文明用语。对旅客的包裹轻拿轻放。检查过后应向旅客表示感谢：“给您添麻烦了！”“再次谢谢您的配合！”“祝您旅行愉快，再见！”等。

（5）解答旅客的问事、受理旅客的投诉时，实行首问、首诉负责制。安检员与旅客交谈时，面对旅客站立且保持适当距离，做到有问必答，回答准确，使用文明用语。积极妥当处理、解决旅客的投诉，满足旅客的合理诉求，及时向值班员汇报有关情况。

（五）为旅客着想

安检时，如发现违禁品，应向旅客详细指出哪些物品属于违禁品，严禁带进站、带上车。最好不要当着其他旅客的面检查包内的违禁品，应把包拿到一旁，因为一旦查出问题会让旅客感到难堪，触犯其自尊，有时会引起旅客的逆反心理。

一些工作可能会给旅客带来麻烦，尽管其中有些工作是按照铁路规章进行的，也应主动道歉，并对旅客的配合表示谢意。

实训

一、实训准备

1. 一间礼仪实训室，墙面装有长度及地的镜子，能从头到脚照到训练人员。
2. 对应工作岗位的制服，桌椅、车票、身份证、行李、包、安检手柄等。

二、实训背景

春运期间，随着客流量的增大，火车站安检员的工作量也逐渐加大。这天，车站安检员正在进行安检作业。

三、实训步骤

1. 将学生 8 ~ 10 人为一组进行分组，每组选出 4 名安检员。

2. 教师讲解安检作业标准及服务注意事项，并加以示范。

3. 每组学生根据以下情景设定，按照情节需要增加角色，进行模拟演练。

（1）情景一：

①名制验票员。

正确引导旅客出示车票及有效证件，进行实名认证。

②引导员。

a. 站姿立岗手持引导牌，使用正确手势引导乘客配合安检，并言语提示旅客将行李物品放入安检仪及提前拿出违禁物品。

b. 对乘客携带超长、超高、超大的物品，易碎、易损物品，金属类工具及尖锐类等不宜机检的物品，要及时提醒乘客及手检员进行手检。

c. 遇特殊群体，包括残障人士、孕妇等，提醒手检员进行手检。

d. 及时、准确地发现可疑人、可疑物。

③手检员。

a. 站立规范，手持探测器对每名旅客全身检查，精神高度集中，仔细地对重点部位进行检查、防止夹带违禁品。

b. 对乘客携带超长、超高、超大的物品，易碎物品，易损物品，金属类工具及尖锐类等不宜机检的物品，及时进行手检。

c. 检查中发现可疑物应及时向指挥员报告。

④执机员

a. 目不转睛地盯着屏幕，仔细发现识别过机行李物品中的可疑物品。

b. 发现可疑物品，及时向指挥员报告并进行妥善处理。

⑤开包员

a. 通过执机员的提示，如发现可疑行李物品要进行开包检查。

b. 提示旅客拿出并告知携带物品是属于违禁品还是限带品，按照程序进行规范处置，必要时呼叫民警到场进一步审查处理。

（2）情景二：

这天下午，进站口一台安检仪器上显示，一位女士的背包内有违禁刀具。执机员马上通知开包员进行开包检查。这位旅客打开背包后，拿出了一把黑色折叠水果刀。在这位旅客看来，这只是一把普通的水果刀，只是用来自己上车吃水果用的，刀也不大。但按照铁路警方的规定，这把水果刀不能携带，因为其刀刃已经超过 5 厘米。安检员向该女士解释，按照规定这把水果刀不能带上列车，可以办理托运或在北京站暂存。经过安检员耐心、详细地解释，这位旅客表示理解，全力配合车站的安检工作。

4. 同组同学互换角色，进行模拟演练。

5. 每组按抽签顺序进行演练展示，其他组学生观摩。找出问题，并加以就纠正。

四、实训总结

1. 以小组为单位，进行模拟演练评选活动，每个小组选出一位“最美安检员”。

2. 对照学习评价表，对自己的训练成果打分。

学习评价表

<table>
<tr><td>被考评人</td><td colspan="6"></td></tr>
<tr><td>考评地点</td><td colspan="6"></td></tr>
<tr><td>考评内容</td><td colspan="6">安全检查服务礼仪训练</td></tr>
<tr><td rowspan="7">考评标准</td><td colspan="2">考评内容</td><td>分值 / 分</td><td>自我评价 / 分</td><td>小组评议 / 分</td><td>实际得分 / 分</td></tr>
<tr><td colspan="2">安检人员岗位职责</td><td>10</td><td></td><td></td><td></td></tr>
<tr><td colspan="2">安检作业程序与标准</td><td>10</td><td></td><td></td><td></td></tr>
<tr><td rowspan="4">安全检查服务礼仪规范</td><td>仪容仪表</td><td>20</td><td></td><td></td><td></td></tr>
<tr><td>服务态度</td><td>20</td><td></td><td></td><td></td></tr>
<tr><td>服务语言</td><td>20</td><td></td><td></td><td></td></tr>
<tr><td>行为举止</td><td>20</td><td></td><td></td><td></td></tr>
<tr><td colspan="3">合计</td><td>100</td><td></td><td></td><td></td></tr>
</table>

注：考评满分为 100 分，85 分以上（包含 85 分）为优秀；75 ~ 84 分为良好；60 ~ 74 分为及格。

情境三　问讯处服务礼仪

情境导入

“你好，为什么我的身份证在网上买不了票？”“您下载官方购票软件了吗？如果还没下载，请您按照这张纸条上的步骤安装购票软件。”春运期间，身为火车站问讯处客运值班员的小赵，每天都要微笑着面对旅客，重复上百次这样的问答。

在日常工作中，问讯处客运人员最经常被旅客咨询的问题就是购票相关问题。很多人没下载过官方的购票软件，尤其是一些老人不懂得如何操作手机。春运期间票源紧张，问询台前的队伍也越排越长。为了更高效地为旅客提供服务，小赵带领班组人员将平日旅客最关心的问题做成了一张张提示小纸条，将网上购票流程、失物招领处的位置和身份核验等问题详细列出。

除了贴心小纸条外，每天上班之前，小赵还会详细地在自己的笔记本上记下当天重点旅客的信息，时间、地点、车次、事由、旅客信息。旅客常常在车站遗失物品，找到问讯处之后，也都详细地在笔记本上记下了遗失物品的特征、遗失地点和失主的联系方式。小赵对待工作的认真负责以及对待旅客的耐心细致，为成百上千的旅客解决了燃眉之急。

【思考】

（1）火车站问询台的功能是什么？

（2）问讯处客运人员服务礼仪体现在哪些方面？

学习目标

• 掌握车站问讯处客运人员的岗位职责。
• 掌握车站问讯处客运人员的作业程序与标准。
• 熟练掌握问讯岗位服务礼仪规范。
• 培养车站客运人员良好的服务意识与精神风貌。

相关知识

车站问讯处是旅客的帮助中心，为旅客提供如车次信息、车站交通、候车厅设施使用等一系列问询服务。问讯服务往往能直接解决旅客在旅行过程中遇到的许多麻烦，或能为旅客解决问题、指明方向，因而深受旅客欢迎，已经成为铁路车站服务不可缺少的窗口。

车站问讯处的基本任务是正确、迅速、主动、热情地解答旅客旅行中提出的各种问题，使旅客在购票、托运和提取行李、上车及中转换乘等方面得到便利。自然流畅、文雅规范、不卑不亢的礼仪引导，无疑会给我们的客运服务工作增添无限的魅力。

一、问询处服务人员岗位职责

（一）客运值班员

（1）参加点名会，负责本班组人员仪容仪表检查工作。

（2）负责本班组领导工作，根据车站工作布置，提出完成旅客答询任务的具体措施，质量良好地完成任务。

（3）掌握列车运行、客运计划、售票组织、旅客乘降、行包运输和票运价等有关情况。

（4）负责监督、检查设备设施是否正常使用，保证保洁工作质量，发现问题及时妥善解决。

（5）按照作业标准检查、指导班组完成旅客答询任务，及时妥善处理突发情况。

（二）客运员

（1）按时参加点名会，上岗前检查当日设备设施、仪容仪表等是否达到标准。

（2）在售票值班员的领导下，严格岗位作业标准，做好旅客答询工作。

（3）坚持全面服务、重点照顾原则，热情帮助旅客解决困难，耐心解答问题，语言、举止规范。

（4）随时注意作业区域的保洁工作质量。

（5）严格执行交接制度，正确填写交接簿。

（6）负责完成售票值班员交办的其他工作。

二、问讯作业程序与标准

（一）班前准备

1. 客运值班员

（1）参加点名会，接受命令指示，了解列车运行、客运计划、售票组织、旅客乘降、行包运输和票运价等有关情况。做到命令清楚，对当日工作全面掌握。

（2）分工布置本班组的工作任务，提出具体要求。做到分工合理、任务明确。

（3）检查仪容仪表，组织班组列队上岗。做到着装整齐、精神饱满。

（4）组织对岗交接，检查服务区域人员上岗、保洁质量、服务设施、定置管理等情况。发现设备故障等情况，及时报告。做到交接清楚、卫生达标、备品齐全。

2. 客运员

（1）参加点名会，接受命令指示，了解列车运行、客运计划、售票组织、旅客乘降、行包运输和票运价等有关情况。做到命令清楚、全面掌握情况。

（2）接受客运值班员布置的具体工作和要求，做到任务明确。

（3）整理仪容仪表，列队上岗。做到着装整齐、精神饱满。

（4）进行对岗交接，检查负责区域保洁质量、服务设施等情况。

（二）问讯作业

1. 客运值班员

（1）组织客运员列队上岗，检查立岗情况，解答旅客问询。做到分工明确，组织有序。

（2）确认列车运行、客运计划、售票组织、旅客乘降、行包运输和票运价等有关情况，确认自动查询系统信息状态。

（3）及时妥善处理突发情况。做到快速反应、密切配合。

（4）组织客运员列队撤岗，行动一致。

2. 客运员

（1）面向旅客，热情接待旅客问询。

（2）按列车运行时刻提前与广播、售票、计划、行包、客运值班室联系，掌握列车运行、客运计划、售票组织、旅客乘降、行包运输等有关情况。

（3）检查自动查询系统信息是否准确，并进行处理。

（4）做好规章、文电、资料的整理、修改、保管工作。

（三）班后作业

1. 客运值班员

（1）交班前，检查服务区域设备备品、卫生保洁质量、物品定位摆放等情况。及时审阅处理旅客留言簿，及时报告设备故障等情况并办理交接。

（2）召开班后总结会，填写值班日志。

2. 客运员

（1）交班前，检查服务区域设备备品、卫生保洁质量、物品定位摆放等情况。

（2）听取值班员的班后总结会，开展自我讲评。

三、问讯服务礼仪规范

（一）仪容仪表

上岗前，做好仪容仪表的自我检查。穿着统一制服，佩戴职务标志或工号牌，做到仪表整洁、仪容端庄，符合铁路总公司《铁路旅客运输服务质量规范》的要求。

（二）服务态度

工作中保持站立服务，站姿端正，精神饱满，面带微笑，思想集中。热情接待每一位中外宾客的问询，做到有问必答，用词准确、简洁明了。

与旅客对话时应以平和的目光注视对方，面带微笑。学会察言观色，善于利用肢体语言表达情感，以便更好地与服务对象交流。

为旅客提供热情、主动、耐心、细致的服务，善始善终，应对恰当。不得与旅客争辩，不得出现粗俗的言语、鲁莽的举止。

（三）正确引导

1. 首问责任制

在回答旅客问讯时，不知道的事或不确定的事不要信口开河或敷衍应付旅客，切忌互相推诿。应履行首问负责的原则，解答或解决问题直到旅客满意为止。

首问责任制服务，即旅客求助的第一位工作人员有责任在第一时间确保准确答复或有效解决问题的前提下提供优质服务，否则必须将旅客指引到能提供有效服务的单位或岗位。

2. 举止规范

客运员回答旅客问讯时，必须站立服务。要精神集中、平视对方并保持适当距离。

旅客的车票、证件等应双手接、递。使用手势为旅客提供指引服务时，应手掌伸平，五指自然收拢，掌心向上，手臂自然伸屈，目光朝向手的指示方向。

（四）文明服务

（1）为旅客服务时必须使用普通话，用好文明语，使用“十四字”礼貌用语：“您、您好、谢谢、对不起、请、不客气、再见。”

（2）做到服务开头有问候声，服务结束有道别声。旅客前来询问时，应热情主动、热情问候，如“您好 / 早上好 / 上午好 / 下午好 / 晚上好 / 新年好！”“请问您需要什么帮助？”以示诚恳和亲切，这样会消除旅客的焦虑和不安情绪，双方可在融洽的氛围中交流。服务结束时应向旅客道别，如“再见，祝您旅途愉快。”

（3）当旅客前来询问时，如服务人员正在工作，应当向旅客示意稍等，表示歉意，事后应立即接待旅客并帮助旅客解决问题。对自己能回答的问题，不能推给别人回答。

（4）与旅客对话时，要全神贯注、态度和蔼、语气平和，耐心、亲切地回答旅客的问题。内容应真实、准确、详尽。对列车的时刻、候车大厅的布局等应有详尽的了解，熟练地回答旅客的基本问询，不可以说“也许”“大概”之类没有把握或含糊不清的语句。

（5）当有旅客利益受到损害时，应首先致歉，然后用委婉、平和的语气耐心解释并提供尽可能的帮助。当旅客的要求不能得到满足时，不要随便编造理由。应首先致歉，然后耐心解释，并尽可能提出可行建议。

（6）在旅客因误解、不满而投诉时，要以诚恳的态度耐心听取旅客的意见，不得中途打断，更不能回避或置之不理。

（7）在任何情况下不得讥笑、讽刺旅客。不得与旅客争辩，绝对不能发生粗俗、鲁莽的言行。

实训

一、实训准备

1. 一间礼仪实训室，墙面装有长度及地的镜子，能从头到脚照到训练人员。

2. 对应工作岗位的制服，桌子、车票、手机、笔、记事本等。

二、实训背景

春运期间，火车站问讯处客运人员正在答询旅客问询。春运期间客流量非常大，前来询问的旅客几乎一直都是不间断的，再加上问讯处还有 2 部电话也经常有人打来咨询，实在是任务繁重。

三、实训步骤

1. 将学生 6 ~ 8 人为一组进行分组，每组选出 1 名客运人员。

2. 教师讲解答询作业标准及服务注意事项，并加以示范。

3. 每组学生根据以下背景进行情景设定，按照情节需要增加角色，进行模拟演练。

火车站问讯处的工作，对客运人员提出了更高的要求。因为旅客的提问也是无所不有的，所以客运人员必须锻炼成“百事通”。

“去哪里买票？”“在哪里改签？”“车次晚点不晚点？”“厕所在哪里？”“汽车站怎么走？”“××车次到终点站是几点？”……每天都有各种各样的问题涌向问讯处这个小小的窗口，问题内容包罗万象。其实，诸如列车到达的时刻等此类问题，旅客可以在火车站张贴的时刻表上自己查询，不必到问讯处来询问。但是，很多旅客还是更愿意到问讯处来。旅客们常说：“火车站工作人员的回答比较让人放心，自己查询担心出错。”

每天遇到的问题成千上万，为了更好地服务旅客，服务人员花了不少时间去搞清楚一些旅客常问的问题。对于如列车时刻表这样的问题，经过很多次的实践，服务人员可以将答案脱口而出。

在春运售票最紧张的时候，由于买不到票，有些旅客容易将怒火发泄到问讯处来，对此，客运人员应当尽量去理解，毕竟有些旅客过年回家确实不容易。还有旅客听到自己需要的车次没票了，就一直问：“为什么？为什么？”这时，客运人员也要耐心地去解答。

4. 同组同学互换角色，进行模拟演练。

5. 每组按抽签顺序进行演练展示，其他组学生观摩。找出问题，并加以就纠正。

四、实训总结

1. 以小组为单位，进行模拟演练评选活动，每个小组选出一位“最美乘务员”。

2．对照学习评价表，为自己的训练成果打分。

学习评价表

被考评人						
考评地点						
考评内容	问讯处服务礼仪训练					
考评标准	考评内容		分值 / 分	自我评价 / 分	小组评议 / 分	实际得分 / 分
	问询人员岗位职责		10			
	问询作业程序与标准		10			
	问讯处服务礼仪规范	仪容仪表	20			
		服务态度	20			
		服务语言	20			
		行为举止	20			
合计			100			

注：考评满分为 100 分，85 分以上（包含 85 分）为优秀；75 ~ 84 分为良好；60 ~ 74 分为及格。

情境四　候车室服务礼仪

情境导入

2019 年 1 月 26 日，央广网推送了这样一篇文章：

深夜的北京西站依然灯火通明，旅客们背着大包小包在拥挤的人潮中奔向各自的目的地。对于服务重点旅客的“036”“号长”王琳娜来说，她的夜班才刚刚开始。

“有困难找‘036’”是流传在北京西站候车室一句温暖的话语，也是几代“036”客运员对旅客的郑重承诺。十五年来，“036”的传承者爱岗敬业、踏实服务，用行动践行了“待旅客如亲人”的服务宗旨。作为新一代接班人，王琳娜带领着朝气蓬勃的“036”班组，以真诚服务赢得了万千旅客的赞誉。

“036”原是 20 世纪 70 年代北京北站客运服务员李淑珍的胸牌号，她一颗真心、满腔热忱，为广大旅客所称道。1998 年，第二代“036”客运服务员、北京市劳动模范——宋敏娟从北京北站调到北京西站，带来了“036”服务的优秀做法，“036”精神开始在北京西站生根发芽。1999 年北京西站将服务老、幼、病、残、孕重点旅客的专用候车室正式命名为“036”候车室，以王凤莲为代表的第四代“036”客运员，传承和发扬了李淑珍、宋敏娟、胡宗英等老一代“036”“一颗真心、满腔热忱，为旅客排忧解难”的精神和作风，成为了北京西站客运服务的中流砥柱。现如今，第五代“036”接班人王琳娜以耐心、细致、热情的服务，被旅客们亲切地称为“候车室里最美的笑容”。

【思考】

（1）候车室服务礼仪包含哪些方面？

（2）检票服务应该注意哪些礼仪规范？

学习目标

- 掌握车站候车室客运人员岗位职责。
- 掌握车站候车室客运人员的作业程序与标准。
- 熟练掌握候车岗位服务礼仪规范。
- 培养车站客运人员良好的服务意识与精神风貌。

相关知识

候车室人多嘈杂，旅客身份较复杂，文化层次相差大，客流量大，要做好文明服务礼仪工作，体现现代铁路客运服务的新面貌，不仅可以体现车站服务的整体管理服务水平，而且可以体现一个城市的文明程度。

一、候车室客运人员岗位职责

（一）客运值班员

（1）负责本班组领导工作，根据车站工作布置，提出完成候车任务的具体措施，质量良好地完成任务。

（2）落实候车作业标准，严格执行预检、停检等制度，组织旅客有秩序地进站、上车，加强安全、卫生及旅行常识的宣传工作，消灭责任事故。

（3）保证候车室内服务设施完好、标志明显、揭示牌内容准确。

（4）设立旅客意见簿和投诉簿，公开路内举报电话，自觉接受旅客监督。

（5）认真执行规章、命令、指示，按照作业标准检查、指导班组完成候车服务工作，妥善处理班中发生的问题。

（6）正确处理客运业务问题，接待旅客来访，处理旅客投诉意见。

（二）客运员

（1）了解列车运行情况，及时通告有关列车到、开和检票进站时间。

（2）巡视候车室，掌握旅客候车动态及重点旅客信息。

（3）耐心回答旅客问询，虚心听取旅客意见，接受旅客监督，受理旅客投诉。

（4）做好贵宾候车区旅客服务工作。

（5）及时上岗进行检票作业，提醒旅客列车停靠站台。

（6）妥善处理候车室内突发情况，及时上报。

（7）做好工作责任区域内环境卫生。

二、候车室作业程序与标准

（一）班前作业

1. 客运值班员

（1）参加点名会，接受命令指示，了解列车运行情况及重点工作。做到命令清楚，对当日工作全面掌握。

（2）按各岗位分工布置本班组的工作任务，提出具体要求，做到分工合理、任务明确。

（3）检查仪容仪表，组织班组列队上岗。做到着装整齐、精神饱满。

（4）组织对岗交接，检查服务区域人员上岗、保洁质量、服务设施、定置管理等情况。发现设备故障等情况，及时报告。做到交接清楚、卫生达标、备品齐全。

2. 客运员

（1）做到着装整齐、仪容端庄、精神饱满。

（2）参加点名会，听取值班员传达上级命令、指示，接受工作任务及业务提问。做到任务明确、命令清楚、全面掌握情况。

（3）接清旅客列车运行、各次列车旅客候车计划安排、重点旅客、设备备品、台账资料、岗位卫生等情况。

（4）列队上岗，对岗交接并签字交接。检查负责区域保洁质量、服务设施等情况。

（二）候车作业

1. 客运值班员

（1）定时在候车室巡视，掌握旅客候车动态及重点旅客信息。做到巡视认真、信息掌握准确。

（2）检查客运员作业执行情况，指导按标准作业，处理客运相关业务及旅客投诉。做到按章办理、及时处理。

（3）按规定时间（列车在折返站停留时间为 20 min：下客 5 min，保洁 5 min，具体检票时间由各站确定）组织客运员按时上岗，进行检票作业。做到准时上岗，不误剪、不漏剪。

2. 客运员

（1）在候车室（区）入口处引导旅客候车。做到态度亲切、有序引导。

（2）巡视候车室，服务在旅客周围，掌握旅客候车动态。做好重点旅客细微服务。

（3）执行作业标准，做到首问首次负责。耐心回答旅客问询，虚心听取旅客意见，接受旅客监督，受理旅客投诉。

（4）根据列车运行情况，检查检票车次信息是否正确，发布检票通告，通报检票车次、开车时间、列车停靠站台。自动检票机通道和人工检票通道正常启用，通道数量适应客流情况，并设有商务座旅客快速检票通道。

（5）按广播预告，组织旅客排队检票进站，及时上岗进行检票作业，提醒旅客列车停靠站台。做到上岗准时、检票认真，不漏剪、不误剪。按车站规定时间停止检票作业、放置停检标识，通告候车室和站台。

（6）妥善处理候车室内突发情况，及时上报。做到沉着果断，措施得当。

（7）遇列车晚点时，做好宣传、解释工作，主动帮助旅客解决困难，稳定旅客情绪。做到耐心解释，妥善处理。

（8）做好卫生、禁烟宣传，保持候车区域环境卫生。

（9）贵宾候车区按规定配备专职服务员以及验票终端等服务设备，提供免费小食品、饮品、报刊等服务。

（三）班后作业

1. 客运值班员

（1）交班前，检查服务区域设备备品、卫生保洁质量、物品定位摆放等情况，核实重点旅客信息。及时审阅处理旅客留言簿，对设备故障等情况及时报告并办理交接。

（2）做到重点旅客信息翔实，重点事项交接清楚。

（3）召开班后总结会，填写值班日志。

2. 客运员

（1）交班前，检查服务区域设备备品、卫生保洁质量、物品定位摆放等情况，核实重点旅客信息。

（2）听取值班员的班后总结会，开展自我讲评。

三、候车室服务礼仪规范

（一）仪容仪表

上岗前，做好仪容仪表的自我检查。穿着统一制服，佩戴职务标志或工号牌，做到仪表整洁、仪容端庄，符合铁道部《铁路旅客运输服务质量规范》的要求。

（二）行为举止

立岗时保持精神饱满，面带微笑，思想集中，注意讲究自己的形象。旅客问讯时，面向旅客站立，双目平视，回答准确，解释耐心。递接物品时，要正对旅客，主动伸出双手。

坐立、行走姿态端正，精神饱满，步伐适中，轻重适宜。在人多的地方，先向旅客示意后再通行。与旅客走对面时，要主动让路，面向旅客侧身让行，不与旅客抢行。

列队出（退）勤时，按规定线路行走，步伐一致。多人行走时，两人成排，三人成列。

（三）服务用语

运用服务语言时，要求使用普通话。语言表达要规范、准确，口齿要清晰，使用“您、您好、请、谢谢、对不起、不客气、再见”十四字礼貌用语。

对旅客、货主称呼恰当，统称为“旅客们”、“各位旅客”、“旅客朋友”，单独称呼“先生、女士、小朋友、同志”等。

（四）符合规范

（1）主动迎送旅客，让旅客凭票进入候车室，引导旅客按方向、车次排队候车。安排旅客就座时坚持“人坐两行,包摆一趟”。为既保证旅客安全,又保证旅客休息,应及时清理候车室内闲杂人员，保证候车室秩序良好。

（2）在大厅遇到有人问讯时，应停下脚步主动关切地问他：“先生（女士），您有什么事需要我帮忙吗？”热情、耐心地解答旅客的询问，有问必答，诚恳、亲切。

（3）应始终服务在旅客的身边，随时解决候车大厅中旅客遇到的困难，做到耐心细致。遇有失误时，向旅客表示歉意。对旅客的配合与支持表示感谢。

（4）搞好清洁卫生，除随脏随扫外，应根据列车开、到时刻，在候车室内旅客较少时进行清扫工作，避免对旅客的干扰。

（5）保持室内空气清新，候车室门窗要定时打开，保持室内空气流通。做好吸烟危害健康的宣传，候车室内禁止吸烟。

四、贵宾候车区服务礼仪

随着中国铁路建设进程加快，乘坐高铁已经成为众多客户的出行选择。为了更好地迎合高端旅客的需要，同时也为了延伸与提升高铁的高端服务，新型特色的高铁贵宾厅应运而生。

高铁贵宾厅主要是指在各高铁站为旅客提供的贵宾候车服务的场所。为旅客提供专用进出站通道、安检免排队、专人站台接送以及贵宾休息区服务。其中，贵宾休息区提供行李协助、休闲茶点和乘车引导等服务。

（一）规范统一

上岗前，着贵宾候车区统一制服，做好仪容仪表的自我检查，做到仪表整洁、仪容端庄。贵宾候车区工作人员淡妆上岗，要体现自然、高雅的品质。头发要梳理整齐，保持清洁。

（二）举止得体

接待旅客时，保持精神饱满，面带微笑，思想集中。要时刻注重自己的形象，站姿、坐姿、行姿和蹲姿都要自然得体。

回答旅客问询时，应在规范站姿的基础上，身体微向前倾，尽量平视对方，面带笑容，声音平稳柔和。

（三）用语文雅

与旅客对话要注意谈吐文雅、彬彬有礼。态度要诚恳、亲切，使对方产生好感与信任。语调也要保持平稳，不要说得太快让对方听不清，又不能说得太慢让对方感到压抑。尽量不用或少用语气词，使对方感到亲切自然。

普通话标准，语言表达规范、准确，口齿清晰。多用礼貌语，如“您”“先生”“女士”等；多用雅语，如用“贵姓”来代替“你姓什么”，用“洗手间”代替“厕所”等，体现出个人的文化素质和品德修养。

（四）规范服务

1. 行李协助

旅客候车或登车时不方便携带行李时，可提出需求由贵宾室工作人员使用专用工具或人工协助搬运，行李大小应在高铁车站允许携带的范围内。提拿旅客行李、物品时，要主动伸出双手接递，轻拿轻放。

2. 登车提醒

当达到登车时间时，贵宾室工作人员要提前 10 ~ 15 分钟，主动提醒贵宾做好登车准备。在与旅客交谈时，吐字要清晰，音量要适度，以对方听清楚为准，切忌高声讲话。

3. 贵宾区休息

旅客登、候车时，可在贵宾区休息、舒适等候。要尽量减少对旅客不必要的打扰，如旅客不需要提供服务，工作人员之间应做好交接工作，避免重复询问。

4. 精美餐点

提供免费的精美餐点供贵宾区的旅客使用。为旅客端送茶水时，注意将茶杯轻轻放在宾客座位旁的茶几上，并及时续茶、清理台面卫生。

5. 报刊杂志

为贵宾区的旅客提供免费报刊杂志时，要事先主动询问旅客是否需要阅读，如需要及时提供。

五、客运值班室服务礼仪

车站的客运值班室，可以说是一个比较重要的服务岗位。不但要解决旅客的投诉、接待重点旅客的来访、处理特殊旅客的困难，还要兼顾站车交接等一些问题，负责做好“补救服务”工作。

值班室的工作人员应该是素质高、经验丰富的客运工作骨干，必须要有高度的责任心，时刻从车站和铁路的大局考虑，从为旅客服务的观点出发，尽量满足不同层次旅客的需求。

（一）规范统一

上岗前，做好仪容仪表的自我检查。穿着统一制服，佩戴职务标志或工号牌，做到仪表整洁、仪容端庄，符合铁路总公司《铁路旅客运输服务质量规范》的要求。

（二）文明接待

接待旅客时，保持精神饱满，面带微笑，思想集中，注意讲究自己的形象，坐姿、站姿和行姿都要自然得体。客运值班员要成为车站使用礼貌用语的表率，出言谨慎、口气婉转、态度诚恳、谦逊有礼。

（三）处理妥当

（1）对旅客的问询，要尽力给予全面、详细、准确的答复，使对方感到可信、放心、满意。对自己能答复的问题，决不借口推托给其他部门解答。

（2）在接待旅客投诉时，首先要做到热情接待、耐心听取、冷静分析，即使对方怒气冲冲、情绪激动，甚至蛮不讲理，也不能受其影响而冲动。相反，要心平气和、善解人意、逐步引导，充分尊重投诉者的心情，尽力帮助旅客处理好事务。

（3）在处理突发事件时，要沉着、冷静、果断，及时与有关方面通报信息，尽快求得指示和协助，在礼貌服务中体现出优质、高效。

六、验票服务礼仪

验票是车站服务工作中重要的环节，验票秩序是车站文明程度的标志，尤其是在客流量大而列车停站时间短时，更能反映出车站的服务水准。在验票服务岗位上，服务人员应注重自己的言行和举止，自觉地树立良好的形象。

（一）仪容仪表

上岗前，做好仪容仪表的自我检查。穿着统一制服，佩戴职务标志或工号牌，做到仪表整洁、仪容端庄，符合铁路总公司《铁路旅客运输服务质量规范》的要求。

（二）服务用语

运用服务语言时，要求使用普通话。语言表达要规范、准确，口齿要清晰，使用“您、您好、请、谢谢、对不起、不客气、再见”十四字礼貌用语。

对旅客、货主称呼恰当，统称为“旅客们”“各位旅客”“旅客朋友”，单独称呼“先生、女士、小朋友、同志”等。

（三）行为举止

立岗姿势规范，精神饱满。行走姿态端正，步伐适中，轻重适宜。

递接车票、有效证件等物品时，应目视对方，主动伸手，轻拿轻放。提示旅客时，应近前自然伸出右手，五指并拢，掌心向上，

旅客问讯时，面向旅客站立，目视旅客，有问必答，回答准确，解释耐心。遇有失误时，向旅客表示歉意。对旅客的配合与支持要表示感谢。

（四）规范服务

（1）客运员应积极配合广播室做好宣传工作，及时、准确、清楚地通告列车运行情况。与旅客对话时面带微笑，态度和蔼，语气温和，吐字清楚，语速适中，用语文明。让旅客做到心中有数、不慌不忙。

（2）提前在检票口挂出指示牌，并通过电子引导装置不间断显示检票状态。组织好检票秩序，可采取分段检票、分行检票等方式组织检票，让旅客在检票时始终保持井然有序。

（3）要有得体的验票方法。验票员应一只手拿票剪，另一只手接票，看清票面的时间、车次、到站，然后说明到站站名和人数，并同时剪口，即“一看、二唱、三下剪”。在验票过程中要做到有条不紊地进行操作，动作要干净利落。

（4）验票中微笑面对旅客，说话的语气要平和，吐字要清楚，态度和蔼。验票后，应把车票主动递到旅客手中，交还车票时可以说：“请您拿好车票，祝您旅途愉快！”

（5）如果发现个别旅客不遵守秩序，应该用和蔼的语气劝阻：“对不起，这位先生 / 女士，请排队按次序检票，谢谢您的配合！”切忌大声呼喊、训斥、推搡旅客。

（6）停止检票后，对匆忙赶来的旅客，应制止其进入检票口，同时用和蔼亲切的语气耐心地安慰旅客，可以给予旅客建议：“先生 / 女士，您别着急，您改乘 ×× 次列车同样可以到达目的地。您去售票厅办理改签手续，可以吗？”切不可对旅客刻薄生硬地埋怨、粗暴地阻挡。

（7）如遇没有购买车票、想上车补票的旅客，要态度严肃、语气坚定地说：“对不起，先生 / 女士，本次列车对号入座，请您务必凭票上车。”“您好先生 / 女士，您可以到售票窗口补票后进站。”

（8）如果因车站工作的失误给旅客造成麻烦，或者旅客对车站某些工作不满意时，要从车站和全局的角度考虑问题，要主动向旅客道歉，并想方设法为旅客解决困难。

实训

一、实训准备

1. 一间礼仪实训室，墙面装有长度及地的镜子，能从头到脚照到训练人员。

2. 对应工作岗位的制服，桌椅、车票、报纸、餐点、水杯、行包等。

二、实训背景

高铁站候车大厅内，客运服务人员正在立岗服务旅客。

三、实训步骤

1. 将学生 6 ~ 8 人为一组，进行分组。每组选出 1 名售票员。

2. 教师讲解乘务作业标准及服务注意事项，并加以示范。

3. 每组学生根据以下情景设定，按照情节需要增加角色，进行模拟演练。

（1）情景一：

在北京站的 1 楼一号候车室——悦途北京站休息厅内，几位高铁乘客正在贵宾休息区候车，服务人员面带笑容地为他们服务。围绕下列五项服务内容，进行服务情景内容和角色设定，并模拟演练。

①提供餐点、茶水服务。

②提供报刊杂志服务。

③提供登车提醒服务。

④提供行李协助服务。

⑤提供旅客答询服务。

（2）情景二：

“各位旅客，由郑州东开往北京西方向的 G1564 次列车开始检票，请乘坐该次列车的旅客依次排队检票进站。”车站广播室传来 G1564 次列车开始检票的通知后，检票员早早就在候车厅检票口等待乘车的旅客，麻利地接过旅客递过来的车票，迅速扫一眼票面信息，确认无误后，使用检票剪“咔嗒”一声，在车票上剪出一个小豁口，一张票就检过了。

（3）情景三：

在客运值班室，客运值班员负责接待来访及受理举报工作。围绕下列五项服务内容，进行受理投诉服务情景内容和角色设定，并模拟演练。

①认真倾听旅客投诉，做好记录。

②就旅客投诉问题，诚心向旅客道歉。

③对旅客的投诉迅速做出处理。

④感谢旅客对服务工作的监督与指正。

4. 同组同学互换角色，进行模拟演练。

5. 每组按抽签顺序进行演练展示，其他组学生观摩。找出问题，并加以就纠正。

四、实训总结

1. 以小组为单位，进行模拟演练评选活动，每个小组选出一位“最美乘务员”。

2. 对照学习评价表，为自己的训练成果打分。

学习评价表

被考评人					
考评地点					
考评内容	候车室服务礼仪训练				
考评标准	考评内容	分值 / 分	自我评价 / 分	小组评议 / 分	实际得分 / 分
	候车室客运人员岗位职责	10			
	候车室作业程序与标准	10			
	候车室服务礼仪规范	20			
	贵宾候车区服务礼仪规范	20			
	客运值班室服务礼仪规范	20			
	验票服务礼仪规范	20			
合计		100			

注：考评满分为 100 分，85 分以上（包含 85 分）为优秀；75 ~ 84 分为良好；60 ~ 74 分为及格。

情境五　站台服务礼仪

情境导入

春运的第一天，旅客数量大幅度增多。上午 9 点 30 分，一位旅客手持两张江山—上海南的车票焦急地来到服务台，由于家里老人行动不便，她要求工作人员立即安排他们进站乘坐 10:37 分的 G1384 次列车。车站客运人员了解情况后，提醒她提前一个小时进站并不妥当，并耐心向旅客进行解释：由于天气寒冷，站台上的风很大，提前一个小时到达站台，只会让老人受寒，并且建议提前 20 分钟进站即可，到时由工作人员使用轮椅将老人送至站台。客运人员的建议缓解了旅客焦急的情绪，并得到旅客的认同。10 点 15 分，检票口开放人工通道让旅客陪同老人进站，站台的工作人员使用轮椅，将其送至所要乘坐的 G1384 次列车，送达站台后旅客连声表示感谢。

【思考】

（1）站台客运人员的岗位职责有哪些？

（2）站台服务礼仪应注意哪些方面？有哪些具体要求？

学习目标

- 掌握站台客运人员的岗位职责。
- 掌握站台客运人员的作业程序与标准。
- 熟练掌握站台岗位服务礼仪规范。
- 培养车站客运人员良好的服务意识与精神风貌。

相关知识

站台是车站服务的关键岗位之一，旅客在等车和上车时容易混乱，特别是客流量大的时候。同时，由于站台上车来人往，容易发生安全事故，因此，站台服务要将安全和礼仪相结合。

一、站台客运人员岗位职责

（一）客运值班员

（1）掌握本岗位应知应会、安全风险点及非正常情况下的应急处理流程，确保旅客安全。

（2）检查站台设施设备，及时清理闲杂人员和影响乘降安全的物品。

（3）监督站台保洁工作质量，检查各岗位标准化作业执行情况。

（4）按规定与列车长在指定地点办理交接，负责站台旅客进站、乘降、出站、重点服务及应急组织等工作。

（5）负责解答旅客问询，接待旅客投诉，严格落实首问首诉负责制。

（6）加强结合部管理，对站台作业车辆安全、站台售货安全进行监管。

（7）负责完成上级交办的其他工作。

（二）客运员

（1）负责检查站台设备设施和备品情况，发生故障及时向客运值班员报告。

（2）严格执行作业标准，维护站车秩序，负责安全有序组织旅客乘降。

（3）协助接车负责人办理站车交接，妥善处理交接事项，按指示做好站车突发事件的应急处理。

（4）协助接车负责人加强站内卫生保洁、站台售货、小红帽服务、行邮作业、列检作业等结合部工作监管和配合。

（5）加强所辖区域的安全值守和防护，列车到站前提前上站台检查站台情况，列车停站期间提醒旅客注意安全，列车开出后负责站台闲杂人员的清理。

（6）负责解答旅客问询，受理旅客投诉。遇列车晚点时，加强流动巡视，做好旅客服务和宣传安抚工作。

（7）完成上级布置的各项任务。

二、站台作业程序与标准

（一）班前作业

1. 客运值班员

（1）参加点名会，接受命令指示，了解列车运行情况及重点工作。做到命令清楚，对当日工作全面掌握。

（2）按各岗位分工布置本班组的工作任务，提出具体要求。做到分工合理、任务明确。

（3）检查仪容仪表，组织班组列队上岗。做到着装整齐、精神饱满。

（4）组织对岗交接，检查服务区域人员上岗、保洁质量、服务设施、定置管理等情况。发现设备故障等情况，及时报告。做到交接清楚、卫生达标、备品齐全。

2. 客运员

（1）参加点名会，接受命令指示，了解列车运行情况及重点工作。做到命令清楚、全面掌握情况。

（2）接受客运值班员布置的具体工作和要求，做到任务明确。

（3）整理仪容仪表，列队上岗。做到着装整齐、精神饱满。

（4）进行对岗交接，检查负责区域保洁质量、服务设施等情况。做到卫生达标、设备良好、备品定位。

（二）站台作业

1. 客运值班员

（1）组织客运员列队上岗，清理站台，检查立岗情况，做好乘降组织，解答旅客问询。做到分工明确，组织有序。

（2）与列车长办理重点旅客及客运业务交接。做到交接清楚，手续齐全。

（3）及时妥善处理突发情况。做到快速反应、密切配合。

（4）组织客运员列队撤岗，行动一致。

2. 客运员

（1）检查引导屏状态和显示内容、站台及股道情况。

（2）引导旅客安全通过天桥、地道，组织旅客站在安全线内，做好安全宣传和防护，随时注意旅客动态，防止旅客钻车、爬车及横越股道。

（3）列车停靠站台前 5 分钟列队上岗，清理站台，做好接车准备。做到按时上岗、站台无障碍物及闲杂人员。

（4）列车进站后，协助列车员组织旅客有序乘降，对重点旅客实行重点照顾。提示登车安全，协助重点旅客上车，劝告送客人员不要上车，组织旅客有序上车。做到分工明确，安全有序。

（5）做好宣传，引导下车旅客安全通过出站通道出站，防止旅客对流。

（6）开车铃响，组织站台上的人员退到安全线以内；列车启动后，防止随车奔跑，确保安全。

（7）列车出站后，清理站台闲杂人员及无关车辆，做好站台卫生保洁相关工作。

（8）听从客运值班员指挥，列队撤岗，行动一致。

（三）班后作业

1. 客运值班员

（1）交班前，检查服务区域设备备品、卫生保洁质量、物品定位摆放等情况，核实重点旅客信息。及时审阅处理旅客留言簿，对设备故障等情况及时报告并办理交接。

（2）做到重点旅客信息翔实，重点事项交接清楚。

（3）召开班后总结会，填写值班日志。

2. 客运员

（1）交班前，检查服务区域设备备品、卫生保洁质量、物品定位摆放等情况，核实重点旅客信息。

（2）听取值班员的班后总结会，开展自我讲评。

三、站台服务礼仪规范

（一）仪容仪表

上岗前，做好仪容仪表的自我检查。穿着统一制服，佩戴职务标志或工号牌，做到仪表整洁、仪容端庄，符合铁路总公司《铁路旅客运输服务质量规范》的要求。

（二）行为举止

站姿规范，挺胸、收腹，两脚跟并拢，脚尖略分开，双手自然垂直。行走姿态端正，精神饱满，步伐适中，轻重适宜。在工作中不背手、叉腰、抱膀、手插衣兜或裤兜里。

提示旅客时，应近前自然伸出右手，五指并拢，掌心向上，不能用手指点旅客。引导旅客方向时，面对旅客站姿端正，面带微笑，态度和蔼，自然地展开右手臂，指向所指示的方向。

在站台上迎接列车时，车站工作人员做到姿势端正，间距适当，足踏白线，双目迎接列车的到来，从列车进入站台开始到列车停靠站台为止。在列车离开车站时，要足踏白线，目送列车开出站台。

（三）服务用语

运用服务语言时，要求使用普通话。语言表达要规范、准确，口齿要清晰，使用“您、您好、请、谢谢、对不起、不客气、再见”十四字礼貌用语。

对旅客、货主称呼恰当，统称为“旅客们”“各位旅客”“旅客朋友”，单独称呼“先生、女士、小朋友、同志”等。

（四）规范服务

（1）站台客运人员提前到岗，检查引导屏状态和显示内容、站台及股道情况。

（2）按站台车厢位置标志在站台安全线或屏蔽门内组织旅客排队等候，有序乘降。及时指引旅客到达列车即将停靠的站台，可以提示：“旅客您好！ ×× 号车厢在右侧前方 ×× 米处，请小心台阶！”

（3）列车进站前，要维持好站台的秩序。按车厢的距离，安排好旅客排队等车。要时刻注意旅客的安全，个别旅客如站得离铁轨较近，要提醒他们站在安全线以后，以防列车进站时出现安全事故，如发现个别旅客不遵守秩序，插队或拥挤的，要及时予以制止，以维护好站台的秩序，以防旅客上车时出现混乱。劝导旅客时可以说：“旅客您好，为了您的安全，请在安全线以内候车，谢谢配合！”

（4）列车员验票时，要配合列车员组织旅客排队验票、上车，防止安全事故的发生，及时提醒：“请注意脚下缝隙。”

（5）办理站车交接时，位置应在短编组动车组列车的 4、5 号车厢之间，长编组动车组列车的 8、9 号车厢之间，重联动车组列车的列车运行方向前组第 7、8 号车厢之间。

（6）如遇同一站台有两趟动车组列车同时进行乘降作业时，要做好宣传、引导，保证旅客无误乘车。当站台一侧邻靠线路有动车组列车通过时，另一侧应停止旅客乘降或设防护栏防护。

（7）开车时间前 30 秒打响开车铃，铃声时长 10 秒。铃响时巡视站台，无漏乘。

实训

一、实训准备

1．一间礼仪实训室，墙面装有长度及地的镜子，能从头到脚照到训练人员。

2．对应工作岗位的制服，车票、行包等。

二、实训背景

春运期间，铁路江山站将继续践行春运"三个出行"工作目标，关注服务细节，为旅客美好出行提供服务。

铁路部门在此提醒春运乘车的旅客："春运期间乘坐列车时，要安全有序出发，上下车时应先下后上，面对进出站大客流时应听从铁路工作人员的引导，行动不便的旅客进出站和上下车时若需要帮助，可以及时联系车站和列车上的工作人员，合理利用铁路提供的便民服务。"

三、实训步骤

1．将学生 6 ～ 8 人为一组，进行分组。每组选出 2 名站台客运人员。

2．教师讲解站台作业标准及服务注意事项，并加以示范。

3．每组学生根据以下情景设定，按照情节需要增加角色，进行模拟演练。

（1）情景一：

①提前上岗。

a. 接广播室通知后出务，检查站台有无障碍物和人员侵线，清理闲杂人员。

b. 检查站台显示屏列车开车时刻、车厢方向等导向揭示是否正确。

②立岗接车。

面向列车，注意力集中，站在安全线以内，组织旅客按车厢顺号排队。

③引导乘降。

a. 对进入站内的旅客卡控安全，不越过安全白线。

b. 待列车停稳后，有序组织旅客快速乘降，必要时上车疏通车门及车厢通道，对重点旅客重点照顾。

④协助交接。

协助接车负责人办理站车交接，妥善处理交接事项，按指示做好站车突发事件的应急处理。

⑤站台监管。

协助接车负责人加强站内卫生保洁、站台售货、小红帽服务、行邮作业、列检作业等结合部工作监管和配合。

⑥发车确认。

a. 乘降组织完毕后，应向接车负责人汇报。

b. 列车鸣笛后，防止人员或物体侵限。

c. 遇有危及行车安全及人身安全情况发生时，应用对讲机立即向接车负责人报告。

⑦立岗送车。

a. 面向列车脚尖紧靠安全线内沿站立，列车尾部通过立岗位置时，应转身面向列车驶出方向，直至列车出站台为止。

b. 列车驶出站台后，清理站内闲杂人员。

⑧加强巡视。

检查股道有无异物，有无人员或动物闯入站场封闭网内危及行车安全。

（2）情景二：

12:45 分，G7691 次列车到达江山站，站台工作人员正在和 G7691 次列车长交接一名盲人旅客，列车长将杭州东站填写的特殊重点旅客服务交接簿交给站台工作人员，由站台工作人员将旅客顺利地引导出站。之后，站台工作人员马不停蹄地回到站台，准备 G7692 次列车的引导上车工作。在江山站的 4 号站台，还未停稳的高铁列车上，列车长挥着手中的客运记录填写本，站台的工作人员便明白有事情需要处理了。列车长交下来了两名着急回家的误乘旅客，他们目的地是长沙南，此时江山站到达长沙南的列车只剩下了 19：57 分的 G1365。确认了车票信息，站台工作人员将误乘旅客送到了候车室候车。19:40 分，站台工作人员将这两位旅客带到站台上，与列车长做好交接。

4．同组同学互换角色，进行模拟演练。

5．每组按抽签顺序进行演练展示，其他组学生观摩。找出问题，并加以就纠正。

四、实训总结

1．以小组为单位，进行模拟演练评选活动，每个小组选出一位“最美乘务员”。

2．对照学习评价表，对自己的训练成果打分数。

学习评价表

被考评人						
考评地点						
考评内容	站台服务礼仪训练					
考评标准	考评内容		分值 / 分	自我评价 / 分	小组评议 / 分	实际得分 / 分
	站台客运人员岗位职责		10			
	站台作业程序与标准		10			
	站台服务礼仪规范	仪容仪表	20			
		服务态度	20			
		服务语言	20			
		行为举止	20			
合计			100			

注：考评满分为 100 分，85 分以上（包含 85 分）为优秀；75 ～ 84 分为良好；60 ～ 74 分为及格。

情境六　出站口服务礼仪

情境导入

"您好，请您走人工通道。"看到一位老人出站，在出站口值守的客运值班员急忙提醒。出站口的工作人员一遍遍认真地检查着车票，为拎着大件行李、不懂刷票出站方法的旅客刷票出站。出站检票口是自动开合的，工作人员一直反复提醒牵小孩的旅客一定要注意安全，保证和孩子一同出检票口，这是火车站出站口工作人员的日常工作。

【思考】

（1）出站口客运人员的岗位职责有哪些？

（2）出站口服务礼仪应注意哪些方面？有哪些具体要求？

学习目标

- 掌握出站口客运人员的岗位职责。
- 掌握出站口客运人员的作业程序与标准。
- 熟练掌握出站口客运人员岗位服务礼仪规范。
- 培养车站客运人员良好的服务意识与精神风貌。

相关知识

出站口是车站服务的最后一个环节,服务礼仪依然不容忽视。当旅客下车后,出站口的卫生环境、工作人员的精神面貌、仪容仪表以及收票验票的服务动作、语言，都会引起旅客的注意，都能给旅客带去不同的感受。

一、出站口客运人员岗位职责

（一）客运值班员

（1）掌握本岗位应知应会、安全风险点及非正常情况下应急处理流程，确保旅客安全。

（2）检查出站口设施设备，及时清理闲杂人员和影响乘降安全的物品。

（3）监督出站口保洁工作质量，检查各岗位标准化作业执行情况。

（4）负责出站口旅客车票查验、重点服务及应急组织等工作。

（5）负责解答旅客问询，接待旅客投诉，严格落实首问首诉负责制。

（6）负责完成上级交办的其他工作。

（二）客运员

（1）负责检查出站口出站通道、设施设备、到达列车显示等，组织旅客验票、安全有序出站。

（2）负责区域内闲杂人员的清理，做好旅客出站宣传工作，维持出站口秩序。

（3）做好出站旅客车票查验工作，正确处理本岗位的突发情况。

（4）负责解答旅客问讯，执行首问负责制。

（5）维护工作区域卫生，爱护设备及办公用品，落实定置管理。

（6）完成值班员布置的其他各项任务。

二、出站口作业程序与标准

（一）班前准备工作

1. 客运值班员

（1）参加点名会，接受命令指示，了解列车运行情况及重点工作。做到命令清楚，对当日工作全面掌握。

（2）按各岗位分工布置本班组的工作任务，提出具体要求。做到分工合理、任务明确。

（3）检查仪容仪表，组织班组列队上岗。做到着装整齐、精神饱满。

（4）组织对岗交接，检查服务区域人员上岗、保洁质量、服务设施、定置管理等情况。发现设备故障等情况，及时报告。做到交接清楚、卫生达标、备品齐全。

2. 客运员

（1）参加点名会，接受命令指示，了解列车运行情况及重点工作。做到命令清楚、全面掌握情况。

（2）接受客运值班员布置的具体工作和要求，做到任务明确。

（3）整理仪容仪表，列队上岗。做到着装整齐、精神饱满。

（4）进行对岗交接，检查负责区域保洁质量、服务设施等情况。做到卫生达标、设备良好、备品定位。

（二）出站口作业

1. 客运值班员

（1）组织客运员列队上岗，清理出站口，检查立岗情况，做好出站组织，解答旅客问询。做到分工明确，组织有序。

（2）与列车长办理重点旅客交接。做到交接清楚，手续齐全。

（3）及时妥善处理突发情况。做到快速反应、密切配合。

（4）组织客运员列队撤岗，行动一致。

2. 客运员

（1）检查自动检票机、出站显示屏状态和内容。检查列车正晚点信息显示情况。

（2）按列车预告上岗，检查出站通道畅通，做好验票准备工作。

（3）组织出站旅客排队，认真查验车票，使旅客快捷、迅速通行。

（4）查堵无票、车票不符及违章携带物品的旅客，补收票款、运费。及时修改有关业务资料。

（5）列车出站后及时清理，站台、通道无滞留人员。

（6）换乘客流大的车站根据需要设置站内换乘流线，配备相应的设备和引导标志。

（三）班后交接

1. 客运值班员

（1）交班前，检查服务区域设备备品、卫生保洁质量、物品定位摆放等情况，核实重点旅客信息。

及时审阅处理旅客留言簿，对设备故障等情况及时报告并办理交接。

（2）做到重点旅客信息翔实，重点事项交接清楚。

（3）召开班后总结会，填写值班日志。

2. 客运员

（1）交班前，检查服务区域设备备品、卫生保洁质量、物品定位摆放等情况，核实重点旅客信息。

（2）听取值班员的班后总结会，开展自我讲评。

三、出站口服务礼仪规范

（一）仪容仪表

上岗前，做好仪容仪表的自我检查。穿着统一制服，佩戴职务标志或工号牌，做到仪表整洁、仪容端庄，符合铁路总公司《铁路旅客运输服务质量规范》的要求。

（二）服务态度

立岗站姿规范，精神饱满，面带微笑，亲切、热情地向旅客致意，以示尊重。收票验票的过程中，要言谈举止高雅，态度亲切。

纠正违章做到实事求是，态度和蔼，耐心宣传，文明执行规章制度，不搜身，不扣压物品。

（三）服务用语

服务时使用普通话，表达规范、准确。使用十四字礼貌用语“您、您好、请、谢谢、对不起、不客气、再见”。

对旅客称呼得体，统一称呼时为“各位旅客”，单独称呼时为“同志”“小朋友”“先生”“女士”等。

（四）规范服务

（1）做好宣传，组织旅客排队出站，可提示旅客“各位旅客，请出示车票，按次序出站。谢谢配合！”，做到秩序井然，不挤不乱。换乘客流量大的车站根据需要设置站内换乘流线，配备相应的设备和引导标志。

（2）引导旅客通过自动检票机和人工检票通道检票出站，保证具备居民身份证自动识读检票条件的自动检票机正常启用。

（3）人工检票口核对车票及其他乘车凭证，对未加剪的车票补剪，秩序良好，防止尾随。接票时，应主动、亲切地伸手去接，认真地看清票面，及时还给旅客，并提示旅客“请收好您的车票。”注意不要毁坏印有票价的部分。

（4）积极疏导出站人群。对一些携带行李较多或行走不便的旅客，应主动询问“请问您需要我的帮助吗？”扶持、协助旅客尽快出站，以保证队伍能井然有序地快速出站。

（5）如遇到漏票的现象，要态度平和地要求旅客到补票处进行补票，可以说“请您按程序补票，谢谢配合！”切不可与旅客争吵或讽刺挖苦旅客。因为当众出丑会令旅客难堪，激起逆反情绪。

（6）在遇到蛮不讲理、不愿意补票的旅客时，应注意避免与旅客争吵，可以把他请到值班室，耐心和蔼地向他解释，等到他心平气和时再补票。必要时可由公安值勤人员出面，尽量避免与旅客产生摩擦，激化矛盾。

实训

一、实训准备

1．一间礼仪实训室，墙面装有长度及地的镜子，能从头到脚照到训练人员。

2．对应工作岗位的制服，车票、行包、手机、零钱等。

二、实训背景

高铁出站口处，客运服务人员正在立岗进行出站口作业。

三、实训步骤

1．将学生6～8人为一组，进行分组。每组选出2名客运人员。

2．教师讲解出站口作业标准及服务注意事项，并加以示范。

3．每组学生根据以下情景设定，按照情节需要增加角色，进行模拟演练。

（1）提前到岗。

①广播预告列车到达信息后，及时上岗。

②检查自动检票机、出站显示屏状态和内容。

③清理出口通道，做到通道畅通，无闲杂人员和障碍物，方便旅客通行。遇到达客流较大，及时加开出站通道。

④严格执行“只出不进”的规定，对欲从出站口进站的人员及时制止并做好解释。

（2）查验车票。

①引导旅客通过自动检票机和人工检票通道检票出站。

②人工验票时，接过车票后认真核对票面信息，确认后将车票递还旅客。发现无票或乘车条件不符的旅客时，引导旅客到补票室按章补票。

③发现旅客携带品超重的旅客，引导到补票室按章补收运费。

④遇旅客不配合引导，事态有扩大倾向，及时向值班站长汇报请求介入处理。

（3）锁闭通道。

①列车出站后及时清理，站台、通道无滞留人员。

②旅客出站完毕后，清空站口区域内闲杂人员，关闭出站通道并加锁，钥匙定置存放。

4．同组同学互换角色，进行模拟演练。

5．每组按抽签顺序进行演练展示，其他组学生观摩。找出问题，并加以就纠正。

四、实训总结

1．以小组为单位，进行模拟演练评选活动，每个小组选出一位“最美客运员”。

2．对照学习评价表，为自己的训练成果打分。

学习评价表

<table>
<tr><td>被考评人</td><td colspan="6"></td></tr>
<tr><td>考评地点</td><td colspan="6"></td></tr>
<tr><td>考评内容</td><td colspan="6">出站口服务礼仪训练</td></tr>
<tr><td rowspan="7">考评标准</td><td colspan="2">考评内容</td><td>分值 / 分</td><td>自我评价 / 分</td><td>小组评议 / 分</td><td>实际得分 / 分</td></tr>
<tr><td colspan="2">出站口客运人员岗位职责</td><td>10</td><td></td><td></td><td></td></tr>
<tr><td colspan="2">出站口作业程序与标准</td><td>10</td><td></td><td></td><td></td></tr>
<tr><td rowspan="4">出站口服务礼仪规范</td><td>仪容仪表</td><td>20</td><td></td><td></td><td></td></tr>
<tr><td>服务态度</td><td>20</td><td></td><td></td><td></td></tr>
<tr><td>服务语言</td><td>20</td><td></td><td></td><td></td></tr>
<tr><td>行为举止</td><td>20</td><td></td><td></td><td></td></tr>
<tr><td colspan="3">合计</td><td>100</td><td></td><td></td><td></td></tr>
</table>

注：考评满分为 100 分，85 分以上（包含 85 分）为优秀；75 ~ 84 分为良好；60 ~ 74 分为及格。

单元五　列车乘务服务礼仪

乘务工作是铁路运输服务中直接面对旅客服务的窗口，直接代表着中国铁路的形象。在如今激烈的市场竞争中，乘务员的服务质量，是影响旅客列车服务质量的重要因素。

乘务员在车上不但要为旅客提供热情周到的服务，而且更重要的是要提供车上安全的保证。乘务员的言谈举止、服务态度是国内外旅客乘坐列车的第一印象，在一定程度上体现了铁路运输服务水平。乘务员只有提高自身文化修养，掌握丰富的专业知识和服务技巧，努力学习掌握不同旅客的不同服务需求及心理特点，才能做好乘务工作。

情境一　动车组列车乘务服务礼仪

情境导入

这天，某汽车贸易有限公司的徐先生乘坐 G159 次列车从北京到上海出差。由于下车匆忙，徐先生将装有笔记本式计算机、167 万元支票和 17.8 万元现金的公文包遗忘在行李架上了。直到 20 分钟后 G159 次列车长拨通他的手机号，他才如梦初醒，不禁吓出一身冷汗。

原来，G159 次列车到达终点站上海虹桥站后，列车员小褚在巡视 10 号车厢时发现了这个公文包，立即将情况汇报给了列车长。列车长和乘警迅速赶至现场，打开公文包后发现大额现金，大吃一惊。这时，列车长见包的夹层内有一盒徐某的名片，心想，这些名片一定是公文包主人的，于是拨通了电话，证实了自己的猜想。

半个多小时后，徐先生满头大汗地赶到了上海虹桥站，面对失而复得的公文包，感慨万分，当即抽出 10 张百元现钞以示谢意，列车长笑着摆摆手回绝了。心怀感激的徐先生拎着公文包走出了上海虹桥站。

【思考】

（1）在终到站进行巡视车厢作业外，列车员小褚还需要进行哪些作业项目？

（2）旅客列车乘务服务礼仪包含哪些方面？

学习目标

• 掌握动车组列车乘务人员的岗位职责。

- 掌握动车组列车乘务服务的作业程序与标准。
- 熟练掌握动车组列车乘务服务礼仪规范。
- 培养乘务人员良好的服务意识与精神风貌。

相关知识

一、动车组客运乘务人员工作职责

（一）列车长

（1）服从调度指挥，完成上级布置的各项任务。

（2）负责协调和处理列车运行中的相关工作，督促乘务人员按照标准作业，确保服务质量和旅客安全。

（3）组织召开乘务出、退乘会。

（4）组织进行上部设施检查，全面掌握列车上部设施情况。

（5）负责监督检查列车餐饮供应工作质量。

（6）负责列车卫生清洁和检查验收保洁工作质量。

（7）组织作业过程中的查票、补票等作业，做好与车站的交接工作。

（8）负责做好重点旅客的服务和安排。

（9）受理旅客投诉和建议，帮助旅客解决困难。

（10）负责应急情况的处置和指挥，及时向调度和上级报告。

（11）负责客运乘务组在折返站的工作安排和人员管理。

（12）负责各类信息的反馈，并提出工作改进建议。

（二）乘务员

（1）服从列车长的领导，按照作业程序做好客运服务工作。

（2）负责列车服务和安全工作，保持车容整洁。

（3）检查车内各种安全、服务设施设备和备品。

（4）负责列车广播和补票工作。

（5）负责列车卫生清洁和监督检查保洁工作质量。

（6）负责做好急救药箱的使用和管理工作。

（7）负责根据预案分工和列车长安排，做好应急情况的处置工作。

（8）及时向列车长反馈各种信息，提出工作改进建议。

（9）完成列车长交办的其他工作。

二、动车组乘务人员服务程序与标准

（一）乘务前准备工作

1．列车长

（1）乘务人员在接班前充分休息，保持精力充沛，不在班前、班中、折返站饮酒。

（2）按规定穿着统一制服，佩戴职务标志，淡妆上岗，仪容整洁。

（3）按规定时间提前到派班室报到。请领并核对移动补票机、票据、GSM-R 通信设备、站车客运信息无线交互系统手持终端（以下简称手持终端）等设备。做到按时出乘，命令指示清楚、记录准确，乘务任务明确，设备齐全好用。

（4）检查乘务组仪容仪表、着装、标志。核对餐饮、保洁人员出乘名单，检查餐饮、保洁人员健康证、上岗证携带情况。

（5）按照规定时间带领乘务组到派班室出乘点名，接受派班员传达上级命令、指示，提问乘务组业务知识。列车长根据上级要求结合班组实际情况，布置本趟乘务重点工作，做到命令传达准确、任务布置清楚、证件齐全有效、仪容仪表整洁、熟练掌握业务知识。

（6）打开 GSM-R 通信设备和手持终端等设备，与客运乘务、餐饮、保洁人员校对时间，与乘务员调试对讲机，确保各类设备电量充足，性能良好，计时准确。手持终端在始发前登录。

（7）按规定时间、线路提前组织乘务组人员列队上站台接车，带齐规定备品、资料，做到按时接车、精神饱满、步伐一致、列队整齐，箱、包在同一侧。

（8）列车进站停稳后，与司机、随车机械师和公安乘警调试对讲机，同时与司机进行时间校对，与随车机械师确认车次等信息。接车后，餐车上货门仅供餐车售货人员补充商品、餐料时使用，无旅客乘降。

（9）全面巡视车厢，检查验收列车出库卫生保洁质量，检查列车上部设施情况，确认保洁备品、易耗品配置、布制品清洁平整、列车杂志摆放等情况，填写验收记录，办理交接。督促保洁人员补做车内卫生。检查商务座、一等座车厢服务备品、免费赠品的配送、领取、摆放情况，做好服务准备工作。做到检查认真细致，记录翔实准确，物品定位摆放，质量及数量符合要求，出库卫生无死角。

（10）检查列车视频系统开启情况。遇值乘五型车时，主动联系机械师并开启视频系统。做到语音、视频系统性能良好，使用正常，音量适宜，不干扰旅客正常休息。

（11）掌握列车上水情况，做好与车站的交接。使用饮水机的车型桶装水足量配备，保证使用。

（12）检查餐车卫生许可证和上料单，抽查食品、商品是否合格，2 元预包装饮用水和 15 元盒饭达到规定比例，有清真餐和素食。商品、售货车等不堵通道，不占用旅客使用空间。餐车分类标志清晰，商品、餐、饮品和备品等分类定位放置。做到证照齐全有效，商品明码标价，一货一签，标志齐全无破损，分类管理，2 元预包装饮用水和 15 元盒饭不断供。

（13）检查急救药箱和应急备品箱。药箱内有常用非处方药品、器械，药品、器械有效，用药有登记。应急备品箱内有手电筒、扩音器、口笛等应急物品，做到电量充足，性能良好。

（14）督促各岗位列车员对车厢灭火器、紧急制动阀（手柄或按钮）、烟雾报警器、应急照明灯、防火隔断门、紧急门锁、紧急破窗锤、气密窗、厕所紧急呼叫按钮及车门防护网（带）、应急梯、紧急用渡板、应急灯（手电筒）、扩音器等安全设施设备进行复检，做到配置齐全，性能良好，定位放置。

2. 乘务员

（1）乘务人员在接班前充分休息，保持精力充沛，不在班前、班中、折返站饮酒。

（2）按规定时间到指定地点参加出乘点名。做到按时出乘，着装统一。

（3）穿着规定制服，佩戴职务标志，女性淡妆上岗，仪容整洁。做到制服平整干净，职务标志规范。

（4）参加出乘会，听取列车长有关上级指示、工作要求和乘务任务的布置，了解当次乘务工作重点，学习有关文件和业务学习。接受车长对证件和业务的检查。

（5）检查对讲机携带情况，与列车长校对时间、调试对讲机。做到通信设备性能良好，保持信息畅通。

（6）按规定列队上站台接车，带齐规定备品、资料，做到按时接车，精神饱满，箱、包同侧，列队整齐。

（7）巡视车厢，检查列车出库保洁质量和上部设施状况，确认易耗品配置、布制品的清洁、列车杂志摆放等情况，督促保洁人员补做车内卫生及易耗品和杂志的摆放。检查车内的安全设备、消防器材、服务设施情况，并向列车长汇报检查情况。对列车视频、音频播放情况进行检查，对音量较大的及时通知车长。做到检查认真，记录清楚。

（8）检查急救药箱，有常用非处方药品、器械，药品、器械有效，用药有登记。应急备品箱内有手电筒、扩音器、口笛等应急物品，做到电量充足，性能良好。做到定位放置。

（9）商务座车配有专职人员，除做好上述工作外，还应检查商务座、一等座旅客赠品、服务备品等领取、摆放情况，做好服务准备工作。做到备品的摆放到位，质量及数量符合要求。

（二）开车前作业

1. 列车长

（1）放行前，指挥各岗位提前到岗，立岗迎宾。做到上岗及时，立岗姿势规范端正，面带微笑，举止用语大方得体。

（2）在规定立岗位置与车站客运值班员、客运员办理站车交接，掌握客流情况。具体交接位置为：短编列车在4、5号车厢之间；长编列车在8、9号车厢之间；重联动车组列车在运行前组第7、8位车厢之间。动车组重联运行时，前、后编组（以下简称前、后组）列车长要加强信息沟通。做到交接清楚，掌握重点，信息畅通。

（3）引导重点旅客上车。做到重点关注，优先照顾，引导准确，安排妥善。对车站交接的特殊重点旅客妥善安排。对列车发现的特殊重点旅客做好记录，并根据旅客的需求提供相应的服务，同时联系旅客到站、做好站车交接等工作。

（4）将手持终端接收到的电子客票旅客、剩余座位、挂失补车票等情况，及时通知各相关车厢乘务人员。做到信息传达准确、迅速。

（5）对高铁快件集装件认真交接，要求按装载方案指定位置码放。单节车厢装载的集装件总重量不超过列车允许载质量，二等座载质量车厢标记定员乘以80千克。

（6）开车铃响，列车长确认站方开车铃声结束、旅客乘降、高铁快件和餐车物品装卸完毕后，按规定通知司机或随车机械师关闭车门，重联时先由后组列车长向前组列车长报告，再由前组列车长通知关门。做到关门信息确认准确，用语规范，按时开车。

（7）车门关闭后，在车门处面向站台方向行注目礼，直至开出站台为止。

2. 乘务员

（1）在指定车厢立岗，迎接旅客上车。做到立岗姿势规范端正，面带微笑，举止用语大方得体。

（2）商务座车厢乘务员，对持商务座、一等座车票的旅客看票引导，主动介绍专项服务项目，提供饮品、茶水、一次性小毛巾等服务。

（3）对重点旅客领位就座，引导旅客放好随身携带的物品。做到礼貌引领，妥善安排。

（4）做好广播宣传工作，广播引导旅客安全有序乘车。做到通告及时。

（5）对高铁快件集装件按装载方案指定位置码放；码放在车厢内最后一排坐椅后的空档处时，不影响坐椅后倾，高度不超过坐椅；须中途换向的列车，不使用最后一排坐椅后的空档处。集装件可码放在大件行李处、通过台、车厢过道及坐椅间隔处等位置，但不码放在坐椅上；单节车厢装载的集装件总质量不超过列车允许载质量，二等座车厢载质量为标记定员乘以 80 千克。

（6）开车铃响，确认旅客乘降、高铁快件和餐车物品装卸完毕，向列车长汇报本岗位乘降情况。车门关闭后，在车门处面向站台方向行注目礼至列车出站台。做到立岗姿势端正，大方得体。

（三）开车后作业

1. 列车长

（1）督促乘务人员按时广播欢迎词及相关内容。

（2）巡视车厢，检查各工种客运乘务人员作业程序和标准落实情况。大件行李放在大件行李存放处，不占用席（铺）位，不堵塞通道。锐器、易碎品、杆状物品及重物等放在座（铺）位下面或大件行李存放处。衣帽钩限挂衣帽、服饰等轻质物品。使用小桌板不超过承重范围。做到行李架、大件行李存放处物品摆放平稳、牢固、整齐，通道保持畅通。

（3）通过手持终端查阅商务座、一等座旅客人数、到站、电子客票等情况，并告知餐服长和相关车厢乘务员。做到商务座、一等座旅客信息通告及时。

（4）组织乘务人员做好旅客去向登记和实名制车票抽验工作，及时办理旅客补票业务。

（5）检查餐饮供应和商品销售工作。在餐车、车厢明显位置、售货车内有商品价目表和菜单，提供发票。商品柜、冰箱、吧台、橱柜不随意放置私人物品。做到价目清晰，定制管理，备有清真餐、素餐，15 元盒饭和 2 元矿泉水不间断供应。

（6）检查餐车人员按标使用电气设备。餐车加热、供应餐食时，服务人员戴口罩、手套，女性穿围裙。

（7）检查随车保洁质量。督促随车保洁人员对车内各处所的卫生及时恢复，做到检查仔细，质量达标。

（8）督促各车厢乘务员做好重点、特殊重点旅客服务及商务、一等座车专项服务。

2. 乘务员

（1）在开车 5 分钟内广播欢迎词及相关内容，介绍宣传安全常识和车辆设备设施的使用方法，提示旅客遵守安全乘车规定，播报前发停站、到站信息等。做到按时播报，音量适中。

（2）乘务员进出车厢时，面向旅客鞠躬致谢。服务语言使用普通话，表达准确，口齿清晰。

（3）巡视车厢调整旅客行李，整理衣帽钩，引导旅客将大件行李及铁器、锐器等不适宜放在行李架上的物品，摆放在指定位置并自行看管。做到行李物品摆放平稳牢固，通道保持畅通。

（4）开车后为所负责的车厢旅客送开水。

（5）及时办理补票业务。遇持电子客票的旅客，及时与列车长联系，核实旅客电子客票信息。

（6）做好专项服务，主动为商务座旅客提供相应服务。

①提供饮品、餐食、小食品、一次性小毛巾、防寒毯、耳塞、眼罩、耳机等服务。

②饮品有茶水、饮料，品种不少于 6 种，茶水全程供应。

③逢供餐时间，及时供应免费餐食。8:00 前开车的应提供 1 份早餐，11:30 — 13:00 和 17:30 — 19:00 期间为旅客提供 1 份午、晚餐。赠餐时，根据列车配备实际，提供相应餐食。供餐时，使用专用餐盒。如旅客旅行时间跨及中餐和晚餐二次正餐时间，一次正餐提供盒饭，另一次正餐提供小食品。正餐以冷链为主，配有速溶汤，分量适中，可另行配备面点、菜品、佐餐料包等。品种不少于 3 种，配有清真餐，定期调整。

④选用非油炸类点心、蜜饯类、坚果类等无壳、无核、无皮、无骨的休闲小食品，品种不少于 6 种，独立小包装。

⑤根据旅客需要，为旅客提供报纸服务，因报纸数量不能满足旅客需求时，做好解释工作。

⑥按规定巡视车厢，及时收取旅客使用过的小毛巾等杂物。做好车厢卫生清洁工作，发现卫生间不达标时，及时通知保洁人员进行清理。做到垃圾回收及时，车厢内保持清洁，厕所、洗脸间卫生、干燥。

⑦原则上每 60 分钟为旅客提供饮品添加等服务。

⑧掌握旅客到站情况，供餐时，应优先为即将到站的旅客提供餐食。

⑨做好全面服务，重点照顾。做到无需求无干扰，有需求有服务。

⑩供餐后要及时巡视车厢，尽快收取旅客餐具和餐盒，保持车厢清洁。

（7）为“G”字头跨局动车组特、一等座旅客提供饮品、小食品等专项服务。

①饮品品种不少于 3 种，包括矿泉水、果汁、碳酸饮料，每位旅客选择一种。

②小食品品种不少于 3 种，选用干果类、点心类等组合包装。

③为旅客提供一次性小毛巾。

④为需要定餐的旅客，主动联系餐车工作人员，提供定餐服务。

（8）专项服务应按先商务座、后一等座的顺序开展。

（9）到站前 5 分钟，提醒旅客做好下车准备，并向旅客提示到站站名、室外温度和检查携带品等。同时，经征询旅客意见后，收回部分服务备品。

（四）运行途中作业

1. 列车长

（1）根据手持终端显示的售票信息，组织乘务员核对车厢空余座位。做到态度和蔼，核对仔细，减少对旅客的干扰。

（2）组织乘警、乘务员按照规定区段进行查票，配合乘警核对实名制车票和检查三品，列车无乘警时由列车长担任。发现不符合乘车条件或无票的人员，按章处理。处理违章做到实事求是、态度和蔼。

（3）逢用餐时间，组织乘务人员回收餐饮包装物。做到回收及时，车内整洁。

（4）督促各岗位乘务员根据旅客乘坐列车等级和席别提供相应服务。

（5）检查随车保洁质量。督促随车保洁人员对车内各处所的地面墩扫及时，车内垃圾收取及时，台面、桌面、面镜擦抹及时，易耗备品补充及时，厕所、洗脸间等重点部位保洁及时。认真填写随车保洁考核表，做到检查仔细，质量达标，卫生整洁，备品补充及时。

（6）检查餐饮供应和商品销售工作。售货车配热水瓶，餐车工作人员在车内销售时为有需求的旅客提供补水服务。做到暖瓶放在售货车醒目位置，注意安全，防止烫伤。

（7）检查餐车途中卫生，做到餐车橱、柜、箱干净无异味，商品、餐、饮品和备品等分类定位放置。

（8）巡视车厢，掌握车内动态，及时解决旅客困难。适时调节车内温度，温度保持冬季18～20℃，夏季26～28℃。做到耐心解答旅客问询，妥善处理相关事宜。

（9）运行中做好安全宣传和防范，车内秩序、环境良好，无闲杂人员随车叫卖、拣拾、讨要。发现可能损坏车辆设施和影响安全、文明的行为及时制止。

（10）全列各处所禁止吸烟，加强禁烟宣传，发现吸烟行为及时劝阻，并由公安机关依法查处。动车组驾驶室与旅客乘坐席间的门须锁闭。

（11）掌握重点旅客动态，对需要帮助的无座重点旅客，利用多功能室或乘警席位，提供重点照顾，解决旅客困难。并督促各车厢乘务员做好重点（特殊重点）旅客服务及商务、一等座车专项服务。

（12）在运行途中加强对高铁快件的管理，发现短少、破损的或遇列车故障途中需更换车底等突发事件时，及时汇报，按章办理。

（13）对持挂失补车票的旅客，核对站车信息无线交互系统，核实后开具客运记录，到站办理交接。

（14）列车晚点超过15分钟和遇有临时停车时，通过广播向旅客致歉并说明原因，加强车内巡视，做好宣传解释。

（15）发现上部设施故障及时通知机械师处理，如不能及时修复的，随车机械师与列车长共同确认，在《动车组上部设施记录单》中记录，必要时悬挂设备设施故障提示牌。做到报修迅速，通告及时。

（16）运行中发生非正常突发情况时，立即将情况通报司机、随车机械师、乘警和列车员、餐饮、保洁人员，按应急预案岗位职责和分工全力处置。

（17）在垃圾投放站前，督促工作人员及时更换车内垃圾袋，在指定投放站、指定位置投放垃圾，做到扎口投放。

（18）途中停站前，督促乘务员广播通报站名、到开时刻和安全提示。做到播报及时、内容准确、音量适中。

2. 乘务员

（1）中途站开车后5分钟内，广播预告前方停车站信息及相关内容。

（2）配合列车长核对车厢空余座位，定时查验车票，完成实名制车票的抽验工作。做到核对仔细，态度和蔼，减少对旅客的干扰。发现不符乘车条件或无票人员，及时汇报列车长按章处理。

（3）掌握重点旅客动态，落实“首问首诉”负责制。对车内重点旅客做到“三知三有”（知座席、知到站、知困难，有登记、有服务、有交接）；对特殊重点旅客重点照顾，服务旅客耐心周到。为有需求的特殊重点旅客提供所需的担架、轮椅等辅助器具，并及时汇报列车长。做到重点旅客重点关注，优先照顾，保障重点旅客需求。

（4）做好商务座及特、一等座旅客专项服务。

（5）在运行途中巡视、检查高铁快件集装件码放、外包装、施封等状况。发现高铁快件集装件短少或外包装、施封破损立即报告列车长。

（6）列车运行中，加强对列车设备、安全标志、电源插座、配电柜等重点部位的检查，发现异样，及时通知列车长。运行中做好安全宣传和防范，加强禁烟宣传，发现吸烟行为及时劝阻，并由公安机关依法查处。

（7）对持挂失补的旅客，及时通知列车长，信息核实后，交列车长办理。

（8）协助随车保洁人员共同做好车厢内卫生保洁工作；检查、督促保洁人员加强易耗品的补充，厕所、洗脸间等重点部位的保洁，及时跟踪整改情况。做到检查仔细，质量达标。

（9）途中到站前5分钟，广播通报站名、到开时刻、下车车门位置，提醒旅客提前做好下车准备、单门车厢先下后上；双门车厢前下后上。提醒旅客不要在中途站下车散步，以免漏乘。

（10）巡视车厢，掌握车内动态，及时处理服务过程中的各类问题。做到耐心解答旅客问询，及时解决旅客困难。适时调节车内温度，保证车内温度适宜。

（11）遇列车晚点超过15分钟和遇有临时停车时，加强车厢巡视，说明晚点原因，做好宣传解释。

（12）发现设备故障、安全隐患等异常情况，及时向列车长报告。

（13）遇有非正常突发情况，按照应急预案岗位分工和列车长的安排，全力做好应急处置工作。

（14）逢垃圾投放站，协助保洁人员投放垃圾。垃圾做到装袋扎口无渗漏，定位放置，在指定站定点投放。

（五）中途停站作业

1．列车长

（1）列车进站前，在车门处向站台方向位置立岗。做到上岗及时，立岗姿势规范端正，面带微笑，大方得体。

（2）列车停站时，在规定位置与车站客运值班员、客运员办理站车交接，办理交接时行举手礼。开车铃响，按规定通知司机或随车机械师关闭车门。

（3）CRH5型动车组列车停靠低站台时，到站前乘务人员提前锁闭辅助板指示锁并打开翻板，开车后及时将翻板及辅助板指示锁复位。

（4）车门关闭后，在车门处面向站台方向行注目礼，直至列车启动离开站台。

2．乘务员

（1）列车进出站时，在车门口立岗，面向站台致注目礼，以列车进入站台开始，开出站台为止。做到上岗及时，立岗姿势规范端正，面带微笑，举止用语大方得体。

（2）列车停站时，在指定车门位置立岗，迎送旅客上下车，引导上车旅客进入车厢。做到面带微笑，举止用语大方得体。

（3）遇有站停时间较长的车站，乘务员在车门处立岗，做好安全宣传。

（4）开车铃响，确认旅客乘降情况。及时向列车长报告确认。

（六）中途开车后作业

1．列车长

（1）按始发开车后作业标准，组织做好车内各项服务工作。

（2）补妆及时，在洗手间或乘务间进行。不浓妆艳抹。

2．乘务员

（1）按始发开车后及运行中作业标准，做好车内各项服务工作。

（2）补妆及时。在洗手间或乘务间进行，不浓妆艳抹。

（七）终到（折返）作业

1. 列车长

（1）到站前 5 分钟，督促列车员广播通报站名，提醒旅客提前做好下车准备。做到播放准确及时、内容准确、音量适中。

（2）列车到站后，帮助重点旅客下车。

（3）与车站客运值班员、客运员办理业务和重点事项交接。做到交接清楚，手续完备。

（4）巡视车厢，检查有无旅客遗失物品或其他特殊情况。旅客遗失物品及时交车站处理。

（5）检查验收列车折返保洁质量，对折返保洁质量进行鉴定，认真填写折返保洁验收单。做到验收认真细致、鉴定准确客观。

（6）确认折返站列车上水、吸污情况，与车站做好交接等工作。

（7）终到后，做好对商务座、一等座旅客赠品使用情况的审核工作。

（8）终到交接班时，与接班列车长办理交接。做到交接清楚，手续完备。

2. 乘务员

（1）列车到站前 5 分钟，广播通报站名，提醒旅客提前做好下车准备。做到按时播放，语音适宜。

（2）与保洁人员共同清理车内卫生，置物袋干净无废弃清洁袋。做到终到站时车内无垃圾、污水、粪便、异味。垃圾装袋、封口、无渗漏，到站定点投放。防寒毯、靠垫等按规定收取、换洗。

（3）列车到站后，在指定车厢车门处站台立岗，面向旅客微笑道别，帮助重点旅客下车。

（4）旅客下车后，巡视车厢，检查旅客有无遗失物品，发现问题及时报告列车长。做到仔细检查，及时报告。

（5）折返时，督促保洁人员做好座椅转向和车厢卫生清洁工作；整理车厢服务备品，定位摆放整齐。

（6）做好专项服务各种服务备品的整理和摆放，做好对商务座、一等座旅客赠品、餐食的领取和发放统计工作。做到折返准备工作迅速，备品摆放规范，赠品领取及时，发放统计准确无误。

（7）终到时，做好剩余赠品、服务备品的清点和交接工作。

（八）退乘作业

1. 列车长

（1）组织乘务组召开退乘会，点评当班列车工作，填写《返乘报告》。做到点评全面，记录翔实，批注及时。

（2）带领乘务组列队退乘，按规定线路行走出站。入住公寓休息时，票据、票款、票机入柜加锁。做到精神饱满、仪容整洁、着装统一。

（3）按规定指派专人上缴客运进款。做到有人护送、及时解缴、账款相符。

（4）列车补票、广播、通信等设备及服务备品按规定移交、保管。做到设备状态良好，交接清楚，手续完备。

2. 乘务员

（1）参加退乘会，汇报当班列车乘务工作。做到汇报简明扼要，准确无误。

（2）到规定的地点解缴票款。折返站按规定线路入住公寓休息时，票据、票款、票机入柜加锁。

三、动车组客运乘务人员服务礼仪规范

（一）仪容仪表

做到仪容整洁，着装统一，整齐规范。符合铁路总公司《铁路旅客运输服务质量规范》的要求。如图 5-1 所示。

（1）头发干净整齐、颜色自然，不理奇异发型、不剃光头。男性两侧鬓角不得超过耳垂底部，后部不长于衬衣领，不遮盖眉毛、耳朵，不烫发，不留胡须；女性发不过肩，刘海长不遮眉，短发不短于两寸。

图 5-1 仪容仪表标准

（2）面部、双手保持清洁，身体外露部位无纹身。指甲修剪整齐，长度不超过指尖 2 毫米，不染彩色指甲。

（3）女性淡妆上岗，眉毛修剪整齐，不浓妆艳抹。唇线与口红的颜色一致，眉笔和眼线为黑色或深棕色，眼影的颜色与制服一致。使用清香、淡雅型香水。工作中保持妆容美观，端庄大方。补妆及时，在洗手间或乘务间进行。

（4）乘务人员值乘时，应按规定着统一制服，佩戴职务标志，胸章牌（长方形职务标志）戴于左胸口袋上方正中，下边沿距口袋 1 厘米处（无口袋的戴于相应位置），包含单位、姓名、职务、工号等内容。菱形臂章佩戴在上衣左袖肩下四指处。

（5）列车长值乘时，必须戴制帽，列车员在目迎目送列车和在车门立岗时必须戴帽，暑期另有规定除外。帽徽在制帽折沿上方正中。列车员在车厢内作业时可不戴制帽。

（6）换装统一，衣扣拉链整齐。着裙装时，丝袜统一，无破损。系领带时，衬衣束在裙子或裤子内。外露的皮带为黑色。

（7）值乘时，佩戴的外露饰物款式简洁，限手表、戒指各一只，女性还可佩戴发夹、发箍或头花及一副直径不超过 3 毫米的耳钉。

（8）不赤足穿鞋，不穿尖头鞋、拖鞋、露趾鞋，鞋跟高度不超过 3.5 厘米，跟径不小于 3.5 厘米。

（9）禁止在值乘时挽袖子或卷裤脚，不敞胸露怀。

（10）乘务员在值乘 4 小时以前和在执行职务中，禁止吃生葱、生蒜等有异味的食品。

（二）行为举止

1. 站姿

遵循的原则：面朝旅客、精神饱满、表情自然、面带微笑。

标准站姿要求乘务员在站立时双手在体前相握。右手手掌空拳，大拇指内扣；左手四指并拢，虎口张开，搭握在右手腕处。双臂自然下垂，放置体前。两膝并严，脚跟靠紧，脚掌分开呈 V 字形，如图 5-2 所示。

女性乘务员迎宾或立岗时，双手四指并拢，交叉相握，右手叠放在左手之上，自然垂于腹前。左脚靠在右脚内侧，夹角为 45° 呈“丁”字形，如图 5-3 所示。

在值乘时采用站姿的情况主要有：

（1）车门口立岗。

（2）始发介绍，终到站通报。

（3）通报站名。

（4）一分钟汇报。

（5）双层列车全程服务采用站立式。

2. 举手礼

行举手礼时，行礼者目光要注视受礼者，右手五指并拢平展，向内上方举手至帽沿右侧边沿，小臂形成45° 角。

图 5-2　男乘务员站姿

图 5-3　女乘务员站姿

在值乘时采用举手礼的情况有：

（1）在车门口遇领导检查工作时，采用立正姿势后，再面向领导行举手礼，行礼时动作有力，面带微笑，礼毕还原。

（2）列车进出站时，在车门口立岗，面向站台致注目礼，以列车进入站台开始，开出站台为止。

（3）列车长向领导汇报工作时，应立正行举手礼。

3. 坐姿

遵循的原则是：自然平稳、端庄文雅、面带微笑，如图 5-4、图 5-5 和图 5-6 所示。

图 5-4　女乘务员坐姿

图 5-5　男乘务员坐姿

图 5-6　坐姿侧面

乘务员入座时，面向旅客，平稳坐下，坐座席的 2/3，坐下后两脚自然分开，双肩平稳放松，两手五指自然并拢放在大腿上。

女性要求双膝并拢，右手压住左手放双膝之间。穿着裙装时，裙摆向前拢，左手自然放在体前，坐姿端庄文雅。

与旅客坐下交谈时，两眼注视旅客，精力集中，不斜视、斜对旅客。

值乘中在乘务室坐下休息时，遇旅客问询，应该起身回答，非特殊情况不得在旅客的座席落座。

4. 行姿

遵循的原则是：精神饱满、自然平稳、脚步轻盈、庄重大方，如图 5-7 所示。

行走姿态端正，步伐适中，轻重适宜。双手自然摆动，身体重心略向前倾。双肩并齐，表现精神饱满，有朝气。

为旅客引领时，应走在旅客前方 1 m 左右，随时注意旅客是否跟上。到达座、铺位时轻轻转身，面向旅客，用右手或左手指示座、铺位的位置，略欠身请旅客就座。

在旅客多的地方，先示意后通行。走路遇迎面旅客时，要主动侧身面向旅客让行，不与旅客抢行。因为工作需要必须超越旅客时，要礼貌致歉。

列队出（退）勤（乘）时，按规定线路行走，步伐一致，箱（包）在同一侧。

5. 蹲姿

遵循的原则是：半腿弯曲、动作轻缓、文雅大方，如图 5-8 和图 5-9 所示。

图 5-7 乘务员行姿

图 5-8 女乘务员蹲姿

图 5-9 男乘务员蹲姿

工作中需要下蹲时，上身需略前倾，采用单腿弯膝的下蹲姿势，动作不宜过快过猛，并随时注意来往的旅客。女性穿裙装时，应双膝靠紧。

6. 手势

遵循的原则是：手势正确、动作优美、自然轻盈。

手势要求动作正确，易于理解，配合语言，幅度适当。使用手势时，应尊重旅客风俗习惯。

给旅客指示方向时，用手势表示，以肘关节为轴，小手臂伸直，手指自然并拢，手掌略偏向上。

用手势指示目标时，眼睛兼顾旅客和指示目标，面带微笑，配合语言使用。

7. 物品递接

遵循的原则是：双目平视、热情主动、轻拿轻放。

递接旅客车票、有效证件、行李等物品时，应面带微笑地主动伸出手，尽量用双手递接，做到轻拿轻放。在帮助旅客拿物品时，应该先征求对方同意。

为旅客递送茶水时，面带微笑，右手握住杯耳或杯身 1/2 处，左手托着杯子底部。

8. 握手

遵循的原则是：面带微笑、注视对方，不卑不亢。

握手时要求乘务员伸手自然，用力适当，时间适宜，微笑致意。握手时，上身略微前倾，头略微下低，与对方掌心相对，轻轻握住对方四指，以 3 秒左右为宜。与领导握手时，应主动向领导表示问候，待领导伸手后，再与其握手。

（三）服务用语

遵循的原则是：态度热情、用语文明、表达准确清晰、使用普通话。

服务语言表达规范、准确，使用“请、您、您好、谢谢、对不起、不客气、再见”等服务用语。做到“请”字当头、“谢”字随口。

对旅客、货主称呼恰当，统称为“旅客们”“各位旅客”“旅客朋友”，单独称呼“先生、女士、小朋友、同志”等。

旅客问讯时，面向旅客站立，目视旅客，有问必答，回答准确，解释耐心。遇有失误时，向旅客表示歉意。对旅客的配合与支持，表示感谢。

（四）重点旅客服务

根据《铁路旅客运输服务质量规范》规定：重点旅客指老、幼、病、残、孕旅客。特殊重点旅客是指依靠辅助器具才能行动等须特殊照顾的重点旅客。

1. 老年旅客

（1）老年旅客上车时，要主动帮助旅客提拿、安放随身携带的行李和物品，并引导其入座。

（2）主动向老年旅客介绍车厢服务设备、卫生间的具体位置。

（3）对需要饮水的老年旅客，应主动送水到座位。

（4）途中要经常去看望老年旅客，主动问候，工作空余时多与他们交谈以消除其寂寞。

（5）如果老年旅客需要用卫生间，应及时给予搀扶、引导。

（6）将要到达目的地时，提前提示老年旅客不要遗忘物品；到站时主动搀扶其下车，与接站人员做好交接。

2. 儿童旅客

（1）开车后，提示旅客家长看管好儿童，不要在车内跑跳，并进行相关的安全提示。

（2）列车运行速度快，提示旅客家长注意，不要让儿童站在坐椅、靠背、扶手上，以免摔倒、撞伤。

（3）为了保证安全，要叮嘱儿童不要触碰电茶炉、车门、灭火器等设备设施，不要将手伸进垃圾箱内。

（4）如果发现家长忽视看管，要及时引导儿童回到家长身边，再次叮嘱提示家长，以免发生意外。

（5）加强车内巡视，随时关注儿童旅客的举动，做好相应服务工作。

（6）年龄较小的儿童进入卫生间时，应动员家长陪同。

3. 患病旅客

（1）主动搀扶旅客上车，帮助旅客提拿、安放随身携带的行李和物品，并引导其入座。

（2）主动帮助患病旅客调整座席，便于同行人照顾。

（3）旅途中，经常去看望、主动问候患病旅客，及时提供帮助。

（4）如果乘客是精神病患者，应告知同行人员注意事项。如果旅客有异常情况，及时采取措施，防止伤害其他旅客。

（5）到站前，及时提示患病旅客做好下车准备，不要遗忘物品，并搀扶其下车，与接站人员或车站工作人员做好交接。

4. 残疾旅客

（1）主动搀扶旅客上车，帮助旅客提拿、安放随身携带的行李和物品，并引导其入座。

（2）主动介绍车厢服务设备、卫生间的具体位置，帮助残疾旅客将拐杖等用具放到合适的位置。

（3）旅途中，经常去看望、主动问候，及时送水到座位。

（4）残疾旅客需要用卫生间时，应及时给予搀扶、引导。

（5）到站前，及时提示残疾旅客做好下车准备，不要遗忘物品，并搀扶其下车，与接站人员或车站工作人员做好交接。

5. 孕妇旅客

（1）当孕妇上车时，要主动帮助其提拿、安放随身携带的物品，在前方引导入座，注意调节通风口风量大小。

（2）应根据需要提供清洁袋并及时清理，随时给予照顾。

（3）旅行途中，关注孕妇旅客的情况，随时提供帮助。

（4）下车时，主动帮助其提拿行李，送至车门。

四、细微服务

（一）开车前的准备

1. 二等车

（1）在带有书报杂志架的列车上整齐插上各类报纸与表格。

（2）检查洗手液是否注满，喷头是否拧开。

（3）检查空调设备。

（4）将车厢内电源插座外盖扣好。

（5）旅客上车前应对服务间、乘务员坐椅进行清理，保持坐椅、地面、台面整洁。

（6）如果车厢空气不够清新，乘务员可在旅客上车前在坐椅侧面，帘子上喷洒少量香水，车厢内喷洒少量空气清新剂，洗手间内除喷洒香水外，还可将固体香水取下直接对准通风口，能有效起到法除异味的作用。

（7）乘务员的行李物品尽量不要占用旅客行李架。

（8）及时擦净行李架、壁板等处的污迹。

（9）合理分配各车厢服务用具、车供品、清洁用品。

（10）清除车厢过道及所有无法固定的障碍物品。

（11）乘务员在车厢中相遇，可背对背侧身，让对方通过；与旅客相遇则应礼让旅客先过。

（12）列车长要备有《全国地图册》和北京、天津以及动车组列车主要停车站的交通图、列车时刻表及家居小用品、常用药品，另外可收集一些北京、天津及主要停车站不同档次宾馆的联系电话，随时准备为外出旅行的客人提供不时之需。

2. 一等车

（1）检查洗手液是否注满，喷头是否拧开。

（2）冰镇啤酒、香槟、干白、干红等时，为了防止商标遇水破烂或字迹模糊，可用塑料袋包裹后冰镇，仍需食用的冰块必须用塑料袋包装，避免污染。

（3）在服务间内的格子里放少量清洁袋备用。

（4）在旅客上车前先检查电视荧屏、旅客的座位、小桌板、脚踏板是不是干净。

（5）放行前应清理服务间、对乘务员座椅进行清理，保持坐椅、地面、台面整洁。

（6）保证每个一等车座位口袋里配备的杂志种类齐全，并确保摆放的顺序是一致的。

（7）遇到列车晚点、等待时，要及时当面说明原因，表示歉意，并询问需求。

（8）喷洒空气清新剂和香水，保持车厢、洗手间空气清新。

（9）一等车厢行李架避免放置车组行李物品，保证旅客的行李有足够的存放空间。

（二）迎客

1. 二等车

（1）迎客前，整理好个人仪容仪表。

（2）迎客前封锁洗手间，避免把旅客餐食、行李箱等放入洗手间内。

（3）主动问候旅客，老人、特殊旅客上车时主动上前搀扶，协助提拿行李；儿童上车时弯腰问候，可抚摸儿童头部或肩部表达对孩子的关爱。

（4）及时提醒旅客座位号位于行李架边缘，要求旅客对号入座。同时向旅客介绍扶手内小桌板的使用方法。

（5）委婉提醒旅客找到座位后将过道让开，以便后面旅客通过，但不得吆喝、推搡旅客，随时注意自身在疏通过道或协助旅客安放行李时是否堵住过道。

（6）提醒旅客将大件物品存放在大件行李架上；小件物品如水果、小推车及放不下的物品可放前排座椅底下。

（7）及时整理旅客行李架，加快旅客行李放置速度。

（8）车厢乘务员应主动上前迎接旅客，并将其带到座位上，协助老弱病残及手提行李过多、过重的旅客安放行李。

（9）当发现旅客自带旅行茶杯时，主动询问旅客是否需要添加茶水。

（10）当旅客正在食用自带的食品（含药片）时，可询问是否需要帮助。

（11）安全检查应从上至下，按照“行李架—衣帽钩—座椅靠背—小桌板—车厢通道”顺序，不漏检。

（12）列车运行前禁止旅客使用洗手间，特殊情况下必须使用时，应有专人看守。

（13）仔细观察旅客，对神色异常、感觉不舒服的旅客及时给予关心和帮助。

2. 一等车

（1）一等车厢旅客上车时，乘务员应委婉确认旅客座位号码，安排入座。向列车长汇报旅客是否完全按座位号码就座，是否有改变座位的旅客。

（2）主动为旅客安排行李，脱下的衣服应及时挂于衣帽钩上。

（3）乘务员简单致欢迎词，进行自我介绍，事先通报列车运行时间、预计到达时间、途经主要城市和风景名胜的预计时间，并介绍列车上的一些基本设备，祝福旅客旅途愉快。

（三）座位安排

1. 二等车

（1）尽量为座位不在一起的朋友或家人调换座位。

（2）在保障安全、不违反政策的前提下适当为特殊旅客、身材高大的旅客等调整舒适的座位。

（3）列车开动前如旅客尚未就座，可再次上前提醒。

2. 一等车

（1）尽量为座位不在一起的朋友或家人调换座位。

（2）在保障安全、不违反政策的前提下适当为特殊旅客、身材高大的旅客等调整舒适的座位。

（3）列车开动前如旅客尚未就座，可再次上前提醒。

（四）行李安排

1. 二等车

（1）将特殊旅客的行李安排在他们可以看见或方便提取的位置。

（2）提醒旅客不要把容易滴洒的液体放在行李架上，密码箱不可摞在一起放置。

（3）在旅客人数较多时，乘务组可取下车组行李，存放在衣帽间或服务间可固定的位置。

（4）提醒旅客保管好笔记本式计算机等贵重物品或易碎物品。

（5）在帮旅客摆放行李时，要先经旅客同意，摆放旅客行李须轻拿轻放。

（6）尽量不要替旅客保管物品，如特殊情况下需要保管，应提醒旅客取出贵重、易碎物品，并让旅客亲自确认行李存放位置，提醒下车时不要忘记拿取。

（7）及时整理行李架，加快旅客行李放置速度。

（8）行李必须放置空座椅上时，应提醒旅客注意。洗手间内及车厢连接处禁止堆放行李物品。

（9）大件行李较多，行李架放置不下时及时向列车长汇报，并说服、协助旅客将大件行李放到大件行李架上。

（10）当旅客座位上方行李架已满时，与旅客协商将行李放在其他行李架上，并让旅客确认存放位置，提醒旅客下车时拿取。避免将行李存放在离旅客座位过远的行李架上，尤其是老年旅客的行李，要尽量放置在其座位上方或前排座椅下，避免旅客因本人无法照看行李而产生不安。

（11）检查行李架时，应注意物品不得超过规定的尺寸，以免滑落。

2. 一等车

（1）如一等车厢坐椅后需要放置行李物品，必须保证前排坐椅靠背能自由调节。

（2）乘务员应主动协助一等车厢旅客安排行李，轻拿轻放。

（3）一等车厢旅客的行李，乘务员有责任进行托管，提醒旅客取出贵重物品，并妥善保管，防止污染破损。

（五）挂衣物

在一等车旅客挂衣物时，应该做到以下几点：

（1）提醒旅客取出贵重物品。

（2）记住座位号并留下旅客座位牌。

（3）到站前应双手归还，防止错还衣物。

（4）容易脱毛或脱色的衣服单独放置。

（六）报纸服务

1. 二等车

（1）为防止弄脏旅客衣服，可在报纸底下垫上干净防滑纸，整理书报杂志时须佩戴一次性手套。

（2）主动介绍报纸品种，用眼神浏览，并征询每位旅客的意见。

（3）报纸数量不足时应委婉向旅客做好解释工作，要求相互传阅。

（4）发报纸避免走形式，发完后勤洗手，避免污染其他物品。

（5）检查报刊日期，避免发放过期报纸。

2. 一等车

（1）准备 10 份完整的中文报纸和 2 份英文报纸。

（2）旅客人数较多的情况下，可整齐插于其报刊杂物袋里，旅客人数较少时可单独提供，并告知旅客可将报纸插于其前排座椅口袋里。

（3）注意观察旅客身份国籍，及时提供外文报刊。

（4）检查报刊日期，避免发放过期报刊。

（5）所有一等车厢座位报刊品种须保持一致。

（七）播放录像

1. 二等车

（1）提前安排好录像播放顺序，并做好充分准备。

（2）乘务员随时在车厢感受音量大小，并进行适当调整。

（3）随时观察播放情况，播完后立即更换节目。

（4）在节目更换期间和电影节目中间可穿插播放指定内容。

（5）车厢设备介绍等要有声播放。

（6）广播内容与乘务员实际工作保持一致。

2. 一等车

（1）了解旅客对录像节目的反应，及时更换不受欢迎的节目。

（2）观察旅客对个人电视的使用情况，及时进行指导。

（3）为休息的旅客收起电视屏幕。

（八）餐食服务

1. 二等车

（1）旅客预定的特殊餐食要先提供。

（2）委婉提醒前排旅客调直座椅靠背，方便后排旅客用餐。

（3）为旅客冲泡奶粉，须同时送上餐巾纸或湿纸巾。

（4）如果旅客的小桌板在坐椅扶手里，为旅客提供餐饮服务时要主动协助旅客取出小桌板。

（5）送热食、热饮时提醒旅客小心烫手。

（6）如有旅客在餐饮服务时提出其他的需求，要尽可能及时满足。如当时无法满足，为了避免遗忘，要将旅客的需求、座位号记录下来，并尽快提供。

（7）禁止将餐饮或杂物从旅客头顶上方掠过，旁边旅客协助递送时应及时向旅客致谢。

（8）协助旅客打开小桌板后再递送餐饮，遇到前排旅客放下坐椅靠背，后排旅客位置很小不方便用餐时，主动提醒前排旅客调直椅背并表示谢意。

（9）服务过程中须及时提醒旅客注意安全，阻止儿童在过道上或坐椅上玩。

（10）收餐时可在餐车的抽屉内备份一些餐巾纸和清洁袋，为需要的旅客提供，带上干净的湿毛巾，随时擦拭旅客小桌板上的汤汁。

①注意礼貌用语，对旅客提出的需求尽可能满足，确实无法满足时应委婉向旅客说明原因，取得旅客的谅解。

②掌握好服务节奏，减少旅客等待时间。

2. 一等车

（1）一等车厢热食必须保持一定的温度。

（2）主动介绍餐食品种，汤的温度过高时及时提醒旅客。

（3）随时监控一等车厢旅客用餐情况，确保餐食供应及时。

（4）旅客使用后的清洁袋及时更换，如果遇到旅客需要使用，主动为其将封口打开。

（5）列车变速阶段，要固定饮料车和餐车内的服务用具、储物格，整理餐具餐盘等，应避免发出较大的声响，并减少餐具的磨损。

（九）回收杂物

1. 二等车

（1）餐车上备份一些清洁袋，为需要的旅客提供。

（2）清理垃圾时应佩戴一次性手套。

（3）主动擦拭旅客小桌板上的污渍，清理地面杂物。

（4）禁止回收杂物时无礼貌用语。

（5）旅客丢弃在车厢通道上的杂物，包括报纸、纸巾、包装纸等，即使是非常小的牙签、碎纸屑等都要及时清理干净。

（6）随时清理车厢当中旅客阅读过的报纸。

（7）服务期间，除了提供餐饮服务的阶段之外，当发现有旅客阅读过的报纸散放在车厢通道或者坐椅上时，乘务员应询问周围的旅客是否还需要该报纸，当旅客不需要时乘务员要及时将其收回服务间。

2. 一等车

（1）监控旅客用餐情况，及时回收旅客用完的餐盘，避免将餐食汤汁或碎末溅落在旅客身上。

（2）主动协助旅客收起小桌板。

（3）及时更换旅客坐椅口袋中的清洁袋。

（十）巡视车厢

1. 二等车

（1）旅客排队上洗手间或旅客把报纸伸出过道阅读时，乘务员经过时应委婉要求旅客把过道让开，并及时向旅客道谢。

（2）根据列车运行时间的长短，在巡视车厢时准备几杯水，提供给旅客。

（3）委婉提醒大声喧哗的旅客，保持车厢的宁静。

（4）加强与旅客的沟通交流，通过与旅客交谈、发放娱乐用具及“旅客征询意见表”等，消除旅途寂寞。发放表格时，除简明介绍外，应同时为旅客打开阅读灯、提供圆珠笔。

（5）旅客按了呼唤铃，乘务员应立即到车厢询问旅客“请问您需要什么吗？”然后关掉呼唤铃。禁止出现乘务员直接关掉呼唤铃，不询问旅客需要什么帮助，或直接质问旅客“有事吗？”“按错了吧？”等不礼貌的行为或语言。

（6）当洗手间供水出现故障时，乘务员应主动为旅客提供湿纸巾。

（7）为旅客准备一些方便袋，供旅客放置未使用的餐盒及其他物品。

（8）在车上供旅客使用的服务设施出现故障时，乘务员可以提前在出现故障的位置贴上一些有提示性并表示歉意的粘贴纸。

（9）尽量满足旅客合理需求。

（10）避免与旅客长谈，不允许非一等车厢车票持有者在一等车厢入座。

2. 一等车

（1）目光始终不离开一等车厢，做到旅客开口前服务。

（2）不影响旅客休息或办公的情况下可加强与旅客的沟通与交流，满足旅客的心理需求，使旅客对列车服务产生良好印象。

（3）在进行到站广播之前及时将到达地的时间、天气、温度告知一等车厢旅客。如旅客正在休息，醒来后须为其进行单独预报。

（4）尽量避免二等车厢旅客到一等车使用洗手间打扰旅客，并注意进出服务间时拉门帘的动作一定要轻、服务间动作要轻、说话声音要轻，禁止乘务员在服务间或一等车厢大声喧哗。

（5）列车长为一等车厢旅客准备各种家居小用品，供旅客所需，建议增加眼罩、耳塞，使旅途用品更为完善。

（6）到站时，乘务员提醒旅客注意将手机、眼镜等小件物品放好。

（十一）送客

1. 二等车

（1）旅客下车时主动为个别手捧行李、物品的旅客提供手提袋，以便提取。

（2）主动搀扶老弱病残旅客下车，并与车站做好交接工作。

（3）提醒旅客携带好随身物品。

（4）送客时对行李较多的旅客应提供适当的帮助，当其堵住车厢通道时，主动迎上前帮助提拿行李；如旅客的小包肩带掉落，应帮忙扶好。

2. 一等车

提醒旅客是否已带齐所有的行李和随身物品，主动协助旅客提取行李物品。

实训

一、实训准备

1. 一间礼仪实训室，墙面装有长度及地的镜子，能从头到脚照到训练人员。
2. 对应工作岗位的制服，桌、椅、小毛巾、防寒毯、饭盒、托盘、手推车等。

二、实训背景

在从北京南站到上海虹桥站 G105 次列车上，乘务人员正在进行商务座车厢服务作业。

三、实训步骤

1. 将学生 3 ~ 5 人为一组，进行分组。每组选出 1 名乘务人员。
2. 教师讲解商务座乘务作业标准及服务注意事项，并加以示范。
3. 每组学生根据以下情景设定，按照情节需要增加角色，进行模拟演练。

（1）车门立岗：

①立岗迎客时，乘务人员站立在车厢内，面向门口。

②点头问候商务座旅客，如“您好！欢迎乘车。”“请注意脚下，商务座旅客请往这边走。”运用准确手势，指引旅客至商务座车厢。

（2）查验车票：

验票登记服务时，面向旅客站立，语气轻柔、面带微笑地说：“您好女士 / 先生，欢迎乘车！请出示一下您的车票及有效证件，为您核对一下信息。”双手接过旅客的车票和证件时说：“谢谢！”

接过之后快速准确查验，及时记录旅客姓氏、席位、到站。双手递还给旅客车票和证件时，语气轻柔、面带微笑地说：“请您收好！ ×（姓）女士 / 先生，到达上海虹桥站的时间为 13 点 08 分。祝您旅途愉快！”

（3）毛巾服务：

列车开车后，使用推车服务时发放毛巾，面向旅客站立，面带微笑、语气温和地说：“您好 × 女士 / 先生，请使用小毛巾。”，应双手递送。

观光区内服务时，可将小毛巾整齐放在毛巾托盘内递送。回收时，使用毛巾夹或一次性手套回收小毛巾至托盘内。

（4）防寒毯服务：

应征询每一位旅客是否需要防寒毯，需要时应及时提供。提供前应检查防寒毯包装封口是否完好，提供时应在旅客面前拆封，并将 CR 或者 CRH 标志和消毒标识朝上。服务人员巡视时，应根据车厢温度主动提供防寒毯。

盖防寒毯时，乘务人员应注意与旅客面部保持距离，不与旅客头部在一条直线上，避免肢体触碰旅客。旅客下车后或使用完毕，须将防寒毯及时收回。

（5）餐食服务：

要在旅客上车时，掌握旅客是否在用餐范围。在用餐范围内的旅客，征询旅客是否用餐。需要用餐的旅客，需要征询用餐口味及用餐时间：“您好 × 女士 / 先生，午餐 / 晚餐我们为您准备了牛肉米饭套餐、三杯鸡米饭套餐和炸酱面套餐，请问您需要哪一种？”“好的，请问您几点用餐？”旅客回答后，认真做好记录，并面向旅客说：“好的，我会按时为您送达。”

（6）收取垃圾：

收取垃圾和不再使用的服务备品时，观光区内商务座垃圾应使用托盘收回。终到前收取垃圾时，可使用垃圾小推车收回。

收取前,应征询旅客:“您好 × 女士 / 先生,需要为您整理一下小桌板上不需要的物品和垃圾吗？”清理结束后，应向旅客点头示意：“已整理完毕。”

（7）到站作业：

信息通告应在旅客到站前五分钟预先告知下车旅客，包括前方到站站名、准确到站时间、车外温度和下车门位置。提醒旅客携带好个人行李物品。室内外温差较大的,还应提醒旅客增减衣物。“您好 × 女士 / 先生，× × 点 × × 分 × × × 站就要到了，请您携带好自己的行李物品，从列车前部车门下车。另外，室内室外温差较大，请您及时增减衣物。”

（8）立岗送客：

服务人员应站立在车厢内，面向门口，用准确手势指引旅客至车门口，并面带微笑、行鞠躬礼向旅客道别：“请注意脚下安全，欢迎再次乘车！”

列车中途停站前，还应再次观察下车旅客。必要时在列车停稳前再次提醒，防止旅客越站。

4. 同组同学互换角色，进行模拟演练。

5. 每组按抽签顺序进行演练展示，其他组学生观摩。找出问题，并加以就纠正。

四、实训总结

1. 以小组为单位，进行模拟演练评选活动，每个小组选出一位“最美乘务员”。

2. 对照学习评价表，为自己的训练成果打分。

学习评价表

<table>
<tr><td>被考评人</td><td colspan="6"></td></tr>
<tr><td>考评地点</td><td colspan="6"></td></tr>
<tr><td>考评内容</td><td colspan="6">动车组列车服务礼仪训练</td></tr>
<tr><td rowspan="7">考评标准</td><td colspan="2">考评内容</td><td>分值 / 分</td><td>自我评价 / 分</td><td>小组评议 / 分</td><td>实际得分 / 分</td></tr>
<tr><td colspan="2">乘务人员岗位职责</td><td>10</td><td></td><td></td><td></td></tr>
<tr><td colspan="2">乘务作业程序与标准</td><td>10</td><td></td><td></td><td></td></tr>
<tr><td rowspan="4">乘务服务礼仪规范</td><td>仪容仪表</td><td>20</td><td></td><td></td><td></td></tr>
<tr><td>服务态度</td><td>20</td><td></td><td></td><td></td></tr>
<tr><td>服务语言</td><td>20</td><td></td><td></td><td></td></tr>
<tr><td>行为举止</td><td>20</td><td></td><td></td><td></td></tr>
<tr><td colspan="3">合计</td><td>100</td><td></td><td></td><td></td></tr>
</table>

注：考评满分为 100 分，85 分以上（包含 85 分）为优秀；75 ～ 84 分为良好；60 ～ 74 分为及格。

情境二 非动车组列车乘务服务礼仪

情境导入

21:40，从合肥站始发至北京的 Z227 次列车像平常一样，满载旅客缓缓驶出站台，沿宁西、阜六、阜淮、京九等线驶向北京。次日凌晨 02:40，列车行驶到阜淮线袁寨站时，列车广播突然响起："旅客朋友们，由于台风温比亚的影响，前方京九线已被封闭，为了旅客们的安全，此次列车将折返至合肥站。"

听到这条广播预告通知后，睡意浓浓的旅客顿时从梦中惊醒。一时，列车上炸开了锅。列车长、乘务员们被旅客紧紧围住要求给出合理的解决方案。列车长一边耐心地向旅客进行解释，一边不停地打电话，联系前方霍邱站、六安站和段安全生产指挥中心。乘务员们也耐心地给旅客答疑。但是旅客们的情绪依然很激动。

这时，有两名旅客焦急地找到列车长，说明了各自的紧急情况。原来，这两名旅客都是买了从北京首都机场出发的飞机票，一名旅客要赶赴东京，一名旅客要飞往纽约。如果等火车返回合肥站再去合肥新桥机场，就不一定赶得上飞机。列车长想到由于六安站离合肥新桥机场比较近，可以让这两名旅客从六安站下车赶去新桥机场，此时还差两分钟就到六安站了。在征得旅客的同意后，列车编制了客运记录，在六安站与车站办理了交接。然后列车长继续安抚其他旅客情绪，向旅客解释如何到站办理退票。

这时乘务员搀着一位走路颤颤巍巍的老大爷来到了列车长面前，老大爷一把拽住列车长的手说；"列车长，麻烦您帮帮我，我是从宣城农村来的，不识字，一个人去北京找儿子，儿子和我说好在北京站接我。"老大爷非常焦急，眼泪在眼眶里直打转。"老人家，您不要担心，我们肯定会安全地把您送到北京跟您儿子见面。"列车长笑着对老大爷说。随后，指派乘务员把老大爷扶回车厢休息，并跟老人家在北京的儿子取得了联系，说明了情况。到了合肥站之后派专人去车站帮助老大爷办理退票并且重新买了一张去往北京的车票，列车长亲自把老大爷送到那趟车上。

06:20，载着 475 名旅客的列车安全抵达合肥站。经过一夜的奋战，接打 38 次电话，未曾合眼的列车长终于松了一口气，脸上露出了欣慰的笑容。

【思考】

案例中的列车乘务人员在处理突发事件时，有哪些值得学习的方面？

学习目标

- 掌握非动车组列车乘务人员的岗位职责。
- 掌握非动车组列车乘务服务的作业程序与标准。
- 熟练掌握非动车组列车乘务服务礼仪规范。
- 培养乘务人员良好的服务意识与精神风貌。

相关知识

客运乘务组负责保证旅客和行包的安全，保持车内清洁卫生和各项设备的完整，组织好列车开水及饮食供应，检验车票和办理补票，及时通报站名和到发时刻，正确填写各种报表。准确、及时地办理预报，认真填写乘务报告。

一、客运乘务人员岗位职责

（一）列车长

（1）服从调度指挥，完成上级布置的各项任务。

（2）负责组织实施列车运行中的工作，督促乘务员按照标准作业，确保服务质量及车内安全。

（3）负责召开出、退乘会。

（4）负责组织实施列车配餐工作。

（5）负责保洁工作检查验收。

（6）负责办理乘务过程中的各项客运业务。

（7）负责与列车司机沟通协调，与车站办理交接。

（8）负责收集旅客对列车服务工作的意见，受理旅客投诉，帮助旅客解决困难。

（9）负责紧急情况下的处置与指挥，并及时向派班室（客调）及上级部门汇报。

（10）监督乘务员在值乘中各个阶段保持专业化形象。

（11）负责乘务组在折返站及住宿期间的管理。

（12）负责各类信息的反馈，并提出改进建议。

（二）列车员

（1）在列车长的领导下，完成乘务工作。

（2）负责实施列车服务和车内安全工作。

（3）负责本次列车各种服务备品的检查。

（4）协助做好本次列车的配餐工作。

（5）负责完成规定的广播任务。

（6）负责实施车内各类紧急情况的处置。

（7）完成规定的作业流程，并达到质量标准。

（8）负责向列车长反映各种信息，提出合理化建议。

（9）完成列车长交办的其他工作。

二、客运乘务人员服务程序与标准

（一）班前准备

1. 列车长

做到按时出乘，出乘前命令指示记录准确无遗漏，乘务任务明确；命令传达准确，任务布置清楚，仪容备品达标，资料携带齐全，设备状态良好；准时接收列车，按照保洁质量标准验收检查，确保保洁质量达标。

（1）到派班室报到或电话联系，接受命令指示，确认当日担当乘务情况。

（2）召开出乘会，布置乘务任务，检查乘务员仪容仪表、着装和移动补票机、对讲机等设备、资料携带情况。

（3）列车开车前35分钟在站台接车。

（4）全面巡视车厢，检查车内保洁和备品配置情况，督促保洁人员补做车内卫生，并做好交接记录。

2. 列车员

认真听讲，乘务任务明确。仪容着装达标，准时接收列车。按照保洁质量标准验收检查，检查结果报告列车长。

（1）参加出乘会，接受列车长的命令指示。

（2）整理仪容仪表，列车开车前35分钟在站台接车。

（3）全面巡视车厢，检查车内保洁和备品配置情况，督促保洁人员补做车内卫生。

（二）发车前

1. 列车长

做到交接、清楚掌握、重点引导有序、妥善安排、通告及时。

（1）在列车一端，与车站客运值班员办理交接，掌握详细的售票情况。

（2）做好重点旅客引导工作，广播通告送客人员下车。

2. 列车员

引导有序，妥善安排，发现问题，妥善处理，报告及时。

（1）在与列车长所在位置相对应的列车另一端，引导重点旅客就座，引导旅客放好随身携带的物品。

（2）发现无票人员或送客人员，及时劝告下车，不能处理时向列车长报告。

（三）开车后

1. 列车长

做到按时播报，音量适宜。行李物品摆放平稳，保持通道畅通。

（1）在5分钟之内播完欢迎词及相关内容，随后可播放背景音乐。

（2）巡视车厢，检查行李摆放情况，提醒旅客将大件行李及铁器、锐器等不适宜放在行李架上的物品放在指定位置并自行看管。

2. 列车员

行李物品摆放平稳，保持通道畅通。及时宣传。

（1）巡视车厢，检查行李摆放情况，提醒旅客将大件行李及铁器、锐器等不适宜放在行李架上的物品放在指定位置并自行看管。

（2）听从列车长分配，做好安全宣传。

（四）运行中

1. 列车长

仔细核对空余座位，处理违章态度和蔼，执行规章熟练准确，减少对旅客干扰，交接清楚，手续完备。耐心解答旅客问询，做好解释工作。重点旅客心中有数，主动提供帮助。特殊情况妥善处理，汇报准确及时。

（1）从大号车厢起，核对空余座位，查验车票，发现乘车条件不符、拒绝补票的人员，按照《客规》相关条款处理。

（2）抽查途中保洁作业质量。

（3）途中停站，与车站客运值班员办理交接，组织旅客上下车。

（4）巡视车厢，掌握车内动态，处理服务过程中的各类问题。

2. 列车员

仔细核对空余座位，处理违章态度和蔼，执行规章熟练准确，减少对旅客干扰。按时播报，内容准确，音量适宜。耐心解答旅客问询，做好解释工作。对重点旅客心中有数，主动提供帮助。特殊情况妥善处置。

（1）从小号车厢起核对空余座位，查验车票，发现乘车条件不符、拒绝补票的人员报告列车长。

（2）到站前5分钟广播通报站名、到开时刻，提醒旅客做好下车准备，告知下车车门位置。开车后5分钟内广播预告前方停车站及相关内容。

（3）巡视车厢，掌握车内动态，处理服务过程中的各类问题，遇有列车晚点超过15分钟，通过广播向旅客致歉。

（五）终到（折返）站

1. 列车长

做到用语统一，面带微笑；帮助重点，主动热情；检查仔细，按章处理；交接清楚，手续完备。记录翔实、批注准确；着装整齐，列队退乘。

（1）列车到站后，向旅客道别，协助重点旅客下车。

（2）旅客下车完毕，从大号车厢开始巡视，检查有无旅客遗失物品等。

（3）与车站客运值班员办理重点旅客、遗失物品等业务交接。

（4）对随车保洁情况作出鉴定。

（5）召开退乘会，讲评当日工作，填写《乘务日志》，批注留言簿。

（6）带领乘务组退乘。

2. 列车员

按时播报，语音适宜。用语统一，面带微笑，点头致意，帮助重点，主动热情，动作迅速，检查仔细，报告及时。

（1）到站前5分钟广播通报站名，致道别词，提醒旅客做好下车准备，请旅客配合尽快下车。

（2）列车到站后，向旅客道别，协助重点旅客下车。

（3）旅客下完后，从小号车厢开始，检查有无旅客遗失物品等，发现问题报告列车长。

（4）参加退乘会，汇报当日乘务工作情况。

（5）需要解款时到规定地点缴款。

三、客运乘务人员服务礼仪规范

（一）仪容仪表

做到仪容整洁，着装统一，整齐规范。符合铁路总公司《铁路旅客运输服务质量规范》的要求。

（1）头发干净整齐、颜色自然，不理奇异发型、不剃光头。男性两侧鬓角不得超过耳垂底部，后部不长于衬衣领，不遮盖眉毛、耳朵，不烫发，不留胡须；女性发不过肩，刘海长不遮眉，短发不短于两寸。

（2）面部、双手保持清洁，身体外露部位无纹身。指甲修剪整齐，长度不超过指尖 2 毫米，不染彩色指甲。

（3）女性淡妆上岗，保持妆容美观，不浓妆艳抹。

（4）乘务人员值乘时，应按规定着统一制服，佩戴职务标志，胸章牌（长方形职务标志）佩戴于左胸口袋上方正中，下边沿距口袋 1 厘米处（无口袋的佩戴于相应位置），包含单位、姓名、职务、工号等内容。菱形臂章佩戴在上衣左袖肩下四指处。

（5）列车长值乘时，必须戴制帽，列车员在目迎目送列车和在车门立岗时必须戴帽，暑期另有规定除外。帽徽在制帽折沿上方正中。列车员在车厢内作业时可不戴制帽。

（6）换装统一，衣扣拉链整齐。着裙装时，丝袜统一，无破损。系领带时，衬衣束在裙子或裤子内。外露的皮带为黑色。

（7）值乘时，佩戴的外露饰物款式简洁，限手表、戒指各一只，女性还可佩戴发夹、发箍或头花及一副直径不超过 3 毫米的耳钉。

（8）不赤足穿鞋，不穿尖头鞋、拖鞋、露趾鞋，鞋跟高度不超过 3.5 厘米，跟径不小于 3.5 厘米。

（9）禁止在值乘时挽袖子或卷裤脚，不敞胸露怀。

（10）值乘时，禁止挠痒、吸烟、吃东西、掏耳朵、抠鼻子、剔牙、叉腰、手叉衣兜。不准高声喧哗、说笑打闹、勾肩搭背。

（11）乘务员在值乘 4 小时以前和在履行职务中，禁止吃生葱、生蒜等有异味的食品。

（二）行为举止

立岗姿势规范，精神饱满。站立时，挺胸收腹，两肩平衡，身体自然挺直，双臂自然下垂，手指并拢贴于裤线上，脚跟靠拢，脚尖略向外张呈 V 字形。女性可双手四指并拢，交叉相握，右手叠放在左手之上，自然垂于腹前。左脚靠在右脚内侧，夹角为 45° 呈“丁”字形。

行走姿态端正，步伐适中，轻重适宜。在旅客多的地方，先示意后通行；与旅客走对面时，要主动侧身面向旅客让行，不与旅客抢行。

递接旅客车票、有效证件、行李等物品时，应双目平视，面带微笑、热情主动地伸出双手，轻拿轻放。

列队出乘、退乘时，按规定线路行走，步伐一致。

（三）服务用语

使用普通话，表达准确，口齿清晰。服务语言表达规范、准确，使用“请、您、您好、谢谢、对不起、不客气、再见”等服务用语。做到“请”字当头、“谢”字随口。

对旅客、货主称呼恰当，统称为“旅客们”、“各位旅客”、“旅客朋友”，单独称呼“先生、女士、小朋友、同志”等。

旅客问讯时，面向旅客站立，目视旅客，有问必答，回答准确，解释耐心。遇有失误时，向旅客表示歉意。对旅客的配合与支持，表示感谢。

1. 汇报用语

在列车门口遇有领导时，应说“领导您好，欢迎检查指导”。

乘务作业在车厢两头遇有领导时，必须进行一分钟汇报“领导您好，欢迎检查指导，我是本车厢列车员，胸章号码 ×× 号，车厢标准定员 ×× 人，现有人数 ×× 人，重点旅客在 × 号，我已为他提供了重点服务；治安联防队员在 ×× 号座，到站为终点站；本车厢设施齐全完好。下面将按程序作业，请领导多指示。”

2. 车门用语

在列车门口要说好三句话：“您好”“欢迎乘车，请出示车票”“请勿带危险品上车，谢谢”。

3. 迎宾词

当列车开出后，乘务员要致迎宾词“各位旅客，大家好，欢迎大家乘坐本列车，本次列车是由 ×× 开往 ×× 的列车，我是本车厢乘务员，胸章号码 ×× 号，在旅途中我将服务在大家周围，旅客们有什么困难和要求，请向我提出，我会尽力帮助大家解决。本车厢为无吸烟车厢，需要吸烟的旅客请到车厢两头的连接处去吸，旅客们对我们的服务工作有什么意见和要求，请您写在意见簿上，以使我们改进，更好地为大家服务。最后祝大家旅途愉快、一路平安。”

4. 整理行李架及车帽钩时的用语

“旅客们，为了大家旅途安全和车厢的美观，下面我将进行行李架和衣帽钩的整理，请大家予以配合，谢谢。”

5. 检查危险品时的用语

“旅客们，为了保证您的旅行安全，列车是不能携带危险品的，下面我们将进行危险品检查，请旅客们给予协助，谢谢。”

6. 验查车票时用语

“旅客们，我们为了了解大家的去向，更好地为大家服务，下面我们将进行去向登记和验查车票工作，请大家把车票准备好，谢谢协助。”

7. 宣传禁烟规定时用语

“本车厢为无烟车厢，需要吸烟的旅客请到车厢两头的连接处。旅客们对我们的服务工作有什么意见和需求，请您写在意见簿上以便我们改进，更好地为大家服务。”

“先生，对不起，我们车厢是不吸烟车厢，为了您和他人的身体健康，保持车内空气清新，请不要吸烟，谢谢。”

8. 旅客向你致谢时用语

“不客气，很高兴为您服务。”

9. 旅客征询意见时用语

“当然可以，让我来帮助您。”

10. 不能答应旅客的要求时用语

“很抱歉，这是违反规定的，我们不能这样做，希望您能理解。”

11. 接受旅客投诉或批评时用语

“我马上去查清情况，给你一个满意的答复 / 感谢您对我们工作的支持，请接受我们的歉意。”

12. 设备长时间不能正常使用时用语

“工作人员正在检查和抢修，请您耐心等待。”

13. 列车晚点时用语

“对不起，由于 ××× 原因列车晚点，请您耐心等待 / 我给您倒杯水，您别着急。”

14. 到站通报用语

“旅客们，列车前方就要停靠 ×× 站，到 ×× 站时间为 ××:××，到 ×× 的旅客，请提前作好下车准备，谢谢。”

“旅客们，×× 站就要到了，请下车的旅客整理好行李物品，在车门口等候下车。”

15. 清扫卫生宣传用语

“旅客们，为了给您创造一个舒适、整洁的旅行环境，我将要进行卫生清扫工作，请大家给予协助，谢谢。”

16. 卧铺熄灯宣传用语

“旅客们，晚上好，为了保证大家夜间充分休息，本车厢就要熄灯了，会客的同志，请回到自己的车厢或铺位去，请大家给予协助，谢谢。大家晚安！”

17. 选联防队员宣传用语

“旅客们，为了更好地维护本次列车的治安秩序，保证大家的旅行安全，现在我们选本车厢的治安联防队员。请大家给予配合，谢谢。”

18. 终到宣传用语

“各位旅客，列车前方站是本次列车的终点站 xx 车站，请大家将行李物品准备好，不要把东西遗忘在列车上。一路上大家对我们的工作给予了大力支持，我向大家表示感谢，欢迎下次再乘坐我们的列车。最后，请大家带着美好的祝福下车，把宝贵的意见留给我们。谢谢。”

（四）服务要注意细节

1. 温度适宜，环境舒适

（1）通风系统作用良好，车内空气清新，质量符合国家标准。始发前对车厢进行预冷、预热，车内温度保持冬季 18 ℃ ~ 20 ℃，夏季 26 ℃ ~ 28 ℃。

（2）车内照明符合规定。夜间运行（22:00 到第二天 7:00）时，座车关闭半夜灯；始发、终到站和客流量大的停站，或列车途经地区与北京时间存在时差时自行调整。

2. 用水充足，及时供应

（1）饮用水保证供应，途中上水站按规定上水。使用饮水机的备有足量桶装水。

（2）列车始发后为旅客送开水，途中有补水服务；售货车配热水瓶，利用售货时为有需求的旅客提供补水服务。

3. 关注重点，优先照顾

根据《铁路旅客运输服务质量规范》规定：重点旅客指老、幼、病、残、孕旅客。特殊重点旅客是指依靠辅助器具才能行动等需要特殊照顾的重点旅客。

（1）保障重点旅客服务。按规范设置无障碍厕所、坐椅、专用座席等设施设备，作用良好。

（2）对重点旅客做到“三知三有”，具体包括“知座席、知到站、知困难，有登记、有服务、有交接”。为有需求的特殊重点旅客联系到站提供担架、轮椅等辅助器具，及时办理站车交接。

4. 卧铺作业

（1）进入包房时，应先敲门，经旅客允许后方可入内。夜间作业、行走、交谈、开关门要轻。进出车厢时，面向旅客鞠躬致谢。离开时，应退出包房后转身离去。

（2）回答旅客提问时应站稳，坐着时应起立，双手自然下垂，目视对方，保持距离，不用手势。

（3）旅客离开包房时应及时整理包房卫生。卧铺车的卧具必须在旅客下车后收取。其他作业程序应遵循部（局）颁标准。

（4）卧铺车内温度冬季应不低于 22 ℃，夏季不高于 26 ℃，应保持空气新鲜，非空调车内的温度执行《铁路旅客运输管理规则》规定的标准。

5. 广播视频

（1）使用普通话，语音清晰，音量适宜，用语准确，不干扰旅客正常休息。

（2）经停少数民族自治地区车站的列车可根据需要增加当地通用的民族语言播音。过港列车可增加粤语播音。直通列车可增加英语播报客运作业信息。

（3）广播、视频主要宣传安全常识，介绍设备设施使用方法，提示旅客安全乘车，播报前方停站、到站信息等内容。

6. 全面服务

（1）无需求无干扰。通过广播、电子显示屏等方式宣传服务设备的使用方法，方便旅客自助服务。在各车厢电子显示屏公布中国铁路客户服务中心客户服务电话（区号＋电话号码）。

（2）实行首问首诉负责制。受理旅客咨询、求助、投诉，及时回应，热情处置，有问必答，回答准确；对旅客提出的问题不能解决时，指引到相应岗位，并耐心做好解释。

7. 做好应急处理

（1）列车晚点 15 分钟以上时，列车长根据调度、本段派班室（值班室）或车站的通报，向旅客公告列车晚点信息，说明晚点原因、晚点时间。广播每次间隔不超过 30 分钟，可利用电子显示屏实时显示。

（2）列车遇恶劣天气、前方列车避让等突发状况，导致列车停车时间过长或不能按计划到达目的地时，要做好旅客安抚工作，及时上报情况，制定合理解决方案。

实训

一、实训准备

1. 一间礼仪实训室，墙面装有长度及地的镜子，能从头到脚照到训练人员。
2. 对应工作岗位的制服，桌、椅、水杯、饮料等。

二、实训背景

从北京开往长春的 Z211 次列车全体客运乘务人员出乘作业。

三、实训步骤

1. 将学生 6 ~ 8 人为一组，进行分组。每组选出 1 名乘务人员。
2. 教师讲解乘务作业标准及服务注意事项，并加以示范。
3. 每组学生根据以下情景设定，按照情节需要增加角色，进行模拟演练。

（1）情景一：

①班前准备。

进行仪容仪表自检。穿着统一制服，做到仪表整洁、仪容端庄。

②立岗迎客。

a. 列车广播通知放行旅客后，列车值班员锁好厕所，打开车门，悬挂好车厢活动顺序号牌，擦净车门扶手，门前立岗迎客。

b. 热情问候，经查验车票后，引导旅客上车。对重点旅客进行搀扶帮助。

c. 发车铃响，登车、取下车厢顺序号牌，翻起脚踏板，站立车门，观察站台动态。车动锁门，面向站台致注目礼至出站。

③车厢服务。

a. 自我介绍并致迎宾词。

b. 整理车厢内行李架上的物品摆放秩序，提醒衣帽钩不要挂衣帽以外的物品。

c. 宣传禁烟规定。

d. 进行重点旅客登记。

e. 向旅客提供应需服务，做好重点旅客的服务，及时送开水，做好车厢内的清洁工作。

f. 根据气温变化，调整空调车车厢内温度，确保车厢内温度适宜，创造舒适的乘车环境。

g. 及时掌握车厢内的旅客情况，耐心解答旅客提出的问题。

h. 协助查验车票。

④列车到站前。

a. 及时向旅客通告站名、到达及开车的时间，提醒旅客不要忘记随身携带的物品，组织好旅客提前到门口等候下车。

b. 提前 3 分钟冲洗厕所和锁闭厕所。

c. 列车进站提前到达车厢门口，打开安全锁，面向站台致注目礼。

⑤列车到站停车。

a. 列车进站停稳后打开车门，悬挂好车厢活动顺序号牌，打开翻板，擦净扶手，车门立岗。

b. 照顾旅客下车，礼貌地向旅客道别。

c. 对上车旅客进行验票，引导旅客登车。

d. 发车铃响站线、铃停登车、取下车厢顺序号牌，翻起脚踏板，站立车门，观察站台动态。

⑥列车启动后。

车动关锁车门，面向站台致注目礼至出站台，放好顺序号牌，检查车门锁闭情况。重新开启厕所，整理车容。

⑦到达终点站。

a. 提前进行车厢的全面清扫整理，并向旅客通告。

b. 按规定时间提前锁闭厕所。列车进站，提前到车厢门前等候，面向站台致注目礼。

c. 列车进站停稳后打开车门，悬挂好车厢顺序号牌，打开翻版，擦净扶手，车门立岗。

d. 照顾旅客下车，礼貌地向旅客道别。

e. 旅客都离开后，再次进行车箱内务整理。

（2）情景二：

由于躲避过往列车，Z211 次列车在中途须停车等待。由于天气闷热，车厢里立即变得非常憋闷。有些旅客按捺不住着急的心情，开始抱怨起来。

列车长预计等待的时间不会很短，如果让旅客单调无聊地等下去，可能会因情绪不佳引发矛盾。于是，他立即召集所有列车员，商讨解决方案，希望通过和旅客良好的沟通化解矛盾，列车员们积极响应号召，为这个列车的特殊服务出谋划策。

随后，列车长带领组员们尝试着用更人性化、更互动的方式与旅客们进行沟通，真诚主动地关注旅客的感受和需求。首先，乘务组真诚面对旅客，如实向旅客告知列车临时停车的原因及等待时间，回答每位旅客的问题。他们通过广播向旅客及时通报最新的信息，解释延误原因，此举立刻拉近了列车组和旅客之间的距离，更赢得旅客的理解。

而后，乘务组即兴在车厢开展了一个小活动，请旅客品尝列车员调制的“自助饮料”，并猜出是由哪几种果汁混合而成的。旅客表现出极大的兴趣和参与的热情，枯燥无聊的等待立刻变得精彩纷呈，有单独品尝的，也有和朋友、家人一起猜的，有的旅客还兴致勃勃地表演了小节目。

漫长的等待时间就在一片欢声笑语中悄悄溜走了。当列车长广播还有 5 分钟列车就重新开动时，旅客才意识到他们在列车上已经等了近 3 小时。当乘务组向旅客们表达真诚的谢意时，列车里早已是掌声一片！

4．同组同学互换角色，进行模拟演练。

5．每组按抽签顺序进行演练展示，其他组学生观摩。找出问题，并加以就纠正。

四、实训总结

1．以小组为单位，进行模拟演练评选活动，每个小组选出一位“最美乘务员”。

2．对照学习评价表，对自己的训练成果打分数。

学习评价表

<table>
<tr><td>被考评人</td><td colspan="6"></td></tr>
<tr><td>考评地点</td><td colspan="6"></td></tr>
<tr><td>考评内容</td><td colspan="6">非动车组列车服务礼仪训练</td></tr>
<tr><td rowspan="7">考评标准</td><td colspan="2">考评内容</td><td>分值 / 分</td><td>自我评价 / 分</td><td>小组评议 / 分</td><td>实际得分 / 分</td></tr>
<tr><td colspan="2">乘务人员岗位职责</td><td>10</td><td></td><td></td><td></td></tr>
<tr><td colspan="2">乘务作业程序与标准</td><td>10</td><td></td><td></td><td></td></tr>
<tr><td rowspan="4">乘务服务礼仪规范</td><td>仪容仪表</td><td>20</td><td></td><td></td><td></td></tr>
<tr><td>服务态度</td><td>20</td><td></td><td></td><td></td></tr>
<tr><td>服务语言</td><td>20</td><td></td><td></td><td></td></tr>
<tr><td>行为举止</td><td>20</td><td></td><td></td><td></td></tr>
<tr><td colspan="3">合计</td><td>100</td><td></td><td></td><td></td></tr>
</table>

注：考评满分为 100 分，85 分以上（包含 85 分）为优秀；75 ~ 84 分为良好；60 ~ 74 分为及格。

情境三　动车组列车餐服礼仪

情境导入

“北京开往武汉高铁供应盒饭发霉”一事发生后，国务院第五督查组先后到京铁列车服务有限公司、12306 客户服务中心、北京西站等地进行实地督查，并与铁路总公司部门负责人进行座谈，力促问题解决。

对此，铁路总公司表示，高度重视铁路食品安全问题，已迅速采取食品控制措施，全部封存下架涉事产品；同时，已委派调查组开展调查，并已部署开展食品安全专项检查。据铁路总公司有关负责人透露，由于常温链盒饭储运时间长，易发生包装容器破损，造成霉变从而造成食品安全问题。

自 2018 年 9 月 29 日起，全国铁路停止使用常温链盒饭，并完善相关机制，强化全链条管控，确保铁路餐饮和食品安全；同时，丰富冷链盒餐供应，不断提升餐饮质量。

【思考】

（1）动车组列车除了有常温链供餐外，还有哪些供餐模式？

（2）动车组餐服人员的服务程序与标准有哪些？

学习目标

• 掌握动车组列车餐服人员的岗位职责。
• 掌握动车组列车餐车服务礼仪的程序与标准。
• 熟练运用动车组列车餐车服务礼仪。
• 培养乘务人员良好的服务意识与精神风貌。

相关知识

一、动车组列车餐服人员岗位职责

（一）餐服长

（1）在列车长的领导下，做好当次列车餐服组人员、跟车保洁人员的管理及与铁路其他工作人员的协调工作。

（2）负责核对卫生许可证是否相符，检查本组人员健康证、上岗证、胸牌、培训合格证是否齐全有效，请领各类报表、票据、备品及消耗品。

（3）负责召集出乘前准备会，带领本组人员到派班室签到。

（4）负责填写领货申请单，与库管员进行售卖商品的交接。

（5）负责检查餐吧设备设施的性能及使用状况。

（6）负责本组餐服员、跟车保洁员旅客迎送、餐售开展、卫生清洁及车上其他临时性工作的开展及调配。

（7）负责当次列车上商品销售的现金管理。

（8）负责《餐服乘务日志》的记录、保存。

（9）负责回收报损商品，做好销售商品、现金、备品、消耗品与地面的交接。

（10）负责填写车组领货单、现金缴款清单、报废品明细表、免费品发放单、列车接待任务欠款单等相关单据，与库管人员办理交接。

（11）负责免费品发放单、列车接待任务欠款单等单据与列车长的联系签认工作。

（12）负责退乘会的召集并到派班室记录。

（二）餐服员

（1）服从餐服长的领导，按照作业程序做好餐饮服务工作。

（2）负责餐吧车餐饮准备工作，按规定布置餐厅、餐台和补充各种商品。

（3）负责送餐车、售货车的整理工作。

（4）负责列车商品及餐食的销售工作。

（5）协助商务座乘务员做好赠餐工作。

（6）检查餐吧车内各种安全、服务设施设备和备品。

（7）负责餐食交接、发放、回收包装袋工作。

（8）负责餐吧车内部的卫生清洁及设备清洁保养。

（9）负责做好应急情况的处置工作。掌握安全措施和应急预案，熟练使用安全设备设施。

（10）完成列车长布置的其他工作。

二、动车组列车餐服作业程序与标准

（一）准备工作

1. 餐服长

（1）乘务人员在接班前充分休息，保持精力充沛，不在班前、班中、折返站饮酒。

（2）按规定时间到指定地点参加出乘点名。做到按时出乘，着装统一。

（3）穿着规定制服，佩戴职务标志，淡妆上岗（女），仪容整洁。做到制服平整干净，职务标志规范。

（4）出乘时携带餐车经营相关证照参加出乘会，听取列车长有关上级指示、工作要求和乘务任务的布置，了解当趟乘务工作重点，学习有关文件和业务。

（5）检查餐服员的相关证件并统一保管，接受列车长对证件和业务的检查。

（6）检查对讲机携带情况，与列车长校对时间、调试对讲机。保持通信设备性能良好，保持信息畅通。

（7）按规定列队上站台接车，做到按时接车、精神饱满、箱（包）同侧、列队整齐。列车进站停稳后，统一由餐车排队登车，将乘务箱包定位摆放。

2. 餐服员

（1）乘务人员在接班前充分休息，保持精力充沛，不在班前、班中、折返站饮酒。

（2）按规定时间到指定地点参加出乘点名。做到按时出乘，着装统一。

（3）穿着规定制服，佩戴职务标志，淡妆上岗（女），仪容整洁。做到制服平整干净，职务标志规范。

（4）参加出乘会，听取列车长有关上级指示、工作要求和乘务任务的布置，了解当趟乘务工作重点，学习有关文件和业务。

（5）协助餐服长请领、检查备品。确保齐全良好。

（6）证件交餐服长统一保管。接受列车长、餐服长对证件和业务的检查、提问。

（7）按规定列队上站台接车，做到按时接车、精神饱满、箱（包）同侧、列队整齐。

（8）列车进站停稳后，统一由餐车排队登车，将乘务箱包定位摆放。

（二）开车前作业

1. 餐服长

（1）全面巡视餐吧车，督促做好餐吧车出库保洁质量，做到车厢环境干净整洁，物见本色，无污迹。

（2）全面检查餐吧车上部设备设施，配置的微波炉、电烤箱、咖啡机等厨房电器符合规定数量、规格和额定功率，保持洁净，电器正常使用，及时向列车长汇报上部设施检查情况。

（3）做好餐食品、商品的交接、核对工作，做到交接清楚，质量达标，符合国家有关规定。餐车上货门仅供餐车售货人员补充商品、餐料时使用，无旅客乘降。餐食品、商品供应品种多样，有高、中、低不同价位的预包装饮用水、盒饭等旅行饮食品，2 元预包装饮用水和 15 元盒饭不断供。尊重外籍旅客和少数民族的饮食习惯。盒饭以冷链为主，热链为辅，常温链仅做应急备用，有清真餐食。

（4）悬挂餐车卫生许可证、商品价目表和菜单等，妥善保管有关资料报单、票（单）据等，接受车长检查。做到证件齐全有效，商品合格。

（5）检查餐食品、商品在餐车储藏柜、冰箱内定位放置情况，商品、售货车等不堵通道，不占用旅客使用空间。餐车展示柜布置美观，与就餐环境相协调，各种用具定位摆放。售货车内外清洁，定位放置，有商品价目表，有制动装置和防撞胶条。

（6）检查商品柜、冰箱、吧台、橱柜等，不得随意放置私人物品（乘务员随乘携带的餐食等定位存放）。

（7）放行时在吧台内立岗，主动接待、引导旅客。做到主动服务，微笑服务，运用普通话，使用文明用语，有问必答，答必正确。

（8）对进入餐车的旅客，要主动引导其尽快就座。对有需求的旅客主动帮助。

2. 餐服员

（1）按照餐服长安排，对餐吧车内安全设备、电气设施等设施设备进行检查，发现问题及时向列车长、餐服长汇报。

（2）检查餐吧车出库卫生质量，及时补强欠缺部位。

（3）协助餐服长清点核对餐食品、备品数量；检查餐食品有效期及价目签。

（4）布置展示柜，整理摆放售货车。点心类、饮料类陈列在恒温柜内，售货车制动装置和防撞胶条性能良好，商品明码标价。

（5）整理车厢，及时摆放布制品和服务备品，做到铺设平整，干净整洁。

（6）按餐服长通知在指定位置立岗，迎接旅客。一人在与餐车相邻的大号车厢车门处，长编组列车在 9、10 车之间，短编组列车在 5、6 车之间，重联列车分别在 5、6 车及 13、14 车之间，距离反面车门 20 厘米处，面向站台立岗；其他餐服员在餐厅立式餐台旁立岗。

（7）立岗时应挺胸收腹，脚跟并拢，脚尖略分开。双手四指并拢，交叉相握，右手交叠放在左手上，自然垂于腹前，面带微笑。

（8）迎接旅客上车时，须举止适当，用语礼貌，态度热情，来有迎声，去有送声，重点旅客安排落实，车内秩序良好。对进入餐车的旅客，要主动引导，协助其尽快就座。对有需求的旅客主动帮助。

（9）开车铃响，通知旅客上车。车门关闭后，在车门处面向站台立岗，行注目礼至列车出站。

（三）途中作业

1. 餐服长

（1）及时向列车长了解车厢旅客人数和商务座旅客上座及到站情况，根据本趟情况制定供餐计划，做好开餐组织。

（2）餐车实行不间断营业，并提供订、送餐服务。督促销售人员不在车内高声叫卖，频繁穿梭，销售过程中主动避让旅客。做到经营行为规范，文明售货，不捆绑销售商品。

（3）夜间运行时，不得进入卧车销售，座车可根据情况适当延长或提前销售时间，但不得超过 1 小时。

（4）督促餐服人员做好车内卫生保洁工作，加强餐车橱、柜、箱等重点部位的保洁和车内卫生。做到车内环境、秩序良好，柜内干净无异味

（5）逢供餐时间，协调相关乘务人员，加强配合，共同做好商务座旅客餐食及其他车内旅客的供应工作，确保供餐及时，配合默契，餐食供应满足需求。

（6）供餐时间及时巡视车厢，督促餐服员及时收取旅客餐具、餐盒等，保持车内环境卫生。做到车厢环境干净整洁，垃圾回收清扫及时。

（7）途中到站前，督促餐服员做好到站提示，并做好重点旅客的下车引导工作。

（8）发现设备故障、安全隐患等异常情况，及时向列车长报告，并通知随车机械师处理。做到及时汇报，督促整改。

（9）遇有非正常突发情况，按照应急预案岗位分工和列车长的安排，协调车厢乘务人员全力做

好应急处置工作。做到突发应急服从指挥，正确应对。

（10）按规定使用垃圾袋，在垃圾投放站及时投放垃圾。

（11）对超过保存期限的盒饭和不达标的商品，及时报损。做到按规定位置存放，标签粘贴。

（12）及时与折返站餐饮供应点联系补充料品上车事宜。

（13）检查售货车热水瓶使用情况，督促餐服人员利用售货时，为有需求的旅客提供补水服务。做到热水瓶内外洁净，主动供水。

（14）实行首诉负责制，对旅客的问询做到耐心解答、态度和蔼。随时征求旅客对餐饮供应、服务质量的意见和建议。

2. 餐服员

（1）根据餐服长制定的供餐计划，做好开餐组织并提供订、送餐服务。

（2）为需就餐的旅客全面主动介绍就餐方式、供应品种、口味、价格等。2 元预包装饮用水和 15 元盒饭不断供，有清真餐食及素餐供应。

（3）复述旅客所点的餐饮名称、数量、价格，唱收唱付，不搭售商品和强买强卖。

（4）为餐食加热时，严格执行安全操作。加热、供应餐食时，应戴口罩、手套；女性穿围裙。

（5）观察就餐旅客动态，主动问询，及时提供旅客所需服务。做到上餐及时，服务周到。

（6）加强车厢巡视，及时收取旅客餐具、餐盒等，保持车内环境卫生。

（7）售货车备有热水瓶，利用售货时为有需求的旅客主动提供补水服务。不在车内高声叫卖、频繁穿梭，销售过程中主动避让旅客。

（8）实行首诉负责制，对旅客的问询做到耐心解答、态度和蔼。随时征求旅客对餐饮供应、服务质量的意见和建议。

（9）提醒餐服长及时与折返站餐饮供应点联系补充料品上车事宜。

（10）做好餐吧车卫生保洁工作，加强餐车橱、柜、箱等重点部位的保洁。做到车内环境、秩序良好，柜内干净无异味。

（11）逢供餐时间协助商务座列车员做好商务座旅客餐食供应工作，确保供餐及时，配合默契，餐食供应满足需求。

（12）途中到站前，做好到站提示和重点旅客下车引导工作。

（13）发现设备故障、安全隐患等异常情况，及时向列车长、餐服长报告，并通知随车机械师处理。

（14）遇有非正常突发情况，按照应急预案岗位分工和列车长的安排，协调车厢乘务人员全力做好应急处置工作。

（15）按规定使用垃圾袋，在垃圾投放站，及时投放垃圾。

（16）对超过保存期限的盒饭和不达标的商品，及时报损。做到按规定位置存放，标签粘贴。

（17）适时调节车内温度，对不文明行为及时制止。

（四）终到（折返）作业

1. 餐服长

（1）餐清趟结，做好盘点填记。做到票据、现金相符，各种表格、报单准确填记，无漏填，交接清楚。

（2）督促餐服员整理餐吧车卫生，做好细节补强。

（3）列车到站开门后，在餐吧内面向旅客站立，送别旅客。

（4）旅客下车后全面检查餐吧车，发现旅客遗失物品及设备故障、损坏等情况，及时报告列车长。

（5）做好餐吧车卫生清理工作，垃圾袋按规定交站处理。做到车容整洁、备品定位、卫生达标。

（6）参加趟小结，听取列车长布置返程工作，并向列车长汇报餐车经营情况及设备等有关问题。

（7）折返站补充料品时做好料品、单据的交接。

（8）折返站须入住公寓休息时，应在相应作业完毕后，在车下集合，列队入公寓休息。并在折返开车前一小时列队在站台接车。

（9）列车终到前 40 分钟清点剩余餐食、商品和备品，过期、剩余食品粘贴“报废禁用食品”标志。

2. 餐服员

（1）终到前一小时提前进行餐吧车全面卫生清理工作，垃圾袋扎口放在车门处。

（2）到站前做好到站提示工作，并做好重点旅客的下车引导工作。列车到站后，在车门内立岗，送别旅客。做到上岗及时，立岗姿势端正，面带微笑。

（3）旅客下车后全面检查餐吧车，发现旅客遗失物品及设备故障、损坏等情况，及时报告列车长、餐服长。

（4）折返时做好餐吧车卫生清理工作，做好细节补强，垃圾袋按规定交站处理。做到车容整洁、备品定位、卫生达标，箱、柜、室干净无污渍，不锈钢件光亮。

（5）折返站须入住公寓休息时，应在相应作业完毕后，在车下集合，列队入公寓休息。并在折返开车前一小时列队在站台接车。

（6）列车终到前 40 分钟盘点本趟餐食品，清点剩余餐食、商品和备品，过期、剩余食品粘贴“报废禁用食品”标志，按规定报废。

（五）退乘作业

1. 餐服长

（1）按规定做好交班卫生，达到规定要求，接受列车长鉴定。

（2）盘点本趟餐食品，清点剩余餐食品，过期食品按规定报废。

（3）将容易过期、变质的餐食品等按规定报废，集中存放，退回仓库。

（4）接班餐服长执行好开车前、后及途中作业标准。

（5）随乘务班组集体列队退乘，按规定线路行走出站。中途换班时收班乘务组面向列车立岗，提醒旅客防止漏乘，列车出站台后列队退乘。

（6）参加退乘会，听取列车长总结本趟乘务工作，布置安排有关工作。对餐营服务工作进行点评，做到工作点评全面，并有改进意见。

2. 餐服员

（1）按规定做好交班卫生，达到规定要求，接受列车长鉴定。

（2）盘点本趟餐食品，清点剩余餐食品，过期食品按规定报废。将容易过期、变质的餐食品等按规定报废，集中存放，退回仓库。

（3）随乘务班组集体列队退乘，按规定线路行走出站。中途换班时收班乘务组面向列车立岗，提醒旅客防止漏乘，列车出站台后列队退乘。

（4）接班餐服员执行好开车前、后及途中作业标准。

（5）参加退乘会，听取列车长总结本趟乘务工作。

三、动车组餐服人员服务礼仪规范

（一）仪容仪表

餐车服务人员着装统一，佩戴职务标志。应做到仪容端庄，仪表整洁，符合《铁路旅客运输服务质量规范》要求。

服饰整洁得体，头发梳理平整，指甲修剪整洁。餐车加热、供应餐食时，服务人员戴口罩、手套，女性穿围裙。

在工作或准备食物前，如果用手摸了脸、头发、货币等，需要清洁手部。

（二）行为举止

立岗姿势规范，精神饱满。站立时，挺胸收腹，两肩平衡，身体自然挺直，双臂自然下垂，脚跟靠拢，脚尖略向外张呈V字形。

女性可双手四指并拢，交叉相握，右手叠放在左手之上，自然垂于腹前；左脚靠在右脚内侧，夹角为45°，呈“丁”字形。

走路时，脚步要稳、轻、灵、巧，步幅不宜大。步态轻盈，躲闪灵活，手脚利落，观察仔细，及时了解旅客需要，提供满意的服务。

旅客问讯时，面向旅客站立，目视旅客，有问必答，回答准确，解释耐心。遇有失误时，向旅客表示歉意。对旅客的配合与支持，表示感谢。

不要在离食物近的地方咳嗽、打喷嚏。在旅客面前咳嗽、打喷嚏时须用手帕捂住嘴部，并背对着旅客。

（三）服务用语

使用普通话，表达准确，口齿清晰。服务语言表达规范、准确，使用“请、您、您好、谢谢、对不起、不客气、再见”等服务用语。做到“请”字当头、“谢”字随口。

对旅客、货主称呼恰当，统称为“旅客们”“各位旅客”“旅客朋友”，单独称呼“先生、女士、小朋友、同志”等。

（四）规范服务

1．餐车服务

（1）备品服务。

①餐桌布质台布、座椅套、商品价目表，做到质地良好整洁，美观大方。

②咖啡、茶、酒具，托盘，统一规格，无破损。

③电子点餐系统，性能良好。

（2）商品、备品交接。

①配餐服务员提前按“动车组列车商品、备品配送单”向配餐基地提出所需商品种类、数量。做到及时补充，保证供应。

②配餐服务员在餐车位置，与配餐基地核对“动车组列车商品、备品配送单”上所列商品品种、数量，准确无误后，签字办理交接。做到交接清楚、准确。

（3）准备作业。

①酒吧餐饮区铺桌面台布，放置商品价目表。

②吧台内食品展示柜布置美观，食品有序摆放、明码标价。

③咖啡壶、茶壶、保温冰桶等器具按规定位置摆放，做到美观、整洁。

（4）餐车销售。

吧台餐饮为旅客提供咖啡、茶、酒水、餐点等服务项目和商品，满足旅客需求。旅客点餐时应注意以下几个方面：

①介绍餐点种类及价格。

根据不同旅客推荐合适的餐点，做到主动、热情、亲切。

②开单。

重复旅客所点的餐饮名称、数量、价格，唱收唱付。做到单据正确，交付及时。

③根据旅客需求提供发票。

④清理台面。

桌布随脏随换。做到卫生达标。

2. 送餐服务

乘坐编挂餐吧车的动车组列车出行的旅客，可通过互联网平台，如12306网站、手机APP、微信等方式，预订所乘列车餐车供应餐食，及沿途供餐站点供应的符合铁路运营食品经营许可条件的社会品牌餐食。铁路站车服务人员将通过订单小票信息、订餐手机号码核验旅客身份送餐至订餐旅客指定的车厢和席位。目前，订餐服务已覆盖全国G、D字头的动车组列车。

（1）送餐前准备。

①在送餐前10分钟，广播通知旅客对号入座，打开小桌。应做到告知及时，引导有序。

②送餐人员（包括列车长、客运乘务员、配餐服务员）在餐车集中，按规定着装。

③列车长根据车厢人数对送餐人员进行分工，提出配餐要求，介绍本趟车餐饮内容。做到分工明确，要求清晰。

④送餐人员明确餐饮品种和内容，准确答复旅客的问询。

（2）送餐作业。

①送餐人员手推送餐车下车厢，两人一组，一前一后，一人推车，一人引导。要从餐车两侧由近至远按车厢顺序发放配餐。做到动作迅速，操作平稳。

②发放配餐时，按送餐车前进方向先左后右、先里后外的顺序发放，避免漏发、错发。做到动作轻巧，发放准确。

③遇列车晃动幅度过大时，应停止送餐，踩刹车，固定好送餐车，保持其平稳，待列车运行平稳后恢复送餐，做到送餐车推得准、稳。

④遇旅客不在座位上或休息时，有同行人的向同行人发放，没有同行人的记录好座席号，主动、及时补送。

⑤送热食时，应不间断地提醒旅客注意端拿。

⑥遇旅客要求加餐饮时，介绍旅客到餐车购买，做到主动热情。

⑦对中途上车的旅客，在开车5分钟后根据列车服务信息系统终端提供的座号发放配餐。列车长按实际需要临时调配送餐人员。做到及时、准确、无误。

（3）配餐包装物回收。

①所有旅客的配餐发放后，配餐服务员戴一次性塑料手套，推送餐车，按送餐顺序逐车厢回收配餐包装物，包装物叠放在送餐车内，将送餐车放回餐车指定处，做到回收及时、动作谨慎。

②回收完成后，适时使用托盘再次进行包装物回收，做到回收及时、彻底。

③记录供应情况，趟清趟结。做到记录翔实，账物相符。

3. 车厢销售

配餐服务员要利用商品售货车将列车销售商品送至各个车厢销售，做到方便旅客。旅客在车厢内点购商品时，配餐服务员将商品及时送交旅客。做到准确、及时。

实训

一、实训准备

1. 一间礼仪实训室，墙面装有长度及地的镜子，能从头到脚照到训练人员。
2. 对应工作岗位的制服、桌、椅、饭盒、手推车等。

二、实训背景

从北京南站到上海虹桥站的G105次列车餐服人员正在进行餐食服务作业。

三、实训步骤

1. 将学生3 ~ 5人为一组，进行分组。每组选出1名餐服人员。
2. 教师讲解动车组餐服人员送餐作业标准及服务注意事项，并加以示范。
3. 每组学生根据以下情景设定丰富情节、语言并设定角色，进行模拟演练。

（1）情景一：餐吧售货。

①立岗迎客。

接到列车长通知后，及时在吧台内指定位置规范立岗，精神饱满，面带微笑。配合手势指引，做好上车旅客车厢引导。

②销售服务。

旅客到餐吧购买商品、餐食时，应主动问好。详细介绍商品、餐食种类。递给旅客餐食时要用双手，递热食时要及时提醒。

③礼貌道别。

旅客购买完餐食后，要主动、礼貌道别。

（2）情景二：车厢售货。

①始发开车后10分钟，餐服员推售货车到车厢销售。按规定携带发票、零钱包，商品包装完好，

价签张贴齐全。

②售卖时，规范服务用语，及时找补钱款，根据旅客需求提供发票，注意掌控售货车的刹车止刹。

③遇旅客行走时，应主动避让并及时提醒，避免撞、压、刮伤旅客，推车时应防止碰撞列车设备。

④巡回售货不得干扰旅客，妥善回答旅客的问询。

⑤中途停站时，移动售货车停止售卖，确认刹车制动良好，停在不阻挡旅客上下车位置，对下车的旅客做好提示和引导工作。

（3）情景三：送餐服务。

①送餐准备。

a. 到车厢开展订餐服务，提前做好送餐准备工作。

b. 安排做好微信订餐旅客送餐准备，做好商务座旅客送餐准备。

c. 在送餐前 10 分钟，广播通知旅客对号入座，打开小桌。

②车厢送餐。

a. 送餐人员手推送餐车下车厢，两人一组，一前一后，一人推车，一人引导。

b. 按送餐车前进方向先左后右、先里后外的顺序，做到动作迅速、轻巧，操作平稳。

c. 送热食时，应不间断地提醒旅客注意端拿。

d. 遇旅客要求加餐饮时，介绍旅客到餐车购买，做到主动热情。

e. 关注重点旅客就餐情况，积极做好送餐、送水工作。

③餐包装回收。

a. 餐服员佩戴一次性塑料手套，推送餐车，按送餐顺序逐车厢回收配餐包装物。

b. 回收完成后，适时使用托盘再次进行包装物回收，做到回收及时、彻底。

4. 同组同学互换角色，进行模拟演练。

5. 每组按抽签顺序进行演练展示，其他组学生观摩。找出问题，并加以就纠正。

四、实训总结

1. 以小组为单位，进行模拟演练评选活动，每个小组选出一位“最美餐服员”。

2. 对照学习评价表，为自己的训练成果打分。

学习评价表

被考评人						
考评地点						
考评内容	动车组餐车服务礼仪训练					
考评标准	考评内容		分值 / 分	自我评价 / 分	小组评议 / 分	实际得分 / 分
	餐服人员岗位职责		10			
	餐服作业程序与标准		10			
	餐车服务礼仪规范	仪容仪表	20			
		服务态度	20			
		服务语言	20			
		行为举止	20			
合计			100			

注：考评满分为 100 分，85 分以上（包含 85 分）为优秀；75 ~ 84 分为良好；60 ~ 74 分为及格。

情境四 非动车组列车餐服礼仪

情境导入

小赵是个地道的“80后”上海姑娘，她长相甜美，并具备英语、粤语、普通话三种语言会话能力。经过层层选拔，最终脱颖而出，成为了一名沪港列车餐车服务员。小赵甜美的笑容、温暖的话语和优质的服务，令许多旅客连连称赞，如今已成为餐车最能干的“服务明星”。

沪港列车的美食文化享有很高的声誉。车上餐食以上海本帮菜和港式菜系为主，并融合了其他地方特色风味，春夏秋冬四季各有时令菜谱，深受旅客的喜爱。入职以来，有很多小赵服务过的老客人，经常乘坐这趟沪港列车。这些旅客的用餐喜好，她都清楚地记在心里。老客人每次来到餐车点餐，小赵都能脱口而出：“姜先生最爱吃的水晶虾仁”“陈女士最常点的干烧鲈鱼”……小赵的细心服务，每次都让旅客感受到家一般的温暖。

【思考】

(1) 小赵的服务，为什么能够赢得列车旅客们的赞许？

(2) 列车餐服人员应该具备哪些素质？

学习目标

- 掌握非动车组列车餐服人员的岗位职责。
- 掌握非动车组列车餐车服务礼仪的程序与标准。
- 熟练运用非动车组列车餐车服务礼仪。
- 培养乘务人员良好的服务意识与精神风貌。

相关知识

旅客在旅途中的餐饮需求也是旅客最基本的需求之一，旅客餐饮服务是铁路旅客运输服务的重要组成部分，也是铁路与旅客沟通的重要纽带。

一、非动车组列车餐服人员岗位职责

(一) 餐车长

(1) 在列车长的领导下，做好当次列车餐车服务人员、跟车保洁人员的管理及与铁路其他工作人员的协调工作。

(2) 负责核对卫生许可证是否相符，检查本组人员健康证、上岗证、胸牌、培训合格证是否齐全有效，请领各类报表、票据、备品及消耗品。

(3) 负责召集出乘前准备会，带领本组人员到派班室签到。

(4) 负责填写领货申请单，与库管员进行售卖商品的交接。

(5) 负责检查餐车设备设施的性能及使用状况。

（6）负责餐车员、跟车保洁员旅客迎送、餐售开展、卫生清洁及车上其他临时性工作的开展及调配。

（7）负责当次列车上商品销售的现金管理。

（8）负责《餐服乘务日志》的记录、保存。

（9）负责回收报损商品，做好销售商品、现金、备品、消耗品与地面的交接。

（10）负责填写车组领货单、现金缴款清单、报废品明细表、免费品发放单、列车接待任务欠款单等相关单据，与库管人员办理交接。

（11）负责免费品发放单、列车接待任务欠款单等单据与列车长的联系签认工作。

（12）负责退乘会的召集并到派班室记录。

（二）餐车员

（1）在餐车长的领导下，完成列车配餐服务工作。

（2）负责送餐车、售货车的整理工作。

（3）负责餐车餐饮准备工作，按规定布置餐厅、餐台及补充各种商品。

（4）负责餐车设备的检查、安全操作。

（5）负责做好配餐交接、发放、回收包装物工作。

（6）负责餐车的清洁卫生和咖啡、茶、酒具的收集、洗涤、整理和保管工作。

（7）负责列车商品的销售工作。

（8）负责作业区域各类紧急情况的处理。掌握安全措施和应急预案，熟练使用安全设备设施。

（9）完成列车长布置的其他各项工作。

二、非动车组列车餐服人员服务程序与标准

（一）接车准备

1. 餐车长

（1）接受任务。

①按规定时间到车队和旅服部门接受重点任务，了解近期供应情况，请领票据、报表。

②参加出发会，接受列车长布置重点工作、传达上级领导指示，学习有关文件和业务通知。

③检查卫生许可证和各种证件。召开出乘会议，布置工作。

④制订预制计划，安排人员领取备品、餐料和商品。

（2）接车作业。

①与对班餐车组办理交接工作。

②检查厨房和餐厅的设施设备、安全情况。

③检查餐料、商品、备品的定位存放情况，向列车长汇报餐车预制计划和重点餐料准备情况。

④组织餐车人员进行库内卫生整备作业和餐厅布置及售货车擦抹工作。

⑤整理储藏室，检查始发各项准备工作。

2. 餐车员

（1）按规定时间到指定地点集合、点名。

（2）参加出乘会议，接受任务。

（3）请领备品。

（4）更换工作服，整理仪容仪表。

（5）办理交接和验收工作。

（6）定位摆放各类备品和服务设施。

（7）搞好餐厅卫生和车容布置工作。

（8）做好餐具消毒工作。

（9）始发时按规定位置立岗。

（二）中途作业

1. 餐车长

（1）餐车管理。

①制订每餐供应计划。

②检查餐车设施、重点部位，检查安全制度和作业程序的落实情况，检查饮食供应、环境卫生、茶具消毒情况，检查餐车人员仪容仪表。

③征求旅客意见，遇有旅客投诉，做好宣传、解释工作；落实列车长布置的任务，做好接待工作。

（2）饮食供应。

①组织餐厅和下车厢饮食供应，组织乘务饭供应。

②负责旅客就餐时的点菜、开票工作。

③检查饭菜质量和服务质量。

④规范经营行为，做到质价相符。

2. 餐车员

（1）做好餐前准备工作，落实安全措施。

（2）下车厢供应盒饭。

（3）主动迎送就餐旅客，安排就餐座位。

（4）了解、反馈旅客的需求，并提供有针对性的服务。

（5）凭票取食，托盘上菜，介绍菜名及特色。

（6）收拾托盘餐具，整理餐桌。

（7）洗涤、消毒餐具。

（8）清理饭车并将其定位摆放。

（9）做好每餐餐具清理和车容布置。

（10）到站按规定投放袋装垃圾。

（三）终到（折返）站作业

1. 餐车长

（1）业务作业。

业务作业工作包括：做好成本核算，整理票据、结算现金；依据规定做好折返站补料；填写各类报表，整理台账，向列车长汇报趟经营情况；办理缴款手续。

（2）管理工作。

具体的管理工作有：检查交接班情况；做好下趟出乘餐料预约；检查厨房、餐厅及包干区卫生情况；召开终到（折返）会议，讲评往返工作；安排餐车看车人员，将现金、票据入柜加锁；到车队和旅服部门汇报往返餐车供应情况。

2．餐车员

（1）整理橱柜。

（2）整理备品、餐具，搞好餐厅卫生。

（3）全面清点、登记备品。

（4）及时调换窗帘、座席套等。

（5）参加终到（折返）会议。

（6）根据餐车长的指派，陪同缴款。

（7）按规定看车，办理交接工作。

三、餐车服务人员服务礼仪规范

（一）仪容仪表

餐车服务人员着统一服装，佩戴职务标志。应做到仪容端庄、仪表整洁，符合《铁路旅客运输服务质量规范》要求。

服饰整洁得体，头发梳理平整，指甲修剪整洁。餐车加热、供应餐食时，服务人员戴口罩、手套，女性穿围裙。

（二）行为举止

立岗姿势规范，精神饱满。站立时，挺胸收腹，两肩平衡，身体自然挺直，双臂自然下垂，脚跟靠拢，脚尖略向外张呈V字形。女性可双手四指并拢，交叉相握，右手叠放在左手之上，自然垂于腹前；左脚靠在右脚内侧，夹角为45°，呈“丁”字形。

走路时，脚步要稳、轻、灵、巧，步幅不宜大。步态轻盈，躲闪灵活，手脚利落，观察仔细，及时了解旅客需要，提供满意的服务。

旅客问讯时，面向旅客站立，目视旅客，有问必答，回答准确，解释耐心。遇有失误时，向旅客表示歉意。对旅客的配合与支持表示感谢。

（三）服务用语

使用普通话，表达准确，口齿清晰。服务语言表达规范、准确，使用“请、您、您好、谢谢、对不起、不客气、再见”等服务用语。做到“请”字当头、“谢”字随口。

对旅客、货主称呼恰当，统称为“旅客们”“各位旅客”“旅客朋友”，单独称呼“先生”“女士”“小朋友”“同志”等。

（四）规范服务

1．到岗准时

在列车开餐前的规定时间内，餐车服务员各自做好准备工作，在分管的岗位上等候开餐，迎接旅客。餐车多是站立式服务，在站岗时要注意姿势。

2. 微笑问好，喜迎客到

在旅客进入餐车时，要有餐车服务员站在餐车门口微笑迎接，做出引导手势。旅客会因服务员的一个微笑而产生良好的印象。餐车服务员在微笑的同时，还应主动地热情问候，如“您好！”“欢迎您来用餐！”并问清就餐人数。

3. 热情问候，真诚服务

虽然餐车空间狭窄，用餐量大并且用餐时间集中，每位餐车服务员都忙忙碌碌，但仍要向用餐旅客热情问候。否则，旅客就会十分扫兴，甚至很生气，从而引起不必要的冲突。

4. 帮旅客接物

帮助旅客把随身携带的行李、物品放在合适的位置。接物时，要主动伸出双手，轻拿轻放。但是，一定要先征得旅客的同意，如果旅客认为不妥或不习惯别人帮助接物，餐车服务人员就不必拘泥于规则礼仪。

5. 引导客人入座

把旅客引导到餐桌边，帮助入座，将多余的餐具和椅子拿走或补充不足的餐具。清理卫生时，清扫工具不触碰旅客及携带物品。挪动旅客物品时，征得旅客同意。

6. 接受点菜

待旅客坐下后，餐车服务员应将菜单送上并征求点菜。旅客点菜时，餐车服务员应站在旅客的一侧，与旅客保持一定的距离，将腰部稍微弯下，手持菜单，认真倾听旅客选定的菜品名称，并伺机向旅客介绍餐车菜品。

如点的菜已暂时售完，应立即向旅客表示歉意，并婉转地向旅客建议其他类似的菜肴。如有些烹制时间较长，应向旅客说明原因。服务员要做到神情专注、有问必答、百问不烦、主动推销。

当旅客点完菜后，要将记录下的菜品复述核对一遍，如准确无误，将菜单一联送到厨房备餐，一联送收款员算账。

7. 微笑送客

旅客就餐结束后，提醒旅客携带好个人行李、物品。微笑道别：“祝您旅途愉快！再见！”

四、餐车安全

（一）事故预防

餐车服务人员在进行某项服务时，必须随时随地注意周围每个人的安全，应该时时将自己作为餐车安全小组的一员，及时地报告各种不安全的因素，在工作中遵守规章制度和操作规程。

餐车服务人员千万不可疏忽大意，要有安全意识，防患于未然，要懂得使用安全用具。

（二）向上报告

无论是谁受了伤，哪怕十分轻微，都应该立即向上报告，使受伤者得到应有的帮助和照料。

（三）行走小心

在餐车内行走时要靠右走，不要奔跑、鲁莽，以免在转弯角上碰撞弄伤。进出门要放慢速度，留心对面是否有人和物。严禁工作时打闹、开玩笑，以避免造成不必要的伤害。

（四）使用设备要细心

发现有缺损的设备应及时向有关人员报告，以便及时修理。使用设备，要切实遵守操作规程和安全守则。

（五）量力而行

餐车中的体力劳动，如搬运重物，要注意姿势，量力而行。

（六）小心火灾

餐车最大的危险是火灾，不管是旧式餐车还是新式餐车，都应注意防火。餐车排烟罩应及时清理。在列车运行中严禁大量油炸食品。餐车存在火灾的潜在威胁，如旅客吸烟、厨房的燃料管道、煤气库、锅炉房、电线等，因此餐车服务员一定要高度重视和预防火灾，提高警惕，保护生命和财产安全。

（七）小心烫伤

餐车内的某些设备和用具可造成严重的烫伤，如很烫的盘子和碗，如果不注意就会烫伤手指和周围的人员，还可能烫伤旅客；刚烧好的汤也是一个潜在的烫伤源。服务时不要跑动、蹦跳，特别是送热的流体饮食时要小心翼翼，在穿过拥挤的餐车时更要加倍小心。一旦发生烫伤事故，应该立即进行医疗处理。

（八）小心噎塞

在餐车中，食物噎塞是一种造成意外性死亡的原因，如果不采取急救措施，噎塞者将在 4 分钟之内死亡。一般情况下，噎塞者会依次出现下列现象：惊慌失措、不能呼吸、不能说话、颓然倒下。

（九）事故报告

在意外事故平息后，应立即写出有关事故的详细报告，如事故的位置、程度和伤亡情况等，并及时向相关部门汇报。

实训

一、实训准备

1. 一间礼仪实训室，墙面装有长度及地的镜子，能从头到脚照到训练人员。
2. 对应工作岗位的制服，桌、椅、饭盒、手推车、各种食品等。

二、实训背景

从北京开往长春的 Z211 次列车全体餐服人员进行餐服作业。

三、实训步骤

1. 将学生以 3 ~ 5 人为单位，进行分组。每组选出 1 名餐服人员。
2. 教师讲餐服人员餐服作业标准及服务注意事项，并加以示范。
3. 每组学生根据以下情景设定丰富情节、语言并设定角色，进行模拟演练。

（1）立岗迎客：

①餐服人员在餐车门口规范立岗，微笑迎接旅客，主动、热情地问候。

②做出引导手势引旅客入座，并问清就餐人数。

③帮助旅客把随身携带的行李、物品放在合适的位置。

（2）用餐服务：

①旅客落座后，餐服人员将菜单送上并征求点菜。

②餐服人员站在旅客的一侧，与旅客保持一定的距离，将腰部稍微弯下，手持菜单。

③向旅客介绍菜品，并认真记录旅客选定的菜品名称。

④餐服人员做到神情专注、有问必答、百问不烦。

⑤点完菜后，餐服人员主动向旅客复述核对菜单。

⑥为旅客上菜，餐服人员做到规范、热情。

⑦旅客用餐时，不要轻易打扰；旅客需要帮助时，应及时服务。

（3）礼貌送客：

旅客就餐结束后，提醒旅客携带好个人行李、物品，微笑道别。

4. 同组同学互换角色，进行模拟演练。

5. 每组按抽签顺序进行演练展示，其他组学生观摩。找出问题，并加以就纠正。

四、实训总结

1. 以小组为单位，进行模拟演练评选活动，每个小组选出一位“最美餐服员”。

2. 对照学习评价表，为自己的训练成果打分。

学习评价表

<table>
<tr><td>被考评人</td><td colspan="6"></td></tr>
<tr><td>考评地点</td><td colspan="6"></td></tr>
<tr><td>考评内容</td><td colspan="6">非动车组餐车服务礼仪训练</td></tr>
<tr><td rowspan="7">考评标准</td><td colspan="2">考评内容</td><td>分值 / 分</td><td>自我评价 / 分</td><td>小组评议 / 分</td><td>实际得分 / 分</td></tr>
<tr><td colspan="2">餐服人员岗位职责</td><td>10</td><td></td><td></td><td></td></tr>
<tr><td colspan="2">餐服作业程序与标准</td><td>10</td><td></td><td></td><td></td></tr>
<tr><td rowspan="4">餐车服务礼仪规范</td><td>仪容仪表</td><td>20</td><td></td><td></td><td></td></tr>
<tr><td>服务态度</td><td>20</td><td></td><td></td><td></td></tr>
<tr><td>服务语言</td><td>20</td><td></td><td></td><td></td></tr>
<tr><td>行为举止</td><td>20</td><td></td><td></td><td></td></tr>
<tr><td colspan="3">合计</td><td>100</td><td></td><td></td><td></td></tr>
</table>

注：考评满分为 100 分，85 分以上（包含 85 分）为优秀；75 ～ 84 分为良好；60 ～ 74 分为及格。

附录 A　铁路客运职工的职业道德

勤恳敬业：做到工作勤奋，业务熟练；
廉洁奉公：做到公道正派，不徇私情；
顾全大局：做到团结协作，密切配合；
遵章守纪：做到服从命令，执行标准；
优质服务：做到主动热情，细心周到；
礼貌待客：做到行为端正，举止文明；
爱护行包：做到文明装卸，认真负责。

附录B　铁路客运服务常用语

1. 先生 / 女士 / 同志 / 小朋友 / 旅客 / 各位旅客，您（们）好 / 早上好 / 下午好 / 晚上好！

2. 请问，我有什么可以帮助您的吗？ / 您有什么困难，请告诉我。

3. 不客气 / 不用谢 / 这是我应该做的。

4. 非常抱歉 / 对不起 / 请原谅 / 请谅解 / 打扰了 / 请稍候 / 让您久等了 / 给您添麻烦了。

5. 谢谢 / 非常感谢 / 多谢关照 / 谢谢您的合作。

6. 请您多提意见。

7. 您好，请问您到哪里？

8. 您需要的是今天（____月____日）____点____分开往____的____张车票，票价____元。

9. 收您____元，找您____元，请当面点清。

10. 请您拿好车票。

11. 对不起，本站没有直达____的班车，您可以到____站乘车或在本站购买____时____分开往____的班车，下车后再转车。

12. 对不起，该班次车票已售完，您可买____点____分的车票。

13. 您的孩子已超过免票（半票）规定，请购买半票（全票）。

14. 您好，退票需要收取 10（20）% 的手续费，您确定退票吗？

15. 原票价____元，扣除手续费____元，退____元，请拿好（钱）。

16. 请到售票窗口购票 / 请到退票窗口办理退票手续。

17. 祝您旅途愉快 / 祝您一路平安！

18. 请留步，请您接受安检 / 为了您的安全，请接受行包安全检查。

19. 请您不要拥挤。

20. 请您配合我们安检工作。

21. 请您出示证件。

22. 请您将包放在安检仪上。

23. 请您将随身携带的物品放到盘中。

24. 对不起，手提包也要检查。

25. 对不起，请您退出去。

26. 您请进。

27. 请您将随身携带物品收好。

28. 谢谢您配合我们的安检工作。

29. 请您在接待区 / 等待区等候。

30. 请您不要大声喧哗。

31. 您好，您的____（物品）按规定不能携带乘车，您可以拿回去，或者由我站代保管，等您回来后再取回，您也可以选择放弃该物品 / 您携带的危险品应交公安部门处置，请予配合。

32. 您好，这是我站代保管的凭证，请您在一个月内取回。

33. 请不要把行李放在过道上。

34. 对不起，您的行李超过免费携带的规定（尺寸或重量），请办理托运手续。

35. 请看管好您的孩子。

36. 请到吸烟室抽烟。

37. 请您听我解释。

38. 请对我们的服务多提宝贵意见 / 您提的建议很好，谢谢您。

39. 请原谅，由于我们的失误，给您添麻烦了，我们一定改进。

40. 您好，您所反映的情况已经记录下来，我们会尽快核实，方便的话请您留下联系电话，我们会在____天内给您答复。

41. 我给您的解释不知您是否满意，如果不满意，您还可拨打我站服务质量监督电话____。

42. 谢谢您对我们的工作进行监督。

43. 旅客们，你们好！____点____分开往____方向的班车，马上开始检票了，请拿好您的随身物品，到____号检票口排队等候检票。

44. ____点____分开往____方向的班车，现在开始检票，请到____号检票口上车。

45. 对不起，您乘坐的不是这趟列车，请在坐椅上休息，请注意我们的广播。

46. 请您出示车票及有效证件。

47. 请到____号门检票乘车。

48. 请慢走 / 您慢走 / 请跟我来。

49. 请大家排好队，按先后次序进站（上下车）。

50. 请站在白色安全线内候车。

51. 请不要在站台上嬉戏打闹。

52. 请注意安全 / 请注意脚下缝隙。

53. 列车马上就要开动了，请没有上车的旅客抓紧上车。

54. 欢迎您乘坐本次列车！

55. 您好，请您出示一下车票可以吗？

56. 您是____车厢____号座位，这边请。

57. 这是您的座位，请您坐。

58. 请您收好您的车票。

59. 请您到____号车厢列车办公席办理补票手续。

60. 请把行李放在行李架上 / 我可以把您的手提箱放在行李架上吗？

61. 请不要在车厢内吸烟 / 请您到通过台吸烟 / 本次列车为无烟列车，为了您和他人的健康，有吸烟的同志请您到车厢连接处。

62. 我们的工作人员将对车体进行打扫，请您将吃剩的果皮等放到盘子里 / 请您协助我们保持好车内卫生，谢谢！

63. 请说话声音小一些好吗？以免影响其他旅客休息，谢谢！

64. 开水间在车厢连接处 / 接开水请注意安全！
65. 对不起，衣帽钩是挂衣服和帽子的，请您把提包拿下来好吗？谢谢！
66. 对不起，夜间不能到卧铺车厢会客，如有急事，我可以帮您。
67. 由于____原因，本次列车晚点____分钟，耽误大家的时间，十分抱歉！
68. 对不起，空调（电暖气、茶水炉）可能出现故障，我马上通知检车人员维修，请稍等。
69. 餐车设在列车中部。
70. 欢迎您到餐车用餐。
71. 请问您需要点餐吗？
72. 您好，我们为您准备了鸡肉米饭、牛肉面条，请问您需要哪种？
73. 您的牛肉面条，请慢用 / 您的餐已经上齐了，请慢用。
74. 您好，您的茶水，小心烫。
75. 本次列车为您准备了报纸 / 有哪位旅客需要报纸吗？
76. 您好，这是您的报纸。
77. 您好，洗手间在车厢的两端。
78. 请小心地滑。
79. 您好，本次列车将在____点____分到达____站，祝您旅途愉快！
80. 您有什么困难，请不要着急，我们尽力帮您解决。
81. 请您看好小朋友，以免碰伤（摔伤）。
82. 列车马上进入隧道，请在座位坐好，注意安全。
83. 在您坐椅扶手左侧是储物槽，内侧是调节坐椅按钮，右侧扶手打开是小桌板。
84. 每个商务座还配备了独立的阅读灯，座椅下方是 220V 的电源插座。
85. 我们还为您提供腰垫、毛毯、一次性拖鞋、眼罩、耳塞及报刊杂志。
86. 我们免费为您供应休闲食品、饮品及餐食。
87. 您有什么需求，我会随时服务在您身边。
88. 您可以关注 12306 手机客户端，进行网上点餐。稍后我会把餐食送到您的座位上。
89. 这是您要的温水，请慢用。
90. 我为您调试一下空调出风口。
91. 我可以为您收一下小桌板上的垃圾吗？
92. 请您看管好自己的物品，以免发生意外。
93. 对不起，我没听清楚，请您再说一遍。
94. 请您不要将手放在门缝隙处，以免挤伤。
95. 请在旅客意见簿上留下您的宝贵意见。
96. 车前方到达____站，有到____站下车的旅客，请您携带好随身行李物品准备下车。
97. 室内外温差较大，请注意增减衣物。
98. 要我帮您把行李拿下来吗？
99. 别着急，我们会帮助您的。
100. 再见 / 欢迎您再次乘坐本次列车！

附录 C　布制备品使用年限

单位：年

序号	品名	动车组列车					空调车					非空调车				
		软卧	商务座	特一等座	二等座	餐车	软卧	硬卧	软座	硬座	餐车	软卧	硬卧	软座	硬座	餐车
1	被套	0.5					1	1				1.5	1.5			
2	床单	0.5					1	1				1.5	1.5			
3	枕套	0.5					1	1				1.5	1.5			
4	茶几布	1					0.5					0.5				
5	台布										0.5					0.5
6	卧铺套	2					2	2				2				
7	靠背套	2					2					2				
8	座席套			2	2	2			1	1	1			1		1
9	头靠套								0.5	0.5				0.5		
10	边座套						1	1				1				
11	遮光帘						1	1	1	1	1	2	2	2	2	2
12	纱帘						1		1		1	1		1		1
13	挡帘							2					2			
14	棉被						1	2				2	2			
15	垫毯						3	3				4	4			
16	枕芯						1	2				2	2			
17	地毯						1					2		2		
18	头枕片			0.25	0.25											
19	头枕、头枕套			1												
20	靠垫		1													
21	防寒毯		2													

附录 D　布制备品换洗期限

序号	品名	动车组列车					空调车					非空调车				
		软卧	商务	特 / 一等	二等	餐车	软卧	硬卧	软座	硬座	餐车	软卧	硬卧	软座	硬座	餐车
1	被套	1 客					1 客	1 客				1 客	1 客			
2	床单 *	1 客					1 客	1 客				1 客	1 客			
3	枕套	1 客					1 客	1 客				往返	往返			
4	茶几布	单程					单程	单程	单程			单程		单程		
5	台布										单程					单程
6	卧铺套	30 天					30 天	30 天				30 天				
7	靠背套 *	30 天					30 天					30 天				
8	座席套			180 天	180 天	180 天			30 天	30 天	往返			30 天		往返
9	头靠套								往返	往返	往返			往返		
10	边座套						15 天	15 天				15 天				
11	遮光帘						10 天	10 天	10 天	10 天	10 天	15 天	15 天	15 天	15 天	15 天
12	纱帘						10 天	10 天	10 天		10 天	15 天		15 天		15 天
13	挡帘							10 天					10 天			
14	地毯						20 天				20 天	30 天		30 天		
15	头枕片			1 天	1 天											
16	头枕（套）			30 天												
17	靠垫		30 天													
18	防寒毯		1 客													

备注（1）动车组二等座席套在换洗期限内污损的，应及时换洗。列车软卧车代座车时，床单每天更换。
（2）短途列车的头靠套、茶桌布可根据情况 1 天一换。单程运行时间超过 24 小时的列车餐车台布可根据情况 1 天一换。

参 考 文 献

[1] 拙耕. 服务礼仪 [M]. 吉林：吉林教育出版社，2018.

[2] 丁咏玲，胡潇. 民航服务礼仪 [M]. 重庆：重庆大学出版社，2016.

[3] 陈霞，郑南山. 餐厅服务实训教程 [M]. 北京：人民邮电出版社，2015.

[4] 李媛媛. 商务礼仪实训 [M]. 成都：西南财经大学出版社，2016.

[5] 孙金明，王春凤. 商务礼仪实务：附微课视频 [M]. 北京：人民邮电出版社，2015.

[6] 李娌. 社交礼仪 [M]. 2 版. 北京：中国人民大学出版社，2018.

[7] 孙金明，刘繁荣，王春凤. 商务礼仪实务 [M]. 2 版. 北京：人民邮电出版社，2016.

[8] 佟立本. 铁道概论 [M]. 北京：中国铁道出版社，2002.

[9] 彭进. 铁路客运组织 [M]. 北京：中国铁道出版社，2002.

[10] 薛建红. 旅游服务礼仪 [M]. 郑州：郑州大学出版社，2004.

[11] 林有华. 社交礼仪 [M]. 北京：高等教育出版社，2005.

[12] 吴景禄. 实用公关礼仪 [M]. 北京：北京交通大学出版社，2007.

[13] 胡晓娟. 商务礼仪 [M]. 北京：中国建材工业出版社，2003.

[14] 赵景卓. 社交礼仪 [M]. 北京：中国商业出版社，2002.

[15] 戈秀萍. 办公室管理实务 [M]. 沈阳：辽宁大学出版社，2006.

[16] 常崇宜. 秘书学概论 [M]. 北京：线装书局，2000.

[17] 熊征珑. 体态语和礼仪 [M]. 北京：中国经济出版社，2005.